中国经济高质量发展研究丛书

山东大学经济学院学术文库

方　彤◎著

不确定性冲击对金融资产价格的
影响机制研究
—— 基于股票市场的视角

Uncertainty shocks and financial asset prices
– A perspective of the stock market

中国财经出版传媒集团

经济科学出版社
Economic Science Press

图书在版编目（CIP）数据

不确定性冲击对金融资产价格的影响机制研究：基
于股票市场的视角/方彤著 . -- 北京：经济科学出版
社，2023. 6
（中国经济高质量发展研究丛书）
ISBN 978 - 7 - 5218 - 4802 - 1

Ⅰ. ①不… Ⅱ. ①方… Ⅲ. ①中国经济 - 影响 - 金融
资产 - 研究 Ⅳ. ①F832

中国国家版本馆 CIP 数据核字（2023）第 099130 号

责任编辑：于　源　郑诗南
责任校对：刘　娅
责任印制：范　艳

不确定性冲击对金融资产价格的影响机制研究
——基于股票市场的视角
方　彤　著

经济科学出版社出版、发行　新华书店经销
社址：北京市海淀区阜成路甲 28 号　邮编：100142
总编部电话：010 - 88191217　发行部电话：010 - 88191522
网址：www. esp. com. cn
电子邮箱：esp@ esp. com. cn
天猫网店：经济科学出版社旗舰店
网址：http://jjkxcbs. tmall. com
北京季蜂印刷有限公司印装
710×1000　16 开　11.25 印张　280000 字
2023 年 6 月第 1 版　2023 年 6 月第 1 次印刷
ISBN 978 - 7 - 5218 - 4802 - 1　定价：46.00 元
（图书出现印装问题，本社负责调换。电话：010 - 88191545）
（版权所有　侵权必究　打击盗版　举报热线：010 - 88191661
QQ：2242791300　营销中心电话：010 - 88191537
电子邮箱：dbts@ esp. com. cn）

目录
CONTENTS

第 1 章

引　言

1.1　研究背景与意义

资产定价是金融学的经典问题之一，其在金融学中的地位，如同一般均衡理论在经济学中的地位，吸引无数的研究者与投资者为之疯狂。一系列研究与投资背后蕴含着深刻的金融学逻辑，如何解开资产定价背后的谜团，是研究者和投资者深度关注的焦点。现代金融领域最为著名的发展来自马科维茨（Markowitz，1952）提出的均值—方差模型，奠定了金融资产定价模型的基础，是现代金融理论的重要里程碑。夏普（Sharpe，1964）、林特纳（Lintner，1965）和特雷诺（Treynor，1965）等提出资本资产定价模型（capital asset pricing model，CAPM），奠定了资本市场资产价格的理论框架。在学者的努力下，金融资产定价研究进一步扩展和丰富，从有效市场假说（efficient market hypothesis，EMH），到衍生金融产品定价模型（black - scholes model），再到博弈论、行为金融学、信息金融学等模型被引入金融市场，资产定价研究已经形成较为科学规范的研究范式。随着越来越多的资产定价因子被揭示，资产定价研究焦点也在发生转变，对传统因子的检验、对资本市场新特征的探析成为主流研究。但不可忽视的是，揭示新的资产定价因素仍是金融学者孜孜不倦的追求。

任何理论，均应落脚于现实经济和金融环境，并为相应的经济政策服务。挖掘新的资产定价因子，亦应充分考虑现实背景。自 2008 年金融危机重创世界经济，给全球经济和金融市场带来巨震以来，发达国家先后实施了非常规性货币政策以期复苏经济、稳定市场、挽救就业，发展中国家最初还保持着强劲的增长动力。然而随着危机不断深入，世界经济隐含的风险不断暴露，无论发达国家还是发展中国家先后深陷危机而止步不前，世界经济未来出路在哪儿，各国经济学家众说纷纭，世界经济的不确定性进一步提升。

近十多年来，世界形势极其复杂，给各国带来严峻挑战。在金融危机影响不断持续的同时，美国政党更迭也给世界经济造成了冲击。特朗普执政期间不按常理出牌，不仅发动了针对中国的贸易战，还大搞"逆全球化"。拜登上台后，继续在全世界推行霸权主义，严重影响区域和平与稳定，不仅让美国的主要盟友叫苦不迭，也让新兴市场国家开始思考如何摆脱美国霸权主义的影响和冲击。

重大突发卫生事件和区域地缘政治危机的暴发使全球不确定性陡增。2020年新冠疫情暴发，除了中国采取严格的防疫管控措施外，其他国家均遭受多轮新冠病毒感染，使得经济衰退，失业率高企，全球供应链一时难以修复。"俄乌冲突"引发能源危机和货币危机，欧元区和美国不得不面临严重的通货膨胀，不得以开启加息进程，导致未来经济衰退的概率大幅提升。美联储加息进程也使得主要国家开启了"去美元化"进程，推动了数字货币技术的应用和国际货币新秩序的建立。

在严峻复杂的世界经济大背景下，中国经济正处于"增速换挡、动能转换、结构调整"时期，面临着无与伦比的困难和挑战，产能过剩、库存积压、债务违约、供需错配等问题频现。更重要的是，"脱实向虚"问题严重，已成为中国经济的"典型化"特征之一。虚拟经济不断膨胀，导致实体经济发展资源被占用，进一步挤占了实体经济发展空间。大量资金涌入虚拟经济市场导致明显的资产价格轮动，压缩了货币政策执行空间，加剧了市场系统性风险。实体经济下行压力巨大也反映在中国经济数据上，2015年第三季度GDP同比增速在六年来首度跌破7%，2016~2019年GDP增速分别为6.7%、6.9%、6.6%和6.1%，体现出明显的经济增长下行压力。在叠加新冠疫情的影响后，中国经济面临更加严峻的挑战。虽然中国已经打赢了新冠疫情这场没有硝烟的战争，国内经济开始出现明显复苏，2023年一季度GDP同比增长4.5%，但仍然需要警惕外部冲击和美联储货币政策外溢对中国经济的影响。[①]

在世界各国经济金融朝着不可预期的方向演变的情况下，金融资产定价也面临诸多考验。平稳经济环境下出现的传统资产定价因子还能适应当前的经济环境吗？这是一个富有争议的话题。很多学者因此也转向了诸如政治分歧、自然灾害和地缘冲突等事件对资产收益和资产波动的影响研究。事实上，诸如此类的影响

---

① 经济增速数据来自中国国家统计局网站和历年国家统计局公布数据。

因素，均可被归于不确定性。一方面，经济不确定性导致上市公司业绩难以预期，致使传统资产定价因子的定价能力稳定性降低；另一方面，经济环境不确定性也影响投资者对未来资产价格的预期，间接造成了传统资产定价因子的失效。考虑到目前全球经济形势以及学界关于金融资产定价领域的研究现状，不难理解为何不确定性与资产定价的关系研究能成为学界焦点。经济不确定性涵盖更多的定价信息，不仅包括宏观经济和金融市场基本面、经济政策、企业运行等，还包含经济学家或投资者对未来预期的不确定性，其复杂且全面的经济学内涵使其成为一种强力的资产定价因子。早期不确定性研究受限于度量方法，即无法将不确定性量化，导致无法进行实证分析，随着计量和统计方法的完善，不确定性度量成为现实，学界也出现了诸如经济政策不确定性、宏观不确定性、金融不确定性等代表性指标，不确定性与资产定价之间关系的实证研究得到极大丰富。

通过对已有相关研究的梳理和总结可以发现，不确定性与资产定价的关系研究还未形成科学规范的研究范式，仍集中于"数据 + 模型"式的尝试性实证分析，缺少足够的理论支撑。考虑到不确定性与资产定价的研究近年来才逐渐开展，主要研究成果较少，仍有诸多的新领域需要探索，因此本书尝试从多个角度对不确定性与资产价格的动态关系进行分析和检验。本书希望，无论在理论层面还是实证层面，均能为金融资产定价领域做一些补充和扩展工作，亦希望能为后续研究提供参考和依据。

本书主要的理论和现实意义如下：厘清不确定性根本的内在经济学内涵，扩展当前关于不确定性与资产价格之间的理论模型，给出不确定性与资产价格之间的复杂关联机制，为理解不确定性与资产价格之间的关系提供理论依据。本书基于主要代表性国家数据，在不确定性对资产价格的预测性、溢出性和非对称性等方面，进行了系统全面的实证分析，给出了相关的经验证据，有助于揭示不确定性在金融资产定价领域的地位和作用，加深了对不确定性的理解。本书为实现主要研究目标，还对计量模型进行了扩展，亦是对计量经济学建模和应用作出的贡献。

随着世界整体和各国异质不确定性的增长，基于学术研究的不确定性应用也是本书关注的焦点。本书对现实经济和金融环境的主要贡献在于，通过提供相关的研究证据，加深国际和国内政策制定者和投资者对不确定性的理解，为"后危机时代"全球资产配置提供依据；为中国政策制定者规避国外不确定性溢出、保证国内宏观经济和金融市场稳定等提供政策依据。

1.2　基本概念界定

资产定价以及不确定性研究，目前均已形成较为成熟规范以及被普遍接受的概念，但考虑到本书涉及的概念较多，为避免产生歧义，仍对关键性概念进行界定。

（1）预测性。即如何使用历史信息对未来资产收益和波动进行预测，以期实现收益或波动的预测值与实际值的预测偏差最小。预测是资产定价中最为重要的研究内容，任何资产定价因子都应该进行预测性检验，看该因子是否能可靠稳健地预测未来收益或波动。与预测相关的一系列方法包括样本内分析、样本外预测以及对应的样本外预测评价标准等。

（2）溢出性。溢出性多出现在风险传染研究中。但事实上，溢出性并不局限于风险传染中，当研究内容涉及跨国或跨区域时，均可以被认为是溢出效应。本书重点分析中国以外的国家或地区不确定性对中国股票市场波动的影响，亦是不确定性对中国股市波动的溢出效应。

（3）内生性。内生性是计量经济学中的常见概念，意指解释变量与误差项相关。但在本书中，内生性概念更近似于经济增长模型中的"内生"驱动。即不确定性并非一个经济系统或金融市场以外产生的，其未来的走势和变动也受到滞后期的经济系统或金融市场变化的影响。

（4）广义经济不确定性。胡拉多等（Jurado et al.，2015）基于美国的海量经济变量构造了宏观不确定性（macro uncertainty）。本书在对已有不确定性指标构建进行对比和梳理之后，认为根据数据来源和构建原理，不确定性可被区分为经济不确定性与有限关注不确定性，但为了与其他经济不确定性区分，本书将这一类不确定性定义为广义经济不确定性，以代表基于宏观或金融基本面数据构造的不确定性指标。具体解释见第3章。

就本书所研究的内容来看，贝克等（Baker et al.，2016）提出的经济政策不确定性（economic policy uncertainty，EPU）、胡拉多等（2015）提出的宏观不确定性（macro uncertainty）、路德维格松等（Ludvigson et al.，2018）提出的金融不确定性（financial uncertainty）等，均属于广义经济不确定性的范围。

（5）有限关注及有限关注不确定性。有限关注（limited attention）是行为金融学的核心理论之一，该理论认为，由于投资者对信息的获取和处理能力有限，因此投资者关注是有限的。若投资者对某类信息关注度越高，那么该类信息能够越快地反映到资产价格中。

基于投资者有限关注理论构造的不确定性即有限关注不确定性。值得一提的是，马尼拉和莫雷拉（Manela and Moreira，2017）提出了一种基于新闻媒体的隐含波动率指数或新闻隐含波动率（news-based implied volatility，NVIX），该指数同样是一种有限关注不确定性。

（6）变量选择。变量选择（variable selection，VS）是近年来统计学最为重要的方法之一，即在一系列变量中选择最正确或最重要的变量，通过变量选择后得到的模型，一般被认为是真实的统计或计量模型。进行变量选择，一般是在目标函数上施加惩罚项（例如 L_1 范数、L_2 范数等），施加 L_1 范数形式的惩罚项即为套索方法（LASSO），施加 L_2 范数形式的惩罚项即为岭估计，同时施加 L_1 范数和 L_2 范数的惩罚项即为弹性网（Elastic Net）。

1.3 研究内容

通过梳理已有文献，本书拟从以下几个方面展开研究：一是不确定性对国际股票市场的预测效果如何？二是各国不确定性与资产价格（股票市场价格）是否存在非线性关联？三是不确定性溢出如何影响中国股票市场波动？四是不确定性的内生性检验。

上述问题直接对应本书的核心内容：

（1）预测性研究。最常用的不确定性指标当属贝克等（2016）提出的 EPU，关于 EPU 对截面收益率的解释作用和对股票收益的预测效果研究目前相对丰富和成熟，因此本书尝试构建一种基于投资者行为（即投资者关注度）的不确定性指标。本书选取了近 200 个与宏观经济、经济政策和金融市场有关的关键词，获取其搜索引擎搜索量指数，进而将每个关键词的搜索量数据构建为一个全球性的不确定性指标。考虑到该指标是一种新的全球性不确定性指标，本书重点关注该指标对全球主要代表性市场收益的解释和预测效果。本书还根据关键词的分类，构建了宏观经济、经济政策和金融市场三个分指标，并研究分指标对市场收益的预测作用。

（2）溢出性研究。股票市场波动刻画一直是金融学领域的焦点问题，诸如实际 GDP 增速、工业产值、实际消费水平、通货膨胀率等指标都曾被认为是引致金融市场波动的主要宏观经济因素。随着不确定性度量指标的出现，学界也开始关注不确定性对股票市场波动的影响和预测作用。已有研究多考虑单个不确定性指标对市场波动的影响，忽视了多个不确定性指标的联合影响，因此本书尝试从波动层面对已有研究进行补充，考虑篇幅有限，本书重点探究各国不确定性对中国股票市场的联合溢出效应。

由于已有不确定性指标数据频率较低（月度或季度），本书通过混频 GARCH 族（简称 GARCH – MIDAS）模型进行实证分析。在实证分析中，本书创新性地将变量选择方法引入 GARCH – MIDAS 模型，构建 GARCH – MIDAS – VS 模型，以确定对中国股票市场溢出效果最显著的不确定性指标。

（3）非线性研究。已有实证研究多使用线性模型分析不确定性，即便是 GARCH – MIDAS 模型，在对长期波动进行刻画时使用的也是线性形式。因此，本书尝试从非线性关联角度探究不确定性与资产价格之间的关系。本书主要使用非线性格兰杰因果检验进行非线性实证研究。值得一提的是，不确定性指标被量化后，在实证分析中，主要被视作外生变量，很少有研究考虑不确定性的内生性。本书使用非线性格兰杰因果检验，除了探究不确定性与资产价格之间的非线性关联，还能够给出不确定性内生性的证据。

以上述研究内容为主线，本书结构如下：

第 1 章为引言。主要阐述本书的研究背景和意义，对本书出现的基本概念进行解释，介绍本书的研究内容和主要创新。第 2 章为文献综述。就资产定价、不确定性以及两者关系进行国内外文献梳理和述评，发现前人工作的具体贡献和不足，以给出接下来研究工作的焦点。第 3 章为不确定性对资产价格影响的理论基础。区分不确定性的具体分类，厘清不确定性的经济内涵。本书将不确定性区分为广义经济不确定性和有限关注不确定性，分别给出了两种不确定性影响资产价格的理论分析，并基于资产价格波动的反周期特征分析了不确定性与资产价格之间的关联，第 3 章为后续实证分析奠定理论基础。第 4 章构建一种新的有限关注不确定性指标并进行了股票市场收益预测分析。本书选取与不确定性相关的关键词，搜集整理每个关键词的搜索量指数，并基于一定方法构造了有限关注不确定性指标，利用格兰杰因果关系检验、线性回归和样本外预测评价等方法，对有限关注不确定性指标的样本内和样本外预测能力进行分析。第 5 章从美国视角探究了不确定性溢出对资产价格波动的影响。首先给出了理论分析以及不确定性溢出对资产价格波动的影响渠道，并针对不同情况提出理论假说。本书将传统的 GARCH – MIDAS 模型扩展为两因素模型，实证探究美国的广义经济不确定性和有限关注不确定性对代表性市场的溢出效应。第 6 章转向中国股票市场并揭示不确定性溢出对中国市场的影响作用。本章创新性地将变量选择与多因素 GARCH – MIDAS 模型结合，提出一种新的模型，揭示对中国股票市场波动预测作用最强的不确定性指标。第 7 章针对第 6 章计量模型存在的参数跳跃、数据非标准化等问题进行了修正，提出探讨不确定性对中国市场溢出的新方法并进行实证分析。第 8 章重点从非线性关联角度出发，利用非线性格兰杰因果关系检验，探究各国的股票市场收益和波动与不确定性的非线性关系，并基于结构性突变点划分子样本以探究子样本内的非线性关联，从非线性角度为资产价格与不确定性的关系提供证据。第 9 章总结全书研究内容。

1.4　主要创新与不足之处

1.4.1　本书主要创新

（1）从预测性、溢出性和非线性三个视角展开研究。不确定性研究本身较为繁杂，包括不确定性指数构建、不确定性与宏观经济、不确定性与公司行为、不确定性与资产定价等。其中不确定性与资产定价关系研究，也涉及收益和波动两个层面。但是已有研究相对分散，未出现较为系统全面的研究。因此本书以不确定性对资产价格的影响为研究切入点，从多个研究视角进行研究，主要包括不确定性对国际股票市场收益的预测能力、不确定性对股票市场波动的溢出作用、不确定性与资产价格之间的非线性关联等。从这三个较为新颖的角度入手，本书尝试对不确定性与资产价格之间的关系研究进行补充，以期提供多角度、系统化、全方位的经验证据。

（2）构建基于搜索量指数的不确定性指标。本书不仅考虑多种已有的不确定性指标，还尝试参考投资者情绪和投资者关注等指标的构建原理，搜集海量关键词，利用搜索引擎提供的搜索量指数，构建基于搜索量指数的不确定性指标（有限关注不确定性）。有限关注是行为金融学中最重要的概念之一，有限关注能够解释很多资产价格异象。本书将有限关注与不确定性指标构建相结合，选取相关的近 200 个关键词，搜集和整理对应的搜索量指数，通过一定方法合成一种有效关注不确定性指标。这既是对不确定性指标构建方面的创新，亦是对行为金融中有限关注理论的创新。

（3）对不确定性指标进行分类并总结和扩展相关理论基础。本书对不确定性指标进行了分类：广义经济不确定性和有限关注不确定性，并揭示其经济学和金融学内涵。从上述不确定性的分类和含义出发，本书在已有的关于不确定性与资产价格关系的理论模型基础上进行适当扩展，尝试深层次分析不确定性对资产价格的影响机制，重点分析不确定性溢出对资产收益和波动的影响。研究理论的创新和扩展，一方面为本书研究提供理论依据，另一方面也为后续研究提供理论参考。

（4）将变量选择与混频 GARCH 模型结合以扩展混频模型理论。在研究方法上，本书一方面确保研究方法使用的规范合理，另一方面针对具体研究内容，对模型进行扩展和改进。考虑到不确定性指标多为低频数据（月度或季度），本书在不确定性溢出研究中主要使用混频 GARCH 族模型，具体做法是将多种不确定性指标纳入一个混频 GARCH 模型，但这样会导致模型估计效率降低、模型估计复杂度提升等问题。为此，本书将变量选择与混频 GARCH 族模型相结合，构造GARCH - MIDAS - VS 模型。通过该模型，本书可以确定对股市波动溢出作用最强的不确定性变量。

1.4.2　本书不足之处

（1）未形成扩展的数理模型。首先，本书在讨论不确定性对资产价格影响的理论机制时，主要是借鉴了帕斯托尔和维罗内西（Pástor and Veronesi，2012）提出的理论模型，并进行了进一步研究假设和简单分析，并未形成完备的数理模型。考虑到本书与资产定价联系较为密切，本书另一不足即也未形成资产定价数理模型。

（2）有限关注不确定性构建后未考虑有效性评价。本书在第 3 章针对不确定性的构建原理和数据基础，将不确定性划分为广义经济不确定性和有限关注不确定性，在第 4 章构建了一种新的有限关注不确定性指标，并进行了相关实证分析。实际上，对于这一新的不确定性指标，应先考虑对其构建和度量的有效性研究，鉴于本书重点突出不确定性的预测效果，因此省略了这一部分研究内容。

（3）新构建的有限关注不确定性并不适用于中国市场。本书在第 4 章构建的一种新的有限关注不确定性，使用的是谷歌趋势（Google Trend）提供的搜索量指数，考虑到中国投资者多使用百度搜索，因此可预期到基于谷歌趋势构建的不确定性指标并不会对中国市场产生影响。而且，关键词选取多为英文，而中国投资者一般不会使用英文搜索。本书主要使用谷歌趋势数据的原因还是在于数据可得性，百度搜索量指数为非公开数据，暂不能用于学术研究。

第2章

文 献 综 述

　　本书关注于不确定性与资产定价之间的关系研究，因此本章主要对资产定价因子、不确定性以及两者关系的国内外文献进行系统性梳理，着力发掘前人工作的主要贡献和不足，也为本书进行理论分析和实证研究提供参考。资产定价是金融学的重要研究领域之一，已有学者都致力于资产定价因子的挖掘和检验。成熟的资产定价理论，无论在任何时期都是金融学研究的"红宝书"。本书从收益和波动层面，对资产定价因子进行较为细致的梳理，对不确定性的经济含义和构建逻辑进行总结，并就两者关系的理论和实证研究进行评述。

2.1　资产定价理论综述

2.1.1　收益层面

　　资产投资的重要目的之一是在风险可承担范围内取得超额收益，对财富的追求促使投资者和研究者进行了各种尝试。收益层面的资产定价因子主要包括五个层面：市场风险溢价、股票特征、利率因素、宏观经济因素和行为金融因素。

1. 市场风险溢价

　　市场溢价与资产定价研究，首推经典资本资产定价模型。马科维茨（1952）提出的"均值—方差模型"具有里程碑式意义，奠定了现代投资理论发展的基石。托宾（Tobin，1958）提出"基金分离定律"。继马科维茨（1952）和托宾

（1958）的工作之后，夏普（1964）系统总结了其 1961 年博士论文中的一般市场均衡理论，为资本资产定价模型提供了理论基础。林特纳（1965）进行了相似的研究工作。夏普（1964）、林特纳（1965）和特雷诺（1965）分别给出了"均值—方差模型"的均衡版本，即资本资产定价模型。CAPM 模型是关于风险资产在市场中均衡价格的理论，在投资组合选择理论基础上，基于资产价格的调整使供求相等的假设，推导出在市场均衡条件下风险资产预期收益与市场溢价之间存在的数量关系（Bodie and Merton，2000）。CAPM 模型核心思想在于一个竞争均衡的资本市场中，非系统性风险可以通过持有有效投资组合加以消除，对预期收益产生影响的只能是无法分散的系统性风险，资产预期收益和市场风险溢价之间的关系由 β 系数决定。

CAPM 模型引起金融学界的极大关注，但是也出现诸多质疑。CAPM 模型假设市场中风险厌恶的投资者按照收益率均值和标准偏差构建组合进行投资，实际上隐含了标准偏差的存在。但布卢姆（Blume，1968）、法玛（Fama，1965）、曼德博（Mandelbrot，1963）和罗尔（Roll，1968）指出这一假设并不成立，收益率的标准偏差并不存在（Fama，1971）。福伦德和布卢姆（Friend and Blume，1970）指出 CAPM 模型并不能解释收益率差异。詹森等（Jensen et al.，1972）从实证层面指出，资产预期收益并不严格地与系统性风险呈现 β 的数量关系。罗尔（1977）认为不能证明市场指数组合是有效的，也即无法检验 CAPM。法玛和弗伦奇（Fame and French，2004）重申了 CAPM 模型形式简单，但实证层面的诸多问题削弱了模型应用性。虽然面对诸多实证检验的质疑，但不能否定 CAPM 模型在金融资产定价研究中的历史地位。此外 CAPM 模型也出现了一些新发展，例如跨期 CAPM 模型（Intertemporal Capital Asset Pricing Model，ICAPM）（Merton，1973；Chamberlain，1988；et al.）；基于消费的资产定价模型（Comsumption – based CAPM，CCAPM）（Breeden，1979）；时变协方差 CAPM 模型（Bollerslev et al.，1988）；时变条件协方差 CAPM 模型（Harvey，1989）；时变 β 系数研究（Blume，1971；Jagannathan and Wang，1996；Bodurtha and Mark，1991；et al.）。目前仍有学者在进行 CAPM 模型的有效性检验和应用，且不局限于股票市场（Guermat，2014；Arisoy et al.，2015；Baillie and Cho，2016；et al.）。

中国资本市场起步较晚，市场体系不够完善，金融资产种类较为匮乏，导致早期资产定价发展较为缓慢，随着资本市场改革不断推进，中国资本市场有效性不断提高。国内关于 CAPM 的研究主要集中有效性检验、时变 β 系数研究等方面。CAPM 在中国资本市场中的有效性检验主要集中于股票市场，但学者并没有得到较为一致性的结论。杨朝军和刑靖（1998）较早利用沪市数据对 CAPM

模型进行了检验，发现在中国无效；阮涛和林少宫（2000）、靳云汇和刘霖（2001）、吕长江和赵岩（2003）得到同样的结论；向方霓（2001）检验发现沪市基本可以适用 CAPM 模型；王宜峰等（2012）发现条件 CAPM 对中国市场具有较好解释能力；张卫东和龚金国（2014）指出行为 CAPM 更适用于收益和风险的度量。时变 β 系数研究方面，陈浪南和屈文洲（2000）实证发现了 β 系数在市场不同阶段具有显著差异；苏卫东和张世英（2002）指出长期来看大多数股票的 β 系数不稳定；刘永涛（2004）发现中国证券市场 β 系数长期稳定性较弱，部分股票 β 系数存在突变性特点，β 系数在牛市和熊市中表现存在差异；丁志国等（2007）使用 MSVAR 和 SWARCH 对 β 系数时变性进行了探讨；苏治（2006）、苏治等（2008）、丁志国等（2012）理论证明了 β 系数的时变性，并给出实证检验。

2. 股票特征

实证检验证明 CAPM 模型并非有效，系统性风险不能完全解释资产预期收益，因此学者尝试继续搜寻能够解释资产预期收益的因子，并开始回归于股票特征指标。一系列研究进一步丰富和完善了资本资产定价模型，也为 Fama - French 因子模型的诞生奠定了基础。

（1）盈余指标。盈余指标（earnings）与股票收益率之间的关系研究起步较早，学者考虑市盈率（price to earnings ratio，PE 或 P/E）与收益率之间的关系（Graham and Dodd，1934；Molodovsky，1953），部分学者则考虑 e/p（earning to price ratio，e/p）。总结已有研究成果看，低 PE（高 e/p）能够得到股票高收益。布林（Breen，1968）检验了"低 PE 的股票未来表现会超过高 PE 的股票"这一假说，以及这一特征是否与行业相关。巴苏（Basu，1977，1983）利用 OLS 估计，将高 PE 和低 PE 股票进行区分并构造股票组合，计算不同 PE 的股票组合表现，发现低 PE 股票组合的年化收益率高于高 PE 股票组合。坎贝尔和席勒（Campbell and Shiller，1988）利用 1871～1987 年数据，分析了股价、盈余和股息之间的关系，他们使用 e/p 预测股票收益率，发现这一指标对股票收益率具有较好的预测能力，且两者正相关，法玛和弗伦奇（1992）、富勒（Fuller et al.，1993）、拉蒙特（Lamont，1998）、卢埃林（Lewellen，2002）等都得到同样的结论。就国内研究而言，主要集中于"市盈率是否高估？"以及市盈率的影响因素，单独研究市盈率与股票收益率关系的研究较少（陈共荣和刘冉，2011；刘昱熙和宋旺，2011；et al.）。

（2）股息指标。关于股息指标（dividend）与股票收益率关系研究，集中于股息价格比（dividend price ratio，d/p）和股息收益（dividend yield，d/y）对股票收益的预测能力。早期研究主要集中于理论层面，例如戈登（Gordon，1959）、林特纳（1962）等。费舍尔（Fisher，1961）较早地从实证层面论证了每股股息（dividend per share，DPS）对股票价格的影响，发现 DPS 能一定程度上解释股票价格变动。布莱克和斯科尔斯（Black and Scholes，1973）从股息政策层面论证了对股价的影响。坎贝尔和席勒（1988）构建 Dividend – ratio 模型发现 d/p 对股票预期收益具有长期影响，科克伦（Cochrane，1997）得到类似的结论。法玛和弗伦奇（1988，1989）研究了 d/y 对股票收益的影响。霍德里克（Hodrick，1992）使用多种方法分析了 d/y 对股票收益的预测能力。卢埃林（2002）研究了多个金融比率对股票收益的预测作用，其中发现 d/y 对未来股票收益具有较强的预测能力。安和贝尔卡特（Ang and Bekaert，2007）指出 d/y 短期内与短期利率能够较好地一起预测股票收益。但是斯坦博（Stambaugh，1999）、莱特奥和路德维格松（Lettau and Ludvigson，2001）、布杜赫等（Boudoukh et al.，2007）认为 d/y 逐渐失去其预测股票收益的能力。高亚和韦尔奇（Goyal and Welch，2003）认为无论是 d/p 还是 d/y 对股票收益均没有预测能力，d/y 在短期内对自身有较好的预测能力。

在传统实证框架下，股息指标对股票收益的预测能力并没有一致性结论，这催生了关于股息指标改进、研究视角和研究方法的转变。麦克米兰（McMillan，2009）发现在非线性分析框架下，d/y 具有较强的预测能力；刘和王（Liu and Wang，2011）将 d/y 应用于期权定价；陈（Chen，2012）研究了 d/y 在日本股市中的预测能力，发现具有较好的预测效果；泊利梅尼斯和尼奥科斯美迪斯（Polimenis and Neokosmidis，2016）提出修正的 d/p（modified dividend price ratio，mdp）并验证了 mdp 与股票收益之间的关系。

（3）账面价值。关于账面价值（book value）对股票收益的影响主要集中于账面市值比（book to market ratio，b/m），账面市值比也被法玛—弗伦奇三因子模型作为重要的解释因子。无论是单独还是与其他因素一起，b/m 均能够较为有效地解释股票收益。斯德曼（Stattman，1980）发现 b/m 与平均收益之间正相关；罗森博格等（Rosenberg et al.，1985）得到同样的结论；陈等（Chan et al.，1992）发现 b/m 能够较好地解释日本股市平均收益；法玛和弗伦奇（1992）指出已有研究主要集中于单个因素对股票收益的解释，并未考虑多个因子对股票收益的联合解释能力，他们考虑了市值规模（size）和 b/m 对股票收益的解释作用并发现：系统性风险并不能帮助解释横截面股票收益，市值规模和 b/m 能够联合解释股票收益，且解释能力高于 e/p 与杠杆效应，尽管规模效应受到学者更多的关注，b/m 与股票收益之间呈现正相关，即便加入其他因子，这一结论也具有一致性。在此基础上，法玛和弗伦奇（1993）提出了法玛—弗伦奇三因子模型，考虑市场风险溢价、市值规模和账面市值比对股票收益的解释作用，发现市值规模和账面市值比能够较好地解释股票收益。法玛和弗伦奇的一系列研究工作均验证了账面市值比在解释股票收益中的重要性，此后法玛和弗伦奇（2006，2008）继续深入研究了 b/m 对收益的解释作用。关于 b/m 的研究仍在推进，唐纳利（Donnelly，2014）梳理总结已有的关于 b/m 与股票收益正相关的解释，进一步验证了 b/m 效应与盈余有关。卡基奇等（Cakici et al.，2015）扩展了法玛和弗伦奇（2008）的模型框架，将 b/m 进一步分解为账面价值变动（dB）和市值变动（dM），并发现前者对股票收益具有较强的解释能力。

国内关于账面市值比对股票收益解释的研究主要集中于法玛—弗伦奇三因子模型在中国股票市场的检验。范龙振和王海涛（2001）、范龙振和余世典（2002）利用沪市所有 A 股数据构造动态组合方法，发现沪市具有显著的市值效应、账面市值比效应、市盈率效应和价格效应；杨炘和陈展辉（2003）在中国股市中进行了法玛—弗伦奇三因子模型实证研究，发现法玛—弗伦奇三因子能够完全解释 A 股市场收益的截面差异；吴世农和许年行（2004）进一步确认了中国股市存在账面市值比效应；贺炎林（2008）基于状态转移信息对法玛—弗伦奇三因子模型进行了改进，提升了对收益的解释能力；刘维奇等（2010）发现股权分置改革后，法玛—弗伦奇三因子模型对股票收益的解释能力有所提升；田利辉等（2014）对比了法玛—弗伦奇三因子模型在中美市场的差异，发现账面市值比效应在中国股市并不显著。

（4）其他指标。关于盈余、股息和账面价值指标等对股票收益解释能力的研究起步较早，也是近五十年被反复研究的主要资产定价因子，通过盈余、股息、账面价值与股价等构建一系列比率，实现了对股票收益较好的解释能力。此外，部分学者也提出了其他用于解释股票收益的指标：股票收益方差（stock variance），郭（Guo，2006）利用收益率的方差预测收益率。横截面风险溢价（cross-sectional premium，csp），波尔克等（Polk et al.，2006）计算了高 β 股票与低 β 股票的相对价值，并作为横截面收益的风险溢价，进而利用这一指标预测股票收益，实证发现 csp 与股票预期收益高度相关，无论是单独还是与其他因子联合，均有较好的预测能力。上市公司发行活动（corporate issuing activity），净权益扩张指标（net equity expansion，ntis），即 12 个月净发行额的移动求和与年末总市值的比值，与布杜赫等（2007）构造的预测指标高度相关；贝克和伍格勒（Baker and Wurgler，2000）提出股票发行比例（percent equity issuing，eqis 或

equity share），即新股发行额占总发行额的比例，他们使用这一指标对股票收益进行了预测，发现相对传统定价因子，eqis 具有更好的收益预测能力。国际证据，收益预测的国际证据也层出不穷，这也为研究溢出性在资产定价中的作用提供了理论支撑与经验依据。卡特勒等（Cutler et al.，1991）通过构造理论模型并参数校准和模拟，分析了投机行为对资产价格的影响；哈维（Harvey，1991）研究了国际视角下的价格相关性；索尼克（Solnik，1993）基于条件信息分析全球资产配置的表现；亚尔马松（Hjalmarsson，2010）使用 d/p、e/p、短期利率以及期限利差预测 40 个市场的股票收益，发现短期利率和期限利差的效果较好。拉帕奇等（Rapach et al.，2013）分析了美国股票收益率对其他 11 个工业国的股票收益率的预测作用，发现美国滞后股票收益率对其他国家股票收益率具有较好的预测效果，但反之效果较差，进一步确定了美国资本市场对全球市场的巨大影响力。

3. 利率因素

除了系统性风险以及股票相关因素，利率作为货币政策的价格目标，对金融市场有重要影响。已有研究从多个角度探究了利率及相关指标与股票收益之间的关系，主要包括国库券利率、公司债券收益、短期利率和期限利差等，实际上前三种利率主要被用于构造期限利差，研究成果虽不及前述的两种因素，但利率指标对股票收益具有一定预测能力。本书尝试从这四个层面梳理利率指标与股票收益之间的关系。

（1）国库券利率。关于国库券利率（treasury bill rates）与股票收益之间的关系研究相对较少，主要是因为国库券利率常常不被作为单独的因素用于预测股票收益。法玛和施威特（Fama and Schwert，1977）指出股票名义期望收益等于名义国库券利率加上一个常数项，在股票月度收益与 1 月期国库券利率的回归中估计系数为负，说明两者负相关。陈等（1986）也考虑了 1 月期国库券利率。坎贝尔（1987）从债券、国库券和股票组合的角度研究了这一问题。

（2）公司债券收益。法玛和弗伦奇（1989）研究了 Aaa 级公司债收益（corporate bond returns）对未来股票收益的影响。施威特（1990）则使用 Aa 级公司债收益。这是具有代表性的两个研究成果。

（3）短期利率。在研究期限利差对资产价格影响过程中，部分学者将短期利率（short term interest rate）单独拿出来用于预测资产收益。居尔泰金（Gultekin，1983）、索尼克（1983）研究通货膨胀与股票市场关系时，涉及短期利率的作用。坎贝尔和哈马奥（Campbell and Hamao，1992）研究并对比美日股市，发现短期利率以及短期利率变动与资产收益负相关。托若思等（Torous et al.，2004）将 1 月期国库前名义利率作为短期利率，用于预测股票收益。坎贝尔和托马森（Campbell and Thompson，2008）在讨论股票收益样本外预测时，考虑了短期利率的影响。居尔马松（2010）、拉帕奇等（2013）也指出短期利率是重要且稳健的收益预测指标。

（4）期限利差。相对于国库券利率与长期国债利率，利差（term spread）在解释资产价格方面更常见，期限利差不仅局限于长短期债券利差，还包括公司债与国库券利差等，上述两种关于利率的指标也主要被用于构造期限利差。总结已有研究，期限利差与未来股票收益正相关。陈等（1986）、坎贝尔（1987）等均使用 t 期长期国债利率与 $t-1$ 期 1 月期国库券利差进行分析。凯姆和斯坦博（Keim and Stambaugh，1986）使用长短期债券利差。法玛和弗伦奇（1989）、法玛（1990）使用了 Aaa 级公司债与 1 月期国库券利差，法玛和弗伦奇（1989）发现利差的估计系数为正。施威特（1990）延续法玛（1990）的研究工作，但使用的是 Aa 级公司债与 1 月期国库券利差，期限利差与未来收益基本正相关，但受预测期限长度和数据频率的影响。考虑到期限利差与资产价格之间关系较为明确，后续关于期限利差的研究主要集中于作为基准评价新指标对资产收益的预测效果，以及上述研究的复制工作。阿夫拉莫夫（Avramov，2002）的期限利差使用 10 年期国债利率与 1 年期国库券利率之差，利用贝叶斯方法重点研究了模型不确定性下的样本外预测问题。托若思等（2004）在股票收益预测研究中，使用了穆迪评级 Baa 的公司债券与 Aaa 的公司债券收益率之差，以及 10 年期国债利率与 3 月期国库券利率之差。阿夫拉莫夫和查迪亚（Avramov and Chordia，2006）、坎贝尔和托马森（2008）、波勒斯勒夫等（Bollerslev et al.，2009）使用了相似的期限利差指标。居尔马松（2010）发现期限利差的收益预测作用具有稳健性。利率作为货币政策的调控目标，对实体经济与金融体系具有重要影响，部分学者从"利率—货币政策—股票市场"的角度研究利率对资产价格的影响。伯南克和布林德（Bernanke and Blinder，1992）分析发现联邦基金利率与美国股市之间存在负相关性。索尔贝克（Thorbecke，1997）、莱格伯恩和萨克（Rigobon and Sack，2003）、伯南克和卡特纳（Bernanke and Kuttner，2005）等均指出利率变动对股市具有显著影响。陈（2007）和亨利（Henry，2009）发现了影响的非对称性，即熊市阶段利率变动对股票收益的影响大于牛市。库罗夫（Kurov，2010）从投资者对利率敏感性角度分析了这一现象。国内关于利率对股票收益的影响研究较少，主要原因在于中国利率市场化程度不够，利率定价相对扭曲，与市场化程度更高的股市之间的关联性较弱，研究因而也局限于货币政策传导效应。

4. 收益层面的宏观经济因素

系统性风险、股票特征、利率指标等均偏重微观层面。长久以来，股市一直被作为经济的"晴雨表"，即股市先行于宏观经济运行，能够预测未来宏观经济走势，但现实情况并非如此，宏观经济因素可先行于股市走势，宏观经济指标预测股市收益具有可行性，不过传统的宏观变量在解释收益中的作用并不大（Lettau and Ludvigson，2001）。

（1）通货膨胀。费舍尔（1930）提出名义利率等预期实际利率加预期通货膨胀率，名义利率会随着预期通货膨胀率同步上升，此即"费雪效应"。法玛和弗伦奇（1977）认为，"费雪效应"可以从债券推广至股票，若市场弱有效，那么通过 $t-1$ 期的信息可以形成 t 期资产价格的理性预期，股票在 $t-1$ 到 t 的预期名义收益率等于同一时期预期实际收益加上预期通货膨胀率。总结而言，股票市场中预期名义收益率与预期通货膨胀率同向变动。但如 CAPM 模型一样，"费雪效应"的理论与实证之间同样存在矛盾，股票收益与通货膨胀率负相关。例如林特纳（1975）、博迪（Bodie，1976）、雅费和曼德尔克（Jaffe and Mandelker，1977）等，均利用美国市场数据进行了验证；居尔泰金（1983）、曼德尔克和坦顿（Mandelker and Tandon，1985）、卡尔（Kaul，1987）、金（Kim，2003）等从新兴市场视角提供了实证证据。学界尝试去解释这一现象，包括莫迪利亚尼和科恩（Modigliani and Cohn，1979）提出"通货膨胀幻觉"，费尔斯坦（Feldstein，1980）提出"税收假说"，法玛（1981）提出"代理假说"等。关于"费雪效应"的解释此处不再赘述。国内而言，通货膨胀与股票收益关联是金融领域的研究焦点之一，一方面为中国通货膨胀与股票收益相关性的实证分析，另一方面是对两者关系的解释，遵从了国外相关研究的演进过程。如韩学红等（2008）讨论了 1992~2007 年中国股市收益率与通货膨胀率的相互关系特征；郭建军（2008）分析得到中国股市不遵从"费雪效应"；王一鸣和赵留彦（2008）发现供给冲击导致通货膨胀与股票收益负相关，需求冲击导致正相关；刘金全和马亚男（2009）发现通货膨胀与股票实际收益之间的关系依赖于股票市场状态，"费雪效应"成立；林建浩和王美今（2011）研究了财务杠杆对通货膨胀与股票收益关系的影响；赵留彦（2016）研究了中国恶性通货膨胀时期股票收益与通货膨胀之间的关系，支持了"费雪效应"。

（2）总消费财富比率。总消费财富比例（aggregate consumption-wealth ratio，cay）在预测股票收益中比较少见，自 2001 年提出到现在并没有太丰富的研究成果。莱特奥和路德维格松（2001）提出 cay 并检验了其在预测股票收益中的作用，重点研究了其在短期内的预测效果，并与其他传统预测因素进行了对比，主要结论为：长期来看 cay 是一个非常有效的股票收益预测因素，且预测效果好于其他常用的预测因素。郭（Guo，2006）给出了 cay 的样本外预测效果。

5. 行为金融学因素

行为金融学因素成为资产定价的研究焦点，本书主要考虑投资者关注（attention）和投资者情绪（sentiment）。由于这两个视角更偏向心理和认知层面，任何相关数据均可被用于指标构建和度量，丰富了研究的多样性。而且这些因素背后的经济金融逻辑复杂多变，投资者行为必然与传统资产定价因子之间存在关联，也受到宏观经济形势的影响，投资者行为背后隐含的相关因素更为复杂。

（1）投资者关注。传统资产定价模型认为信息已被包含于价格中，价格变动能够反映所包含的信息，特别是在有效市场中，不存在信息不对称性，导致超额收益 α 的消失。投资者关注是资产市场的稀缺资源，竞争性信息的出现会分散资源配置，因此财务信息的披露会降低或分散投资者注意力，降低市场定价效率，市场中主要表现为股价漂移和价格反转。此外，投资者对信息的搜集和处理存在偏差，即投资者存在有限关注行为，不可避免地存在信息不对称，导致对资产价格的非对称影响（Da et al.，2011）。投资者关注于股票收益的实证分析多集中于近十年内，早期研究缺乏刻画投资者关注的指标，多通过间接代理变量进行替代分析，例如极端收益（Barber and Odean，2008）、交易量（Gervais et al.，2001；Barber and Odean，2008；Hou et al.，2008）、新闻头条（Barber and Odean，2008；Yuan，2008）、广告成本（Chemmanur and Yan，2009）。

笪等（Da et al.，2011）基于谷歌搜索量数据构造了投资者关注的直接度量指标 SVI。该指标相比间接指标具有如下优势：其一，互联网用户主要通过搜索引擎收集数据，在美国通过谷歌完成的搜索占全部搜索的72.1%；其二，搜索行为是一种已完成的关注，若搜索某只股票相关信息，说明投资者确实关注这只股票，这较好地解决了使用代理变量刻画关注度的缺陷。崔和瓦里安（Choi and Varian，2009）指出谷歌搜索数据中包含搜索用户的兴趣点和关注度，因此笪等（2011）通过筛选与股票相关的搜索量构造关注度指标，并研究了 SVI 与股票收益之间的关系，发现构造的关注度指标与已有的代理变量有较好的相关性，同时关注度指标能够预测2周后的收益。利用谷歌搜索数据构造指标，兼具大数据和互联网技术，将会是未来研究行为金融和资产定价的重要研究方向。

国内而言，贾春新等（2010）研究限售股解禁报告对股票收益的影响，投资者关注度越高，股票收益和换手率均会存在异常变动。俞庆进和张兵（2012）利用百度指数验证投资者关注能够影响创业板交易活动，但是对股价的推升效应会很快反转。谭伟强（2008）、权小锋和吴世农（2010）、饶育蕾等（2012）和彭叠峰等（2015）也发现了类似的证据。张维等（2015）将情绪细分后，研究了市场情绪和投资者关注对 IPO 破发的影响等。

（2）投资者情绪。投资者情绪是行为金融学的重要层面，与投资者关注稍显不同，投资者情绪存在积极、中性和消极之分，所以在指标构建上更为多样化。德隆等（De Long et al.，1990）从理论层面分析了情绪为何为影响资产价格的偏离。实证层面，由于情绪不容易量化，学界多采用代理变量或利用代理变量构建指标进行分析。贝克和伍格勒（2006）搜集一系列能够代表情绪的代理变量，通过主成分分析构造了情绪指数，并实证分析情绪对股票价格的影响，这一做法也被国内学者借鉴（伍燕然和韩立岩，2007；游家兴和吴静，2012）。贝克和伍格勒（2007）基于同样的指数分析情绪与股票收益的关系。黄等（Huang et al.，2015）提出了一种新的投资者情绪指数，这种指数基于一系列代理变量但去除了噪声，比已有的情绪指标具有更好的收益预测效果。有部分学者利用互联网信息基于文本挖掘的方法提取和构建投资者情绪指标，笪等（2015）构建 FEARS 指数（financial and economic attitudes revealed by search，FEARS）度量情绪，这一指数主要基于经济金融负面词汇的搜索量构建，例如衰退（recession）、破产（bankruptcy）和失业（unemployment）等，通过实证分析发现，FEARS 指数能够预测短期收益反转，短期波动增加等。也有部分学者质疑投资者情绪对资产价格的预测作用，王等（Wang et al.，2006）认为市场收益和波动引致投资者情绪，而非反向关系；于和袁（Yu and Yuan，2011）认为情绪高涨时投资者情绪与股票收益相关性减弱；金等（2014）则认为情绪低落时对股票收益有影响。

2.1.2　波动层面

1. 波动层面的宏观经济因素

不同于收益层面的影响因素，影响市场波动的因素主要集中于宏观经济因素，但宏观经济变量与市场波动之间的关系较为复杂。金（King，1966）、布卢姆（1968）、费舍尔和洛里（Fisher and Lorie，1970）以及欧非瑟（Officer，1973）较早地研究了股市波动特征。以上学者均发现 1926～1960 年美国股市波动呈现明显下降趋势。这一现象为何发生？学者给出了多种解释：其一是根据 1933 年《证券交易法案》（Securities Act of 1933）建立的美国证券交易委员会（Securities and Exchange Commission，SEC）是主要原因，即加强监管降低了市场波动；其二是证券数量的增多，自 1926 年起在纽约证券交易所上市的股票数量增至之前的两倍，交易活动的多样性降低了市场波动；其三是宏观层面的原因，即股票市场反映了一般经济状态，经济波动的降低引致市场波动的降低。欧非瑟（1973）通过一系列论证与实证检验认为，经济波动与市场波动之间的关联性最高，这为宏观经济和金融因素与资本市场收益波动关系研究提供了基本依据。

施威特（1989）重提欧非瑟（1973）关于大萧条时期的异常波动原因，并重点指出金融杠杆（financial leverage）只能解释市场波动的小部分，而简单传统的定价模型难以解释市场波动背后的驱动因素。他继续指出，如果宏观数据包含预期现金流和贴现率的波动信息，则有可能被用于解释市场的时变波动特征。在这一基础上，施威特（1989）研究了美国通货膨胀率、货币供应量、工业产出的波动与股票和债券市场波动之间的关系，但发现这三种宏观经济变量对市场波动的预测效果并不好，反而在部分时段，股票市场波动能较好地预测宏观经济波动，印证了股市是经济"晴雨表"的观点。莫瑞利（Morelli，2002）使用向量自回归模型（vector autoregressive model，VAR）检验了英国宏观经济波动与股市波动之间的关系，主要宏观经济变量为工业产出、实际零售额、货币 M1、德国马克对英镑汇率和通货膨胀率，发现宏观经济波动能够很好地预测股市波动，但是联合预测效果较差。大卫和维罗内西（David and Veronesi，2004）构建关于预期通胀的不确定性指标用于预测股票和债券收益和波动，发现该指标具有较好的预测效果。贝尔特拉蒂和莫拉纳（Beltratti and Morana，2006）延续施威特（1989）的研究，指出宏观经济变量与股票市场波动之间的关系需要合适的模型刻画，他们重点研究了股市波动的结构性突变特征，利率和货币供应量的波动可被作为解释股市波动突变性的最优因素，诸如货币供应量、通货膨胀、联邦基金利率、产出增长率的波动均可以解释股市波动的结构性突变。

皮埃尔济奥等（Pierdzioch et al.，2008）使用德国宏观经济月度数据预测股市波动，主要包括产出缺口、工业产出增长率、期限利差、经济景气指数等，发现对德国来说投资者可以依赖于宏观经济变量进行波动预测。恩格尔和朗格尔（Engle and Rangel，2008）提出 Spline - GARCH 模型用于刻画波动率，并分析宏观经济环境与长期市场波动之间的关系。佩耶（Paye，2012）分析发现期限利差、投资资本比率等宏观经济变量能够预测市场波动。克里斯蒂亚森等（Christiansen et al.，2012）基于多种计量方法对汇率、债券、大宗商品、股市等市场波动进行了研究，诸如通货膨胀率、期限利差、新增住房、工业产出增长率、货币供应、生产者物价指数等，实证分析发现，宏观经济和金融因素对金融资产收益波动具有显著的样本内预测能力，对汇率和债券市场具有显著的样本外预测能力，但是宏观经济和金融因素对股票市场波动的预测效果较差。恩格尔等（2013）提出 GARCH – MIDAS 模型，真正将低频宏观经济变量与高频波动联系在一起，该模型将波动分解为长期波动与短期波动，影响波动的主要变量为采购经理人指数（producer price index，PPI）和工业产值增长率。阿斯加里安等（Asgharian et al.，2013）基于主成分分析构造不同特征的宏观经济变量，并对长期和短期波动进行预测。吉拉丁和约尔（Girardin and Joyeux，2013）基于中国市场的数据实证发现，宏观基本面因素对预测股市波动的能力越来越强。康拉德和洛克（Conrad and Loch，2015）进一步研究了宏观经济因素对股市波动的预测作用，例如实际 GDP、工业产值、失业率、新增住房、GDP 平减指数、期限利差、企业利润等，实证结果发现上述宏观经济因素中，期限利差、企业利润、新增住房和失业率是最优的预测市场波动的指标。博费利等（Boffelli et al.，2017）则考虑了宏观经济变量对欧洲债券市场的影响。对国内而言，宏观经济因素对股市波动的解释能力研究相对较少，赵振全和张宇（2003）利用多元回归和 VAR 模型发现，中国宏观经济波动对股市波动的解释能力不足。郑挺国和尚玉皇（2014）利用多因子 GARCH – MIDAS 模型探究宏观基本面对股市波动的预测能力，发现宏观经济波动对股市波动具有显著正向影响。苏治等（2018）基于多种权重函数的混频 GARCH 族模型，探究了主要宏观变量对中国股票市场波动的影响，并给出不同宏观变量的样本外预测效果对比。

上述研究集中于具体宏观经济因素与市场波动之间关系，而经济周期与市场波动之间关系也是一个较为明确的研究领域。经济周期与市场波动之间关系较为明晰，在危机时市场波动剧烈（Schwert，1989）。汉密尔顿和林（Hamilton and Lin，1996）发现经济衰退是驱动股市收益波动的基本因子。康拉迪等（Corradi et al.，2013）认为经济周期能够解释较大部分的股市波动。康拉德等（2014）认为经济周期能够预测油价收益波动和股市收益波动。

2. 历史波动信息及波动率模型

历史波动信息也是重要的波动预测因子。历史波动信息对波动的预测作用，一部分是直接使用历史的已实现波动率对未来已实现波动率进行预测（Ghysels et al.，2006；Christiansen et al.，2012），另一部分则通过波动率模型来体现。常用的刻画波动特征的模型主要为自回归条件异方差模型（autoregressive Conditional Heteroskedasticity Model，ARCH 模型）。恩格尔（1982）首次提出 ARCH 模型，并给出模型的平稳性证明。恩格尔等（1987）提出 ARCH – M 模型以刻画时变异方差性。扎克亚（Zakoian，1994）提出 Threshold ARCH 模型（TARCH）。希金斯和贝塔（Higgens and Beta，1992）提出 NARCH 模型。但 ARCH 模型关于波动聚集效应的刻画不够明显，与金融市场实际特征不符（张世英和柯珂，2002）。

波勒斯勒夫（1986）在 ARCH 基础上提出了广义自回归条件异方差模型（Generalized Autoregressive Conditional Heteroskedasticity，GARCH 模型）。GARCH 模型考虑了方差自回归过程，对波动聚集性和长记忆性的刻画更精确。当然在研究长记忆性的时间序列中，ARCH 模型更简洁，精确度也不逊色于 GARCH 模型。在大量文献的实证分析中，GARCH（1，1）模型应用较为广泛，而滞后期过大会影响估计效率。之后各种 GARCH 模型涌现，纳尔逊（Nelson，1990）提出指数 GARCH 模型（Exponential GARCH，EGARCH），克服了 GARCH 模型的部分缺陷。丁等（Ding et al.，1993）提出 A – PARCH 模型（Asymmetric Power ARCH，A – PARCH），上述 ARCH 和 GARCH 族模型均为它的特例。段（Duan，1997）提出增广 GARCH 模型（Augmented GARCH），将包括 A – PARCH 模型在内的所有模型囊括进来。在研究 ARCH 模型时，扰动项自相关系数呈现典型的双曲率衰减特征，引发对 ARCH 模型与长记忆性结合的研究（张世英和柯珂，2002）。用于刻画长记忆性的 GARCH 族模型包括分整 GARCH（Fractional Integrated GARCH，FIGARCH），长记忆 GARCH（Long Memory GARCH，LM – GARCH），分整指数 GARCH（Fractional Integrated Exponential GARCH，FIE-GARCH）。对于 GARCH 模型的一个重要分支为成分 GARCH，本书将在实证章节详细阐述。方等（2020）将混频 GARHC 模型与变量选择结合，构建了一种新的混频模型，发现历史波动信息对波动率的预测效果优于宏观经济基本面信息。

除了传统时间序列模型和 GARCH 族模型，另一类重要的波动率预测模型即随机波动模型（Stochastic Volatility Model，SV 模型）。SV 模型与 GARCH 族模型具有相似性。SV 模型具有数量金融和金融计量经济学双重根源，不同 SV 模型也来源于不同的研究对象，包括厚尾 SV 模型、非对称 SV 模型、多元 SV 模型、长记忆 SV 模型、连续时间 SV 模型等多种形式（Hull and White，1987，1988；Harvey，1998；et al.）。但 SV 模型形式不定，因此无法直接使用极大似然估计（Poon and Granger，2003），因此哈维等（1994）提出准极大似然估计（QMLE）、达菲和辛格尔顿（Duffie and Singleton，1993）提出矩估计（GMM）。部分学者也使用蒙特卡洛方法（Monte Carlo，简称 MC）进行估计（Danielsson，1994；Pitt and Shephard，1997；Durbin and Koopman，2000；et al.）。

2.2 不确定性研究综述

不确定性研究由来已久（Knight，1921；Keynes，1936；et al.）。限于度量的困难，不确定性研究主要集中于理论层面，探讨具体政策不确定性对企业、投资、消费的影响。近年来，随着度量方法出现和完善，不确定性研究逐渐回归学界焦点。

2.2.1 不确定性理论演进

凯恩斯（1936）在《就业、利息与货币通论》中提到，"如果我们期待巨大的改变，但不确定改变是以何种精准的形式出现时，我们的信心就是比较弱……信心的状态，正如过去所说的，是实践者经常最为关注和焦虑的事物。但是经济学家并没有仔细分析它，而是同意以一般化的形式去讨论它"。凯恩斯（1936）较早提出了关于不确定性的构想，并将其与信心或信念联系在一起。比凯恩斯更早，奈特（Knight，1921）对风险与不确定性进行了界定，提出奈特不确定性。奈特（1921）将不确定性分为有概率分布的不确定性（风险：risk）和无概率分布的不确定性（或称模糊：ambiguity）。凯恩斯与奈特都是不确定性经济分析大师，奈特对经济不确定性问题的贡献在于对风险和不确定性的严格区分，并成功构筑以不确定性—风险为核心的利润理论，揭示了企业存在的本质；凯恩斯（1936）将不确定性作为宏观经济理论的逻辑起点，预期的不确定性构成其消费、投资和货币需求三大心理规律的支撑，不确定性成为其建立宏观经济理论的基石（汪浩瀚和徐文明，2005）。凯恩斯的宏观经济框架更被人所熟知，本书所指的不确定性并非奈特不确定性，而与凯恩斯所提及的不确定性相似。

不确定性（uncertainty），包含宏观经济不确定性、经济政策不确定性、政治不确定性。一般而言，不确定性的定义由实际研究对象决定，不确定性对宏观经济运行、金融市场、经济政策有重要影响。关于不确定性的早期研究，多集中于未来政策变动的不确定性，催生了一系列理论模型。政策不确定性会抑制经济活动，特别是投资行为。研究发现，在特定情况下，不确定性能够促进投资（Hartman，1972；Abel，1983）。已有研究进行了理论模型的构建和分析，并主要集中于企业微观层面下的不确定性影响经济活动的渠道研究。新增税收的不确定性，引起企业产出价格在高价格和低价格之间波动，企业若在高价格时增加产出，能获得更高的利润，不确定性促进了经济活动，类似的理论模型得到广泛研究（Arrow，1968；Bernanke，1983；Pindyck，1988）。此外，基于托宾（1969）和林雅石（Hayashi，1982）的分析框架，部分研究发现未来税收政策不确定性会导致企业将资本更多用于现在而非未来，这为不确定性促进经济活动提供了一个合理解释，但这一解释缺乏实证支撑（Auerbach and Hines，1988）。关于经济活动特别是投资行为与不确定性的关系，后来甚至有部分学者将政策数学化，例如政策在未来服从一定分布等（Pindyck，1988；Hassett and Metcalf，1999；et al.）。上述均为不确定性与经济活动之间关系的早期研究。

在模型和方法不断演变后，不确定性理论研究进一步深化。特别是 DSGE 模型的应用使得理论研究不确定对经济活动的影响更为容易。费尔南德斯—维拉维尔德等（Fernández – Villaverde et al.，2011）在小型开放经济体框架下，研究了货币政策不确定性对实际利率波动的影响（即 F – V 模型）。波尔和法尔福（Born and Pfeifer，2014）指出 F – V 模型需要重新参数校准，才能提高模型解释能力。费尔南德斯—维拉维尔德等（2015）进一步研究了二战后美国财政政策不确定性对经济活动的影响。阿尔塔格等（Altug et al.，2009）利用包含三个国家的理论框架研究税收政策不确定性的影响。保琳娜和考特（Pawlina and Kort，2005）在理论分析中，允许政府根据实际经济活动设定经济政策，认为政府能够得到最优的政策不确定性，进而降低不确定性带来的经济损失。希亚姆（Sialm，2006）分析了税率的随机变动如何影响债券价格，其分析框架包含消费者与政府，结论主要有两个方面：其一，股票和债券溢价与税率之间的关系取决于股息增长率与税率值之间的关系；其二，随机税率对股票收益和债券溢价没有差异性影响。希亚姆（2006）的研究对未来资产定价与不确定性关系具有深刻启发。吉尔克里斯特等（Gilchrist et al.，2014）考虑金融摩擦下，不确定性与投资之间的动态关系。汉得利（Handley，2014）从理论和实证层面研究了贸易政策不确定性对出口的影响。

2.2.2　不确定性指标构建

贝克等（2016）提出的 EPU 指数是最具有代表性的不确定性度量指标，主要包括三种成分：第一种成分量化了报纸刊登的政策不确定性，来源于美国 10 家大型报纸；第二种成分反映了联邦政府未来几年的税收条款数量，来源于美国国会预算办公室（Congressional Budget Office）关于税收条款的报告；第三种成分参考经济学家对未来经济预测观点的偏差，来源于费城美联储的专业经济预测调查（Federal Reserve Bank of Philadelphia's Survey of Professional Forecasters）。目前已经构建并公开了包括主要代表性国家的 EPU 指数，图 2-1 展示了美国和中国的 EPU 指数。戴维斯（Davis, 2016）对主要代表性国家的 EPU 指数进行加权平均，构造全球 EPU 指数。

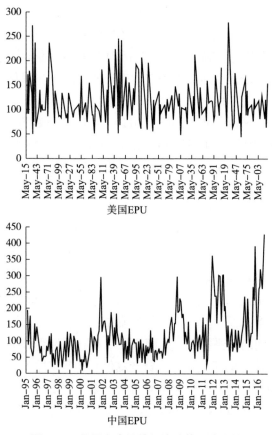

图 2-1　美国和中国的经济政策不确定性

资料来源：经济政策不确定性指数网站，policyuncertainty. com。

巴里等（Bali et al., 2014）基于包含多种宏观变量的预测调查数据，构建宏观经济不确定性（macroeconomic uncertainty index，MUI）。胡拉多等（2015）提取预测误差中不可预测成分构建了宏观不确定性（macro uncertainty），该不确定性在定位不确定性时期方面更加准确。路德维格松等（2018）使用相同的方法度量了金融不确定性（financial uncertainty）。胡拉多等（2015）提出的不确定性与凯恩斯（1937）提出的不确定性定义更为相近（Hassett and Sullivan，2016）。罗西和赛克泊思恩（Rossi and Sekhposyan，2015）同样基于预测误差提出了不确定性指标，但不同于胡拉多等（2015），罗西和赛克泊思恩（2015）使用的是专业经济预测调查数据的预测误差，并未考虑实际经济运行状态。此外，还有部分学者使用其他不确定性度量方式，例如 GDP 增长率标准差（Orlik and Veldkamp，2014），GDP 增长率的偏度和峰度（Colacito et al.，2016）等。

马尼拉和莫雷拉（2017）提出了一种基于新闻媒体数据的全新不确定性指标 NVIX。他们使用文本挖掘技术，对华尔街日报版面摘要和头条文章的关键词进行收集并统计每个关键词出现的次数，进而以该次数作为解释变量，对 VIX 指数进行了支持向量回归，估计出的 VIX 指数即为 NVIX 指数。NVIX 指数是一种全新的不确定性指标，它刻画的是投资者或大众对未来不确定性的预期。李（2023）使用推特文本数据构建了中国经济不确定性指数，并对比了该指数跟以往构建的指数的不同。

穆穆塔兹和西奥多里迪斯（Mumtaz and Theodoridis，2017）使用包含随机波动的因子模型，将宏观经济和金融变量的时变方差分解为国家异质性不确定性和全局不确定性因子，研究发现全局不确定性因子是非常重要的金融波动的驱动因素。奥兹特克等（Ozturk et al.，2018）利用 CAPM 模型构建了全球和 45 个国家异质性的经济不确定性，同样具有一定的实际价值。

2.2.3　不确定性实证应用

考虑到多种不确定性度量方法的实现，不确定性领域的实证研究也逐渐丰富。布鲁姆（Bloom，2006）从公司层面研究了"911 恐怖袭击"这一不确定性冲击的影响。布鲁姆（2009）研究了重要政治事件例如古巴导弹危机、OPEC 油价冲击、"911 恐怖袭击"等对产出、投资、就业的影响。穆穆塔兹（2017）探讨了美国 EPU 和 Global EPU 对宏观经济活动的影响。哥伦布（Colombo，2013）研究了美国 EPU 是否对欧洲有显著影响。哥伦布（2013）分析了美国 EPU 对欧洲宏观经济指标和资本市场的作用，发现美国比欧洲 EPU 对经济活动的影响更大。克劳纳和赛科尔（Klößner and Sekkel，2014）、尹和韩（Yin and Han，2014）利用戴博德和伊尔马兹（Diebold and Yilmaz，2012）提出的溢出指数测算了各国 EPU 之间的溢出效应，发现美国 EPU 对其他国家具有明显的溢出性。伯纳尔等（Bernal et al.，2016）研究了不确定性对欧洲主权债务风险传染中的作用。沙博等（Shabir et al.，2023）探讨了不确定性对银行风险的影响。梯等（Tee et al.，

2023）探讨了经济政策不确定性对碳足迹的影响，并揭示了两者的正向关联机制。国外关于不确定性的实证研究呈现井喷式增长，考虑到相关研究较多，此处不一一列举，具体总结见表 2 - 1。

表 2 - 1 不确定性研究方向总结

研究方向	主要代表文献
对本土经济活动的影响	布鲁姆（2006）、布鲁姆（2009）、伯纳尔等（2016）、穆穆塔兹（2017）、金雪军等（2014）、田磊和林建浩（2016）
对非本土经济活动的影响	哥伦布（2013）
不确定性指标相互溢出	克劳纳和赛科尔（2014）、尹和韩（2014）
企业投融资	贾倩等（2013）、王义忠和宋敏（2014）、李凤羽和杨墨竹（2015）、陈德球等（2017）、谭小芬和张文婧（2017）、才国伟等（2018）、蒋腾等（2018）
企业研发	孟庆斌和师倩（2017）、顾夏铭等（2018）
进出口贸易	鲁晓东和刘京军（2017）、汪亚楠和周梦天（2017）
企业杠杆率	纪洋等（2018）
企业金融化	彭俞超等（2018）

就国内研究而言，贾倩等（2013）认为官员预期变更会导致政策不确定性，引致企业减少当年投资，这一影响主要体现在国有企业。徐业坤等（2013）研究政治不确定性会受到企业投资支出水平的影响，在面临不确定性时，企业投资支出明显下降。金雪军等（2014）通过 FAVAR 模型分析政策不确定性冲击对中国宏观经济的影响，实证结果发现政策不确定性对 GDP、投资、消费、出口和价格变动带来负面影响，促使股票价格和房地产价格下跌。王义忠和宋敏（2014）指出宏观经济不确定性从三个渠道减弱公司投资。李凤羽和杨墨竹（2015）发现经济政策不确定性上升会对企业投资产生抑制作用，这种作用在 2008 年以后表现得尤为明显。田磊和林建浩（2016）发现经济政策不确定性对工业产出影响较小，但对工业销售产值影响较大，这可以作为一种解释产能过剩的新视角，经济政策不确定性对中国产出的影响较为微弱。陈德球等（2017）认为，地级市核心官员变更引发的政策不确定性，导致企业减少投资规模，降低了企业业绩。陈德球和陈运森（2018）同样使用地方领导人更替作为政策不确定性的代理变量，探究政策不确定性是企业会计信息质量下降的重要原因。陈胜蓝和刘晓玲（2018）研究了中国经济政策不确定对公司商业信用供给决策的影响，他们发现，经济政

策不确定性的提高会显著减少公司提供的商业信用。此外，还有诸多领域的研究考虑了不确定性，包括进出口贸易（鲁晓东和刘京军，2017；汪亚楠和周梦天，2017）、企业投融资（谭小芬和张文婧，2017；才国伟等，2018；蒋腾等，2018；张光利等，2018；戴静等，2019；史小坤和陈文，2021）、企业杠杆率（纪洋等，2018）、企业金融化（彭俞超等，2018）、企业研发和创新（孟庆斌和师倩，2017；顾夏铭等，2018）、资本结构（宫汝凯，2021）等。

2.3　不确定性与资产定价研究综述

2.3.1　理论基础

希亚姆（2006）理论研究随机税收政策对资产价格的影响。克罗斯等（Croce et al.，2011）同样研究了税收政策不确定性对资产价格的影响。乌尔里希（Ulrich，2013）研究了奈特不确定性和政府乘数规模对债券价格的影响，并提出"政治溢价"的概念（Political Premium）。上述研究主要集中于财政政策的影响，考虑了一系列政府行为。帕斯托尔和维罗内西（2012，2013）不同于上述研究，他们构建随机一般均衡模型，政府政策改变经济基本面、投资者信念等，从而对资产价格产生影响，政策改变会导致股价下跌，积极政策的发布效应较小因而可被投资者预期，消极政策的发布效应较大因而不容易被投资者预期。德雷斯勒（Drechsler，2013）构建一般均衡模型分析不确定性对股票收益的解释能力。

2.3.2　不确定性研究的实证应用

由于早期研究缺乏合适的不确定性度量，实证层面多以政治风险（Political Risks）作为政策不确定性的代理变量。艾布等（Erb et al.，1996）发现预期股票收益与政治风险之间的关联程度较弱。潘扎利思等（Pantzalis et al.，2000）、李和波尔（Li and Born，2006）发现在选举前的几周内股票价格会异常升高。随着不确定性度量方法的出现，关于不确定性的实证研究更为丰富。安德森等（Anderson et al.，2009）将专业经济预测观点的不一致程度作为不确定性的度量，研究了不确定性对预测收益的影响，并发现不确定性效果优于传统影响因素。坎贝尔等（2012）使用 ICAPM 研究了不确定性在资产定价中的作用。班塞等（Bansal et al.，2014）指出不确定性的 β 值为负，说明不确定性与资产收益负相关。西格尔等（Segal et al.，2015）将不确定性区分为积极与消极两种情况，并分别研究了对资产收益的影响，积极不确定性与风险溢价正相关，消极不确定性压低资产价格。

随着越来越多的指标出现，涌现了一大批不确定性与资产定价的实证研究。

（1）收益层面。安托纳卡科斯等（Antonakakis et al.，2014）研究了油价与 EPU 之间的溢出相关性。古普塔等（Gupta et al.，2014）研究了 EPU 和股票市场不确定性对美国股市收益的预测效果。布罗加德和丹泽尔（Brogaard and Detzel，2015）利用 EPU 指数，从国际视角研究了不确定性与资产风险溢价的影响，发现 EPU 是一种重要的资产定价因子。威尼斯基和兰博（Wisniewski and Lambe，2015）研究了 EPU 对 CDS 的影响。达赫拉维和阿拉维（Dakhlaoui and Aloui，2016）研究了美国 EPU 与金砖国家股票市场的相关性，金砖五国市场参与者很大程度紧密关注美国经济运行状态。王等（Wang et al.，2015）利用 EPU 对大宗商品价格进行了预测。李等（2015）基于美国市场数据，分析了 EPU 对股市债市相关性的影响作用，研究发现 EPU 对两市场相关性具有负向影响。贝克曼和楚达伊（Beckmann and Czudaj，2016）研究了政策颁布与不确定性对汇率的影响。还有学者研究了 EPU 与投机行为对大宗商品市场的影响（Andreasson et al.，2016）。阿罗利等（Arouri et al.，2016）探究了 EPU 对美国股市长期收益的影响，发现在极端波动的情况下，EPU 对长期收益的影响更持续。基多（Kido，2016）则研究了美国 EPU 对汇率市场收益的影响。贝克罗斯等（Bekiros et al.，2016）则通过非参数格兰杰因果检验探究了 EPU 对股票市场收益的预测作用。巴里等（2017）探究了不确定性与截面收益的关系，发现低不确定性组合能比高不确定性组合产生6%的超额收益。李（2017）实证发现中国 EPU 指数能够带来显著的正向收益。此外，也有学者研究了 EPU 对比特币收益的影响（Demir et al.，2018）。马尼拉和莫雷拉（2017）构建 NVIX 指数并进行实证研究，发现了 NVIX 对预期收益的显著预测效果。

（2）波动层面。关于不确定性对资产波动层面的影响研究，刘和张（Liu and Zhang，2015）使用 EPU 对已实现波动率进行了预测，研究发现高不确定性引致高的股票波动。约茨等（Joëts et al.，2017）分析了宏观经济不确定性对大宗商品市场波动的影响，其中农产品市场对宏观经济不确定性的变化非常敏感，而工业品市场对宏观经济不确定性的水平值非常敏感，在不确定性背景下，贵金属是主要的避险资产。刘等（2017）认为，EPU 指数具有分形特征且对未来波动具有显著的正向影响，即 EPU 越高，未来波动越高，这与已有文献结论相似。基于分形理论的波动预测模型，在考虑 EPU 的情况下，比 GARCH 族模型具有更好的波动预测效果。魏等（Wei et al.，2017）使用 GARCH – MIDAS 模型和动态模型平均分析了美国 EPU 和全球 EPU 对原油价格波动的影响，他们认为 EPU 对原油价格波动具有很强的预测效果，而且能够反映原油供应、需求以及投机因素，动态平均模型的预测效果并不能超过 GARCH – MIDAS 模型。

除了分析 EPU 对资产价格波动的影响外，学者还使用其他类型的不确定性进行实证研究。阿斯加里安等（2015）分析了宏观不确定性对股市和债市的影响，实证发现不确定性越高，市场长期波动越大，特别是在 20 世纪 90 年代"互联网泡沫"和 2008 年金融危机期间，这一效应尤其明显。巴卡斯和特里塔费洛（Bakas and Traintafyllou，2018）使用胡拉多等（2015）提出的宏观不确定性和路德维格松等（2018）提出的金融不确定性，以实证分析不确定性对大宗商品价格波动的影响，他们发现，宏观和金融不确定性相比 EPU 来说，对大宗商品价格波动具有更显著的影响，实际上也为其他类型的不确定性的有效性提供了经验证据。于和宋（Yu and Song，2018）构造具有区制转移（Regime Switching）的已实现波动的预测模型，进而探究全球 EPU 对波动的样本外预测效果，结果发现全球 EPU 比往期的已实现波动率有更强的样本外预测作用。张等（Zhang et al.，2023）探讨了全球经济不确定性对中国股票市场收益的影响，发现全球经济不确定性能够显著预测中国股市收益。

马尼拉和莫雷拉（2017）提出的 NVIX 指数也吸引了一批学者进行了不确定性与资产价格波动的关系研究。苏等（Su et al.，2017）探讨了 NVIX 对美国股市、长短期债市、汇市、大宗商品市场波动的影响，发现高 NVIX 能引起高市场波动，但是 NVIX 对市场波动影响的效果在不断降低。苏等（2018）则从亚太地区的视角研究了 NVIX 对市场波动的溢出效应，发现 NVIX 对亚太地区发达市场有明显作用，但这个作用是短期的，长期来看作用并不明显。苏等（2019）专门研究了美国 EPU、金融不确定性和 NVIX 对世界代表性国家市场波动的溢出效应，并在 GARCH – MIDAS 模型中控制了世界整体不确定性，研究发现美国 EPU 主要对发达国家具有显著溢出效应，体现为发达国家之间的政策联动效应，金融不确定性并不存在显著溢出效应，NVIX 也是一种较为重要的不确定性渠道，代表着投资者对优质资产的选择路径，同时他们也发现了 NVIX 对美国以外的市场的溢出效应与 NVIX 对美国本土市场的影响效应是相反的。方等（Fang et al.，2018）也研究了 NVIX 对发达市场的溢出效应，结果得出了相反的结论。苏等（2018）研究了 NVIX 与油价的关系。值得一提的是，马尼拉和莫雷拉（2017）

提出的 NVIX 指数构建较为复杂，数据更新至 2016 年 3 月即停止了，也为后续实证研究带来了诸多不便。

2.4　本章小结

文献综述是对已有研究的细致梳理，是任何学术研究不可或缺的环节。文献综述既要有"综"，即对前人工作的梳理，亦要有"述"，即对前人工作进行评述。只有"综"和"述"结合，才能精准判断已有研究的贡献，并从其中发现未来研究方向。

总结已有文献，资产定价理论研究非常成熟和丰富，随着与其他学科交叉的不断深入，资产定价理论在发展近百年历史后，仍具有异常蓬勃的生命力。人类经济和社会文明的不断发展，催生了更广泛的金融创新，带来了更丰富的金融学内容，但人性的贪婪和对财富自由的追求是永恒的，这正是资产定价生命力的内在驱动力。前仆后继的学者为资产定价作出了巨大贡献，诸如马科维茨、夏普、布莱克、斯科尔斯、法玛、坎贝尔等都在金融史上留下了自己的名字。

揭示资产定价因子并发掘超额收益来源是资产定价的主要研究目的。就已有研究来看，收益层面的资产定价因子可被分为以下几类：市场风险溢价、股票特征、利率因素、宏观经济因素和其他因素等。波动层面的资产定价因素主要集中在宏观经济和金融市场因素，相比收益层面，波动层面的因子相对较少，但是市场波动与金融市场稳定有着密切关系，金融市场剧烈波动也对宏观经济活动带来不可忽视的影响。对资产波动因素的洞察兼具微观和宏观意义。

不确定性研究由来已久，特别是政策不确定性吸引了大量学者的关注。早期不确定性研究多集中于理论演绎和推导，关于不确定性的实证研究并不多。后来，有部分学者使用政治更迭作为政策不连续的代理变量，也可以指代政策不确定性。一段时期内，也有学者将 VIX 或 VXO 指数作为不确定性的代理变量。随着一大批不确定性指标构建出来，才真正使实证研究丰富起来。从构建原理来看，本书认为现有不确定性指标可被划分为两类：广义经济不确定性和有限关注不确定性。前者主要基于宏观经济和金融市场数据通过一定方法构造，度量的是宏观经济或金融市场整体性的不确定性程度；后者主要以人类行为为依据，基于大量与大众（具体而言，投资者）行为有关的指标数据进行不确定性刻画，反映了人类对当前或预期的不确定性水平。

随着大量不确定性指标出现以及不确定性丰富的经济学和金融学含义，带动了不确定性与资产定价的相互融合，不确定性逐渐被作为一种资产定价因子。大量实证研究表明，高不确定性会降低资产收益、提高资产波动。主要原因在于经济或金融不确定性是一种可被投资者预期的信息，当不确定性提高时，会抑制经济和金融活动，投资者为规避风险而对资产进行抛售，导致了资产收益降低，极端的不确定性也会带来市场恐慌，造成金融市场的剧烈波动。

关于该领域研究，在研究方向方面，主要为不确定性对资产收益和波动的影响和预测作用，具体即不确定性如何影响资产收益和波动的变化，以及不确定性是否能够提高预测模型的精确度。只要能构建出一种不确定性指标，即可用于资产收益和波动的检验，很多学术论文均是从指标构建和实证分析两个角度进行了该领域研究。在研究内容方面，以研究方向为主线，对股票市场、债券市场、汇率市场、大宗商品市场等进行预测检验，同时也包括对区域内市场的联合检验。在研究方法方面，收益层面仍然依赖于传统资产定价模型，即使用线性模型进行实证检验，波动层面既包括使用线性模型对已实现波动率的预测，也包括GARCH族模型对波动的刻画。GARCH – MIDAS 族模型已成为研究不确定性对资产价格波动影响的主流模型。

不可否认的是，已有研究基本覆盖了可行的研究方向，关于不确定性对资产收益和波动的影响方向和程度也是易于预见的。本书在对已有文献进行梳理时发现了不足：理论模型构建和理论分析不是该领域的主流研究方向；有限关注不确定性指标构建还存在缺陷；不确定性的溢出效应研究相对欠缺；国际视角下的不确定性与资产价格的非线性关联相对不足等。这也为本书后续研究提供了依据。

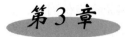

第 3 章

不确定性对资产价格
影响的理论基础

不确定性具有丰富的经济学和金融学内涵，引起学界对不确定性指标的广泛关注。但也正是由于不确定性的丰富深刻的内涵，导致刻画不确定性对金融资产的影响机制并非易事。本书认为不确定性具有不同层面的含义和解释，关于不确定性对资产价格的影响机制，也应从不确定性的不同内涵出发。本章首先对这一研究问题进行阐述，详细解释不确定性指标分类和内在经济学与金融学含义，然后从这两个层面阐述不确定性如何影响资产价格（股票市场），并以此为本书研究提供理论基础。

3.1 不确定性指标分类及其经济学含义

从已有文献梳理来看，不确定性指标主要包括：经济政策不确定性（Baker et al.，2016）、宏观经济不确定性指数（Asgharian et al.，2013）、宏观不确定性（Jurado et al.，2015）、金融不确定性（Ludvigson et al.，2018）、NVIX 或 VIX 指数（Manela and Moreira，2017）等。GDP 增长率标准差（Orlik and Veldkamp，2014），GDP 增长率的偏度和峰度（Colacito et al.，2016）等也可以被视为不确定性。此外，还有部分基于上述指标的延伸指数，例如基于机器学习的不确定性指数（Saltzman and Yung，2018）、世界其他国家和地区的政策不确定性指数等。

对不确定性指数进行分类，应基于原始数据和指数含义。本章以经济政策不确定性、宏观不确定性和 NVIX 指数为例进行详细分析。

经济政策不确定性包含三种成分指数：第一种成分指数是通过对美国十大报

纸媒体的搜索结果构建的，这十大报纸媒体包括《今日美国》（USA Today），《迈阿密先驱报》（The Miami Herald），《芝加哥论坛报》（The Chicago Tribune），《华盛顿邮报》（The Washington Post），《洛杉矶时报》（The Los Angeles Times），《波士顿环球报》（The Boston Globe），《旧金山纪事报》（The San Francisco Chronicle），《达拉斯早报》（The Dallas Morning News），《纽约时报》（The New York Times），《华尔街日报》（The Wall Street Journal）。选取关于经济政策不确定性的关键词，并在上述十大报纸媒体中统计出现的次数，以此为基础数据构建第一种成分指数。第二种成分指数的数据来自美国国会预算报告中关于税收政策的描述，即利用统计报告中将在未来 10 年内过期的税收政策数量构建指数。第三种成分指数来自美联储费城分行的专业预测调查数据，利用对 CPI、联邦支出和地方支出的预测值的偏差构建成分指数。

宏观不确定性度量了宏观经济和金融不确定性（Jurado et al.，2015），而且能够识别出"伪不确定性时期"，即按照某些指标被识别为高不确定性的时期，若按照宏观不确定性识别，并非为高不确定性时期。说明宏观不确定性在识别不确定性时期方面更加准确。胡拉多等（2015）选取了大量的宏观经济和金融数据，并认为不确定性不同于条件波动率，而应该是剔除可预测部分之后的波动率。用 $U_{jt}^{y}(h)$ 表示 $y_{jt} \in Y_t = (y_{1t}, \cdots, y_{N_y t})'$ 的向前 h 期的不确定性，即剔除可预测部分、只保留不可预测部分的条件波动率，如式（3.1）所示：

$$U_{jt}^{y}(h) = \sqrt{E\left[\left(y_{jt+h} - E[y_{jt+h} | I_t]\right)^2\right] | I_t} \tag{3.1}$$

那么考虑一定权重后的宏观不确定性指标为式（3.2）：

$$U_t^{y}(h) \equiv \operatorname{plim}_{N_y \to \infty} \sum_{j=1}^{N_y} w_j U_{jt}^{y}(h) \equiv E_w\left[U_{jt}^{y}(h)\right] \tag{3.2}$$

相比其他常用的不确定性指标，宏观不确定性指标能够识别出不应被归为高不确定性的时期，而且根据 h 的选择，得到不同期限长度的不确定性。路德维格松等（2018）基于相同的方法构建了金融不确定性，并探究了金融不确定性与经济周期关系，宏观不确定性实际上仍然是产出内生的，即宏观不确定性是内生变量，受经济产出的影响，而金融不确定性相比而言，是一种真正意义上的产出波动外生影响因素。美国宏观和金融不确定性见图 3-1。

基于新闻的隐含波动率（News-based Implied Volatility，NVIX）是一种全新的不确定性指数，是对 VIX 和 VXO 指数的补充。马尼拉和莫雷拉（2017）搜集了 1889 年 7 月至 2009 年 12 月来自《华尔街日报》（The Wall Street Journal）的头条标题和摘要，并使用文本识别和文本挖掘方式，统计所有单词在某一个时间点出现的次数。把第 i 个单词在 t 时期（月度）出现的次数为 x_{it}，他们使用所有单词出现的次数预测 VIX 或 VXO 指数，训练样本为 1996～2009 年，预测样本为 1986～1995 年。但预测模型面临的一个重要问题是，观测值（168 个月）远远小于变量个数（468091 个单词），不能使用传统估计方法。因此，马尼拉和莫雷拉（2017）使用支持向量回归（support vector regression，SVR）解决此问题。使用 SVR 得到的样本外预测 R^2 为 20%，具有良好的样本外预测效果。基于训练样本得到的预测模型，他们还估计了 1986 年之前的 VIX 或 VXO 指数，估计的指数即为 NVIX 指数。

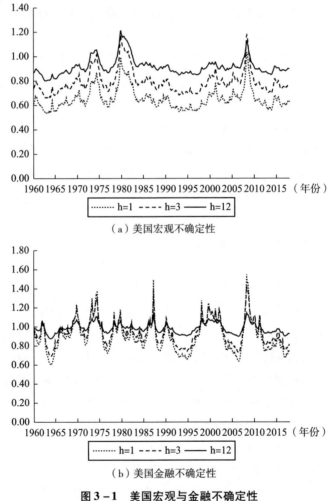

（a）美国宏观不确定性

（b）美国金融不确定性

图 3 - 1　美国宏观与金融不确定性

资料来源：路德维格松个人网站：http：//www. sydneyludvigson. com。

从数据来源看，EPU 的数据来源较为全面，既包括新闻媒体数据，也包括预测偏差数据和政府报告，宏观不确定性使用了上百个宏观经济和金融指标数据，而 NVIX 则完全使用了报纸头条新闻数据。从构造方法来看，EPU 的构建方法最为简单，类似描述性统计，而宏观不确定性和 NVIX 则分别使用预测误差和支持向量回归进行指标构建。从经济学含义来看，EPU 更偏向于经济政策不确定性，宏观不确定性则偏向于宏观或金融不确定性，而 NVIX 是对 VIX 指数的估计，度量的是投资者对市场预期风险的态度。

在对上述不确定性进行多个角度对比之后，本书认为不确定性指数的分类应遵循如下原则：原始数据反映的真实行为原则。即原始数据刻画的是宏观经济运行、金融市场运行还是投资者或大众的信念和预期。任何不确定性指标的构建，都是遵照一定目的而进行的，无论是经济政策不确定性还是宏观和金融不确定性，均是为了刻画宏观经济或金融市场运行中存在的不确定性情况。为实现这一目的，应搜集合适的数据，因此使用数据特征区分不确定性是合理可行的。

本书根据上述原则，将目前常用的不确定性指标分为两类：广义经济不确定性和有限关注不确定性[①]。具体而言：

（1）广义经济不确定性主要反映的是宏观经济、经济政策和金融市场有关的不确定性程度，背后的原始数据以宏观经济和金融市场指标为主。其重要特征在于，数据多为官方公布的经济数据，实际也是对政府部门经济活动中蕴含的不确定性的刻画（例如不确定性指标中，往往包含专业经济预测分歧程度，是对宏观经济未来不确定性的重要刻画）。这类指标包括 EPU，宏观不确定性、金融不确定性、宏观经济不确定性指数（MUI）等。使用"广义"两字，即表明将凡是与经济和金融的宏观总量相关的不确定性指标均考虑进来。

（2）有限关注不确定性主要反映的是投资者和大众通过对宏观经济或金融市场的判断和预期，是对人类预期行为最直接的刻画。目前最重要的有限关注不确定性当属 NVIX 指标。这类指标的数据并非来自官方公布数据，而是学者使用文本挖掘或数据挖掘搜集得来的，与广义经济不确定性具有明显差异。本书对这

---

① 直观来看，部分广义不确定性指标与部分有限关注不确定性指标之间存在高度重合，这是不可避免的，这主要体现在数据的高度重合上。例如，美国 EPU 指数的第一种成分是出现在美国十大报纸上与经济政策有关的关键词出现次数，这一成分似乎与有限关注理论毫无二致，而其他成分则包含了对宏观经济预测的分歧程度。更重要的是，美国经济政策不确定性，确实是在刻画政府部门的经济政策未来的不确定性程度，即便其包含与有限关注相似的成分，但仍然属于广义经济不确定性，实际上也是印证了本书提出的"原始数据反映的真实行为原则"，即美国 EPU 最终刻画的行为主体应该是宏观经济运行，深层次而言，即政府行为。

类指标定义为"有限关注"不确定性，是受行为金融学中有限关注理论的启发。在行为金融学中，有限关注即指投资者或大众对信息的搜集和处理能力有限，只能获取和理解有限的信息，因此这类信息能较快地反映在金融市场中（Simon，1955；Barber and Odean，2008；Dellavigna and Pollet，2009；Vozlyublennaia，2014；Tantaopas et al.，2016）。若投资者对不确定性（特别是不确定性事件）的关注度越高，表明对未来预期的不确定性越大。

本书从构建原则、基础数据和行为刻画三个角度将已有不确定性划分为广义经济不确定性和有限关注不确定性，具有重要理论意义和实际价值。一方面，本书从不确定性构建的根源出发，对不确定性进行对比和区分，是对不确定性理论的边际贡献；另一方面，也能为理解不确定性信息含量提供理论依据，更好地为不确定性指标构建服务。

3.2 广义经济不确定性对资产收益的影响机制

在对不确定性指标进行分类后，本书首先就广义经济不确定性对资产价格的影响机制进行分析。参考帕斯托尔和维罗内西（2012）提出的政策不确定性对股票价格影响的理论框架，具体见图 3-2。考虑时间跨度为 $[0，T]$ 的经济体，已经连续存在的公司 $i \in [0，1]$。B_t^i 表示公司 i 在时间 t 的资本，公司只通过发行股票融资，因此公司的资本 B_t^i 可被看作股票的账面价值。在 $t=0$ 时刻，所有公司使用同样数量的资本 $B_0^i=1$。公司 i 将资本进行投资，资本收益率 $d\Pi_t^i$ 为随机变量。所有公司利润被用于再投资，公司 i 的资本演化路径为 $dB_i^t = B_i^t d\Pi_t^i$。$d\Pi_t^i$ 为公司利润除以账面价值，代表公司的盈利能力。对于任意 $t \in [0，T]$，公司盈利能力演化路径为式（3.3）：

$$d\Pi_t^i = (\mu + g_t)d_t + \sigma dZ_t + \sigma_1 dZ_t^i \qquad (3.3)$$

其中参数空间 $(\mu，\sigma，\sigma_1)$ 为可观测常数，Z_t 为布朗运动（Brownian Motion），Z_t^i 是对于公司 i 的独立布朗运动，g_t 表示政府政策对公司平均盈利水平的影响，$g_t=0$ 表示"政策中性"，即政策对公司盈利能力无影响。

如果政府政策不发生改变，g_t 为常数。在外生给定的时间 $0 < \tau < T$，政府会作出是否改变政策的决定。那么 g_t 可服从以下分段函数形式，如式（3.4）所示。g^{old} 表示政府政策对公司盈利能力的在 $t=0$ 时刻及以后的持续性影响，若政府在 τ 时刻作出永久改变政策的决定，那么在 τ 时刻政策对企业盈利能力的影响

变为 g^{new}，否则继续以 g^{old} 影响公司盈利能力。

$$g_t = \begin{cases} g^{old} & t \leqslant \tau \\ g^{old} & t > \tau \text{ if no policy change} \\ g^{new} & t > \tau \text{ if policy change} \end{cases} \tag{3.4}$$

上述框架基于三个重要假设：

假设 1：政府是否改变政策的决定在 τ 时刻被立即公布，公布这一行为即改变政策对公司盈利能力的影响。

假设 2：g^{old} 和 g^{old} 的值不确定。假设 2 的重要性在于体现了政府政策对公司盈利能力具有不确定性影响。

假设 3：g^{old} 和 g^{new} 在 $t=0$ 具有相同的先验分布，$g \sim N(0, \sigma_g^2)$。若两者相等，说明无论是政府新政策还是旧政策，均为"政策中性"。在任意时间 $t \in [0, T]$，g_t 对政府、投资者等均是不确定的。将 σ_g 称为影响不确定性。

模型包含两个决策部门：政府与企业。它们分别选择效用最大化。

企业被一系列独立的投资者拥有，这些投资者最大化由最终财富决定的效用。对于 $j \in [0, 1]$，投资者 j 的效用函数为式（3.5）：

$$u(W_T^j) = \frac{(W_T^j)^{1-\gamma}}{1-\gamma} \tag{3.5}$$

其中 W_T^j 为投资者 j 在 T 时刻的财富，$\gamma > 1$ 是相对风险厌恶系数。在 $t=0$ 时刻，所有投资者又有相同的股票数量。在 T 时刻清算股息。投资者在 τ 时刻观察政府政策是否发生变化。

对政府来说，在 τ 时刻作出决定时，政府最大化相同的效用函数，但是政府需要面对政策改变带来的非金钱损失。若在新政策下期望效用高于旧政策下的期望效用，政府决定改变，否则沿用旧政策，因此政府的最大化效用函数为式（3.6）：

$$\max\left\{ E_\tau\left[\frac{W_T^{1-\gamma}}{1-\gamma} \middle| \text{no policy change} \right], \; E_\tau\left[\frac{CW_T^{1-\gamma}}{1-\gamma} \middle| \text{policy change} \right] \right\} \tag{3.6}$$

其中 $W_T = B_T = \int_0^1 B_T^i \, di$ 表示总资本的最终价值，C 表示使用新政策造成的"政治成本"。若 $C > 1$ 表示成本；若 $C < 1$ 表示收益。C 的取值在 τ 时刻为随机的，服从以下对数正态分布，且 σ_c 为政治不确定性，如式（3.7）所示。

$$c \equiv \log(C) = N\left(-\frac{1}{2}\sigma_c^2, \; \sigma_c^2 \right) \tag{3.7}$$

考虑政府的目标函数，政府期望最大化投资者的福利，但以一种随机形式完成这一目标。在此模型中，所有政府最大化福利的政策，均包含于 C 中。C 的随机存在性反映预测政治过程的收入非常困难。为简化分析，模型认为政策的先验分布均相同。

对于模型模拟过程，需要设定参数进行求解。在 $t=0$ 时刻，所有部门包括政府与公司投资者，通过观察已实现的盈利能力，具有对 g_t 相同的先验认识。之后存在一个学习过程，随着 $\mathrm{d}\Pi_t^i$ 随时间改变，各部门也会观察到关于 g_t 的信号，从而修正对 g_t 的认识（亦即分布）。在各部门对 g_t 充分认识后，还需要考虑政府政策的最优改变情况。根据政府最大化效用函数，政府改变已有政策，则有式（3.8）：

$$E_\tau\left[\frac{CB_T^{1-\gamma}}{1-\gamma}\,\middle|\,\text{policy change}\right] > E_\tau\left[\frac{B_T^{1-\gamma}}{1-\gamma}\,\middle|\,\text{no policy change}\right] \tag{3.8}$$

式（3.8）刻画了政府政策改变（即政策不确定性）对公司盈利能力的基准模型。对股票价格而言，公司 i 在 T 时刻清算股息 B_T^i。投资者在 T 时刻的总财富为 $B_T = \int_0^1 B_T^i \mathrm{d}i$。股票价格进行调整以使投资者持有所有公司股票。除了股票，市场中还存在零息债券，并在 T 时刻偿付 1 单位财富。模型使用零息债券作为计价标准。在上述假定下，股票均衡价格为式（3.9）：

$$\pi_t = \frac{1}{\lambda}E_t\left[B_T^{-\gamma}\right] \tag{3.9}$$

其中 λ 是最大化投资者效用函数过程中的拉格朗日乘数。公司 i 的市值为式（3.10）：

$$M_t^i = E_t\left[\frac{\pi_T}{\pi_t}B_T^i\right] \tag{3.10}$$

当政府在 τ 时刻宣布其政策决定时，股票价格发生跳跃，跳跃的幅度和方向取决于政府是否改变政策，以及政府政策是否被预期。模型定义"政策公布收益"，即在政府在 τ 时刻宣布改变政策时，股票在 τ 时刻的即时收益，用 $R(\hat{g}_\tau)$ 表示为式（3.11）：

$$R(\hat{g}_\tau) = \frac{(1 - p(\hat{g}_\tau))F(\hat{g}_\tau)(1 - G(\hat{g}_\tau))}{p(\hat{g}_\tau) + (1 - p(\hat{g}_\tau))F(\hat{g}_\tau)G(\hat{g}_\tau)} \tag{3.11}$$

其中，如式（3.12）~式（3.14）所示：

$$F(\hat{g}_\tau) = e^{-\gamma\hat{g}_\tau(T-t) - \frac{1}{2}\gamma^2(T-\tau)^2(\sigma_g^2 - \hat{\sigma}_\tau^2)} \tag{3.12}$$

$$G(\hat{g}_\tau) = e^{\hat{g}_\tau(T-t) - \frac{1}{2}(1-2\gamma)(T-\tau)^2(\sigma_g^2 - \hat{\sigma}_\tau^2)} \tag{3.13}$$

$$p(\hat{g}_\tau) = N\left(\hat{g}_\tau(1-\gamma)(T-\tau) - \frac{(1-\gamma)^2}{2}(T-\tau)^2(\sigma_g^2 - \hat{\sigma}_\tau^2);\ -\frac{\sigma_c^2}{2},\ \sigma_c^2 \right)$$

$$(3.14)$$

式（3.14）即为投资者在 τ 时刻前理解的政策改变的概率。在上述模型框架下，在 τ 时刻刚过的时间 $\tau+$，公司 i 的市值有两个选择，如式（3.15）所示：

$$M_{\tau+}^i = \begin{cases} M_{\tau+}^{i,yes} = B_{\tau+}^i e^{(\mu-\gamma\sigma^2)(T-\tau)+\frac{1-2\gamma}{2}(T-\tau)^2\sigma_g^2}, & \text{政策改变} \\ M_{\tau+}^{i,no} = B_{\tau+}^i e^{(\mu-\gamma\sigma^2+\hat{g}_\tau)(T-\tau)+\frac{1-2\gamma}{2}(T-\tau)^2\hat{\sigma}_\tau^2}, & \text{政策未改变} \end{cases}$$

$$(3.15)$$

综上所述，不确定性对资产价格影响机制如图 3-2 所示。

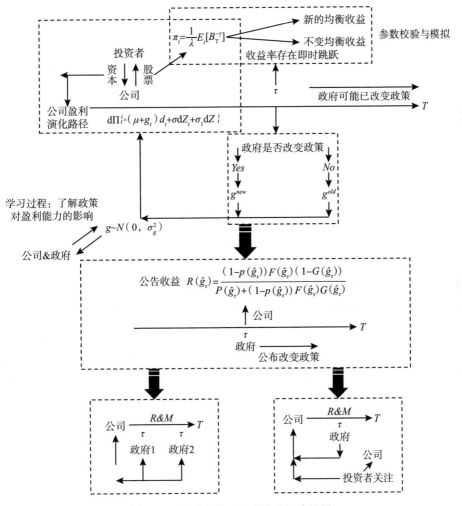

图 3-2 不确定性对资产价格影响机制

由于各个公司相互独立，各公司的账面市值比 M_t^i/B_t^i 相同。在 τ 时刻，公司 i 的市值为式（3.16）：

$$M_\tau^i = \omega M_{\tau+}^{i,yes} + (1 - \omega) M_{\tau+}^{i,no} \tag{3.16}$$

其中：

$$\omega = \frac{p_\tau}{p_\tau + (1 - p_\tau) F(\hat{g}_\tau)} \tag{3.17}$$

那么公告收益率如式（3.18）所示：

$$R(\hat{g}_\tau) = \frac{M_{\tau+}^{i,yes}}{M_\tau^i} - 1 \tag{3.18}$$

以上即为考虑政府、公司、公司市值和公司股票收益的理论模型。在该理论模型框架下，一国政府是否决定改变政策形成了政策不确定性，对于政府与公司，给出初始的对政策影响的先验分布，通过对实现的公司盈利能力曲线进行学习，不断更新先验分布，形成政策不确定性对公司盈利能力的预期。通过企业盈利能力、市值、账面价值的变化，引起股票价格变化和特定时刻政策改变形成的收益率变化。

本书认为，在上述理论模型基础上，可对模型进行扩展，建立两国的不确定性与资产价格理论框架，以探讨不确定性溢出对资产价格的影响。但考虑到该理论框架较为复杂，本书仅对扩展的理论模型进行简要介绍，模型完善作为后续研究。

扩展模型应包含若干假设：

假设4：两国之间资本自由流动，外国投资者可以购买本国公司股票。

假设5：两国不存在信息不对称，政府2（见图3-2）的政策改变对本国公司具有即时的双重影响，一方面直接对公司或投资者行为产生影响，另一方面由于资本自由流动，外国政府改变政策对外国公司产生影响，进而改变外国投资者行为。

基于假设5可知，若从投资者受政策不确定性影响来看，外国政府政策改变会改变外国投资者行为，外国投资者行为进而依据外国资本市场的反应改变其投资策略与全球资产配置，外国政府政策的改变对本国股票价格的影响具有不确定性效应：（1）正向影响，外国政府政策改变使得外国公司股票价格下跌，外国投资者减少在其所在国家的资产配置，转而投资本国公司股票，引起本国公司股票价格上升；（2）负向影响，外国政府政策改变使得外国公司股票价格上涨，外国投资者减少本国资产配置，买入更多外国公司股票，引起本国公司股票价格下跌。本国政府政策不确定性从投资者和政府的学习与预期角度分析对资产价格的影响，外国政府政策不确定性从投资者行为和有限理性角度分析对资产价格的影响。

在受到本国与外国政府的政策不确定性影响下，本国公司的盈利水平仍然服从布朗运动，其中 ρ 表示溢出系数，衡量不确定性溢出的水平，若 $\rho = 1$ 表示不确定性完全溢出，$\rho < 1$ 表示不确定性部分溢出，实际情况更符合后者。在新的公司盈利演化路径下，股票价格与公司市值存在新变化，导致分析结果存在差异。

3.3　有限关注不确定性对资产收益的影响机制

关于有限关注不确定性指标有限，因此关于有限关注不确定性对资产价格的影响机制较少。本章首先介绍有限关注对资产价格的影响机制，并尝试从有限关注理论给出有限关注不确定性对资产价格的影响机制。

在行为金融学出现之前，传统资产定价模型不考虑投资者行为对资产价格的影响，即传统资产定价模型假定投资者是完全理性且能够获取市场所有公开信息。但事实并非如此，人类对某一事物的关注，必然会牺牲对其他事物的关注（Kahneman，1973），从生理学角度来说，人类大脑也不能帮助人类去处理所有信息，只能集中能量去处理人类关注的事物，从心理学角度来说，人类倾向于选择性关注特征的信息（Fisko and Taylor，1991）。上述研究实际上表明，人类对事物的关注是有限度的，放在金融学框架下，即投资者对市场的关注是有限的，此即有限关注。

对于有限关注理论，部分学者构建理论模型进行分析，例如彭（Peng，2005）基于限制性投资者均衡模型，发现限制性投资者更关注具有较高波动的股票。彭和熊（Peng and Xiong，2006）则考虑动态模型，投资者更有可能关注市场和行业信息，忽略上市公司信息。有限关注理论也进一步认为，选择性或理性忽视部分信息，能够帮助投资者获取更高的收益（Kacperczyk et al.，2009），罗和杨（Luo and Young，2010）等研究也提供了相似的证据。

实证研究的结论实际上印证了上述理论。实证研究主要集中于搜寻有限关注的代理变量，并进行实证分析。巴伯和奥丁（Barber and Odean，2008）使用股票极端交易量和收益刻画投资者关注度，并从机构投资者和个人投资者两个视角分析，研究发现个人投资者主要基于关注新闻出现的股票、极端的高交易量和极端日度收益而进行股票买卖行为，他们同样提出假设，投资者偏向购买那些一开始就吸引他们的股票。格威斯等（Gervais et al.，2001）、侯等（Hou et al.，2008）也使用极端交易量刻画投资者关注。袁（2008）使用新闻头条信息度量投资者关注，切马诺和严（Chemmanur and Yan，2009）则使用广告成本刻画有限关注。总结而言，投资者倾向于关注并购买他们感兴趣的股票，而这一过程会由诸如极端事件、新闻报道、广告等信息触发，购买行为引发股票价格变动。

上述研究存在一定问题，即无论使用极端事件、新闻报道还是广告刻画投资者关注，一个重要的前提假设即投资者确实从中获取了股票或市场信息。实际上这一前提不完全成立，造成上述研究结论并不可靠（Da et al.，2011）。笪等（2011）基于这个问题，提出使用搜索量指数 SVI 刻画投资者关注。使用 SVI 刻画投资者关注具有明显的优势：一是，互联网用户主要通过搜索引擎搜集数据，在美国通过谷歌完成的搜索占全部搜索的 72.1%；二是，搜索是一种已完成的行为，只有投资者确实关注某只股票时，才会去搜索相关信息，因此搜索量是直接刻画个人投资者关注的指标，有限关注不确定性对资产价格的影响机制如图 3 – 3 所示。

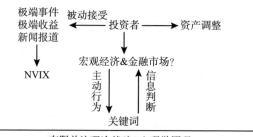

图 3 – 3　有限关注不确定性对资产价格影响机制

根据上述关于有限关注理论的阐述，本章尝试给出有限关注不确定性对资产价格的影响机制。在探讨影响机制之前，首先给出如下假设：

假设 6：个人投资者会通过网络搜索关注经济与金融市场运行。

假设 7：个人投资者会通过搜索的信息确定未来经济或金融市场预期，进而判断如何进行资产配置调整。

假设 6 亦是假设 7 的前提假设，而且本书强调的是个人投资者的行为，一方面，考虑的是机构投资者有更专业的渠道去了解宏观经济和金融市场运行情况，而个人投资者并不具备这个条件；另一方面，这样设定也是参考笪等（2011），即搜索主要是个人投资者行为。投资者在对未来经济和金融形势不够确定时，会通过搜索相关关键词去确认不确定性，搜索行为通过关键词搜索量指数反映，实际上反映出投资者对未来的不确定性。投资者还可能会通过搜索历史经济和金融事件或信息，去判断未来经济和金融形势。上述机制可通过图 3-3 体现。

3.4 基于不确定性背景的资产价格波动反周期特征

反周期（Countercyclical），意为目标变量变化与经济周期呈现相反的方向，若经济处于扩张时期，目标变量值是下降的，若经济处于衰退时期，目标变量值是增加的。一系列关于宏观经济与资产价格波动的实证研究发现，资产价格波动就存在明显的反周期特征，在经济扩张时期，资产价格波动较低，而在经济衰退时期，资产价格波动较高（Officer，1973；Schwert，1989；Paye，2012；Corradi et al.，2013；Engle et al.，2013；Conrad and Loch，2015；et al.）。那么，关于不确定性对资产价格波动的影响机制，可以通过不确定性对经济周期的影响机制为切入点，即不确定性影响宏观经济波动，宏观经济波动引起资产价格波动变化。

关于不确定性如何影响宏观经济波动，可从多个视角去理解（陈乐一和张喜艳，2018）。（1）哈特曼-阿贝尔效应。该效应由哈特曼（Hartman，1972）和阿贝尔（Abel，1983）提出，这种效应较为依赖模型关于收益和需求冲击的假设。在高不确定性时期，企业会缩减生产并增加研发投入，而在低不确定性时期，企业会扩大产出并增加实物投资。（2）增长期权传导效应。即不确定性通过促进产品创新以实现较高的预期利润，不确定性使得风险投资倾向于选择未来高不确定性且利润较高的投资项目，从而对未来经济增长具有较强的正向效应（Lee，2013；Bloom，2014；et al.）。（3）实物期权渠道。即不确定性对投资决策的影响机制，如果把企业投资作为期权，那么在高不确定性时期，企业看跌期权因此导致延迟投资。陈乐一和张喜艳（2018）总结认为，实物期权渠道的研究相对丰富，不确定性的增加导致投资波动增加，进而影响实体经济波动。谭小芬和张文婧（2017）实证结果发现政策不确定性主要以实物期权渠道抑制企业投资行为。（4）金融摩擦渠道。金融摩擦也与不确定性存在紧密联系，在经济不确定性提升时，金融摩擦也相应提升，降低了金融中介机构向企业贷款的意愿，抑制了实体经济企业扩大再生产的能力。谭小芬和张文婧（2017）认为实物期权渠道在抑制企业投资行为中占据主导作用，但对于外部融资约束较大的企业，受金融摩擦渠道的影响较大。此外，诸如不确定性引发企业"金融化"、经济"脱实向虚"等，也是高不确定性抑制经济活动的机制（彭俞超等，2017）。

康拉迪等（2013）构建了一个考虑宏观经济变量的无套利定价模型，探究了宏观经济对股市波动的波动溢价的影响。模型包含股票市场收益和波动、宏观经济变量和一个不可观测变量。以 $y(t) = (y_1(t), y_2(t), y_3(t))$ 表示可观测宏观经济变量和不可观测变量 $y_3(t)$ 组成的向量，宏观经济变量不会影响不可观测变量。元素 y_j 是式（3.19）的解：

$$\mathrm{d}y_j(t) = \left[\kappa_j(\mu_j - y_j(t)) + \bar{\kappa}_j(\bar{\mu}_j - \bar{y}_j(t)) \right]\mathrm{d}t + \sqrt{\alpha_j + \beta_j y_j(t)}\,\mathrm{d}W_j(t), \quad j = 1, 2, 3 \tag{3.19}$$

其中 $W_j(t)$ 为标准布朗运动，$\bar{\kappa}_3 \equiv \bar{\mu}_3 \equiv \bar{y}_3(t) \equiv 0$，$\bar{\mu}_1 \equiv \mu_2$，$\bar{y}_1(t) \equiv y_2(t)$，$\bar{\mu}_2 \equiv \mu_1$，$\bar{y}_2(t) = y_1(t)$，其中希腊字母表示常数。$\kappa_1$ 和 κ_2 分别表示两个宏观经济变量向均值 μ_1 和 μ_2 调整的速度，$\bar{\kappa}_1$ 和 $\bar{\kappa}_2$ 分别表示反馈参数。

假设资产价格受影响宏观经济环境的因子影响。在 t 时刻即时的股息 $Div(t)$ 为式（3.20）：

$$Div(t) = G(t)\delta(y(t)) \tag{3.20}$$

其中 $\delta(y) = \delta_0 + \delta_1 y_1 + \delta_2 y_2 + \delta_3 y_3$，且 δ_j 为常数。$G(t)$ 为几何布朗运动，如式（3.21）所示：

$$\frac{\mathrm{d}G(t)}{G(t)} = g\mathrm{d}t + \sigma_G \mathrm{d}W_G(t), \quad G(0) = 1 \tag{3.21}$$

其中 $W_G(t)$ 是与式（3.19）不相关的布朗运动。上述模型刻画，资产价格由一个长期成分（增长成分）和与宏观经济相关的短期成分组成。

该模型继续刻画价格核函数，$F(T)$ 表示由布朗运动 $[W(t)^T W_G(t)^T]$ 生成的 σ 代数，其中 $W(t) = (W_1(t), W_2(t), W_2(t))$。将 P 定义为概率。在 $F(T)$ 上的关于 P 的风险中性概率 Q 的拉东 – 尼克蒂姆（Radon – Nikodym）导数为式（3.22）：

$$\xi(T) \equiv \frac{\mathrm{d}Q}{\mathrm{d}P} = \exp\left(-\int_0^T \Lambda(t)^T \mathrm{d}W(t) - \frac{1}{2}\int_0^T \|\Lambda(t)\|^2 \mathrm{d}t \right)$$
$$\cdot \exp\left(-\lambda_G W_G(T) - \frac{1}{2}\lambda_G^2 T \right) \tag{3.22}$$

其中 λ_G 为常数，$\Lambda(t)$ 为风险溢价过程，需要对 $y(t)$ 波动进行补偿，如式（3.23）所示：

$$\Lambda(y(t)) \equiv \Lambda(t) = V(y(t))\lambda_1 + V^-(y(t))\lambda_2 y(t) \tag{3.23}$$

其中 $\lambda_1 = (\lambda_{1(1)}, \lambda_{1(2)}, \lambda_{1(3)})$，$\lambda_2$ 是对角线元素为 $\lambda_{2(j)}$ 的对角矩阵。$V(y)$ 是对角线元素为 $\sqrt{\alpha_j + \beta_j y_j}$ 的对角矩阵，$V^-(y)V(y) = I_{3\times 3}$。

上述模型在无套利条件下进行参数估计，确定股票价格和波动。考虑到这部分较为复杂，本书不再详细阐述。经过参数估计和数值模拟，该模型发现，金融资产波动具有较强的反周期特征。

　　总结而言：高不确定性通过抑制企业投融资、加剧企业金融化等途径，抑制宏观经济活动，由于资产价格波动具有反周期特征，因而资产价格波动会呈现增加的趋势。那么在实证研究中，直接表现为高不确定性引致高资产价格波动。

3.5　本 章 小 结

　　本章就不确定性对资产价格影响的理论机制进行了阐述和简单扩展，尝试给出不同不确定性对资产价格影响的理论机制（具体而言，股票市场价格）。根据不确定性构建原理、数据来源和经济学含义，本书将不确定性划分为两类，一类是广义经济不确定性，是基于宏观经济和金融基本面数据构建的不确定性指数，另一类是有限关注不确定性，是基于有限关注理论构建的不确定性指数。

　　在对不确定性指标进行区分后，本章就两类不确定性对资产价格的理论影响机制进行了阐述，例如广义经济不确定性（以政策不确定性为例）如何通过投资者学习和预期消化不确定性信息并进行股票调整，本书还尝试解释不确定性溢出如何影响股票收益，并给出了理论模型的若干假设条件，具体模型推导和分析留作未来研究。基于有限关注理论，本书也提出了有限关注不确定性对资产价格的影响机制，为下一章有限关注不确定性构建提供理论基础。

　　不确定性影响资产价格波动的研究相对有限，本章给出了一种间接的机制解释，即将资产价格波动的反周期事实与不确定性对宏观经济的影响联系起来，不确定性会通过多种途径抑制经济活动，在反周期特征的基础上，高不确定性理论上会导致高资产价格波动。

第4章

有限关注不确定性及股市收益预测分析

从目前研究来看，广义经济不确定性指标研究较为丰富，而有限关注不确定性指标构建以及有限关注不确定性与资产价格的实证研究相对较少。构造更多的有限关注不确定性指标并进行实证分析是本章主要目标。本章从目前有限关注最直接的度量指标：搜索量指数出发，搜集与不确定性有关的关键词，参考基于搜索量指数构建的投资者关注度指标，构造一种新的有限关注不确定性指标：基于有限关注的不确定性指标（limited attention – based uncertainty，AUN）。并根据 AUN 指标的属性，探究该指标对国际股票市场的预测作用①。

4.1 有限关注不确定性指标构建与数据描述

在第 3 章中，本书认为有限关注不确定性指标刻画的是投资者或大众对不确定性的预期和态度。投资者或大众对不确定性的关注，可被认为是投资者或大众的不确定性预期，基于有限关注理论刻画投资者或大众对不确定性的关注度，可以作为有限关注不确定性的代理指标。在有限关注理论中，刻画投资者关注度至关重要，部分学者用极端收益、广告投入、新闻报道等作为投资者关注的代理指

---

① 本章是对有限关注不确定性构建的尝试性研究。一般而言，构建新的不确定性后，应对不确定性指标的合理性进行论证，本书仅是基于理论基础进行了构建，并直接应用于对股市收益的预测中。在本章构建了不确定性指标后，应该继续围绕该指标进行研究，然而事实上，这个指标并不适用于后续实证研究，原因在于，后续研究均需要各国或市场的不确定性指标，本章构建的指标是全球性的，而区分国家或市场的指标由于数据限制而无法构建。

标，但是这也存在一定问题，即这些信息并非一定会被投资者所把握，即是投资者会"被动"接受信息（具体见本书第 2 章文献综述）。对于 NVIX 指标，数据来源为新闻媒体数据，仍旧是投资者或大众的"被动"信息获取。在有限关注理论中，较为流行的做法当属笪等（2015）使用互联网搜索量指数构建的投资者关注度，他们认为，只有投资者真正关注某只股票时，才会通过互联网搜索引擎去深入了解这只股票的信息，是真正的"主动"获取信息。因此，本书基于第 3 章提出的定义和笪等（2015）的构建方法，构建有限关注不确定性指标。

首先确定选取构建 AUN 的关键词，根据关键词的具体含义，将所有关键词区分为股票市场、宏观和经济政策三类，分别对应股市不确定性指数（AUN^S）、宏观不确定性指数（AUN^M）和政策不确定性指数（AUN^P）。AUN^P 指数的关键词来自贝克等（2016）构造 EPU 指数时使用的关键词，AUN^S 和 AUN^M 指数的关键词参考笪等（2015）。具体关键词见表 4 - 1。

表 4 - 1　　　　　　　　　　　不确定性关键词分类

分类	关键词
股票	黄金价格，衰退，金价，萧条，大萧条，黄金，经济，黄金的价格，危机，节俭，国内生产总值，慈善，破产，失业，捐车，资本化，成本，捐赠，储蓄，社会保险卡，违约，福利，失业，贫穷，社会保险办公室（gold prices, recession, gold price, depression, great depression, gold, economy, price of gold, the depression, crisis, frugal, gdp, charity, bankruptcy, unemployment, the great depression, car donate, capitalization, expense, donation, savings, social security card, the crisis, default, benefits, unemployed, poverty, social security office）
宏观	通胀，消费者物价指数，生产者物价指数，货币供应，M1，M2，M3，M0，国家收入，贸易平衡，收支平衡，利率，生产率，生产增速，贸易部门，政府支出，财政赤字，购买力平价（inflation, cpi, ppi, money supply, M1, M2, M3, M0, national income, trade balance, balance of payment, interest rate, productivity, productivity growth, terms of trade, government expenditure, fiscal deficit, ppp, purchasing power parity）
政策	利率，联邦基金利率，通胀，财政政策，财政刺激，预算赤字，政府债务，平衡预算，税收，税，政府花费，福利计划，社会保险，医疗补贴，医疗补贴，政府福利，失业保险，健康补助，健康保险，处方药，药物政策，食品和药品监管部门，金融管制，银行管制，格拉斯 - 斯蒂格尔，问题资产救助，多德 - 弗兰克，消费者金融保护局，家庭金融服务委员会，巴塞尔协议Ⅱ，资本金要求，沃克尔规则，联盟权利，卡片检查，国家劳动关系局，歧视，最低工资，生存工资，工作权利，关闭的商店，工资与工作时间，工人补贴，工人保护，反歧视行动，残疾人法案，父亲离开，能源政策，能源管制，能源税，资本与贸易，海上钻井，环境管制，清洁空气法案，清洁水源法案，国家安全，战争，军事冲突，恐怖主义，恐怖，国防支出，政府债务，货币危机，欧元危机，亚洲金融危机，汇率，贸易政策，进口关税，国际贸易组织，贸易法案，多哈协定，乌拉圭协定，倾销，反倾销，竞争政策，反垄断，垄断，专利，联邦贸易委员会，卡特尔，竞争法，固定价格，消费者保护，法定政策，集体诉讼，侵权法案，惩罚性赔偿，医疗事故（interest rates, federal fund rate, inflation, fiscal policy, fiscal stimulus, budget deficits, government debt, balanced budget, taxes, taxation, tax, government

分类	关键词
政策	spending, entitlement programs, social security, medicade, medicare, government welfare, unemployment insurance, health care, health insurance, prescription drugs, drug policy, food and drug administration, financial regulation, banking regulation, glass-steagall, TARP, dodd-frank, consumer financial protection bureau, house financial services committee, basel 2, capital requirement, volcker rule, union rights, card check, national labor relations board, discrimination, minimum wage, living wage, right to work, closed shop, wage and hour, workers compensation, worker protection, affirmative action, disability act, maternity leave, energy policy, energy regulation, energy taxes, cap and trade, offshore drilling, environmental regulation, Clean Air Act, Clean Water Act, environmental protection, national security, war, military conflict, terrorism, terror, defense spending, government debt, currency crisis, euro crisis, asian financial crisis, exchange rate, trade policy, import tariffs, import duty, WTO, trade act, World Trade Organization, Doha round, uruguay round, dumping, antidumping, competition policy, antitrust, monopoly, patent, copyright, federal trade commission, cartel, competition law, pricing fixing, consumer protection, legal policy, class action, tort reform, punitive damages, medical malpractice)

确定所有关键词后，在谷歌趋势网站下载每个关键词对应的谷歌搜索量指数 SVI[①]。用 $SVI_{j,t}^i$，$i = S$，M，P 表示第 i 类不确定性的第 j 个关键词在第 t 天的搜索量指数，参考笪等（2015）的构造方式，有限关注不确定性指标为式（4.1）：

$$AUN_t^i = \sum_j \log\left(\frac{SVI_{j,t}^i}{SVI_{j,t-1}^i}\right), \quad i = S, M, P \qquad (4.1)$$

本书考虑九个代表性市场，包括六个发达市场：美国、德国、日本、英国、中国香港、澳大利亚；以及三个新兴市场：中国、韩国、印度。这九个代表性市场对应的股市指数为：S&P500（美国）、DAX（德国）、N225（日本）、FTSE100（英国）、HSI（中国香港）、ASX200（澳大利亚）、KS11（韩国）、SENSEX（印度）、上证综指（中国）。所有股票市场指数均为日度数据，通过对数差分计算得到日度收益率。

本章还考虑若干控制变量，以剔除广义不确定性、市场恐慌和宏观经济周期的影响：美国 EPU 指数（EPU）、期限利差（TED）、VIX 指数（VIX）和阿罗巴 – 戴博德 – 斯科特（Aruoba – Diebold – Scotti）经济环境指数（ADS）。美国 EPU 数据来自经济政策不确定性指数网站；期限利差数据来自美联储圣路易斯分行数据库（The Federal Reserve Bank of St. Louis Research Data，FRED），期限利差为 3 月期 LIBOR 减去 3 月期国债收益率；VIX 指数来自芝加哥期货交易所（CBOE）；ADS 指数来自美联储费城分行数据库（The Federal Reserve Bank of Philadelphia）。

---

① 本章考虑的是不确定性指标对国际股票市场的预测效果，因此选取了 Google Trend 数据。中国股票市场应使用百度指数，但考虑到百度指数不公开，本书仍使用基于 Google Trend 的搜索量数据。

考虑到 SVI 数据起始于 2004 年 1 月，因此数据跨度为 2004 年 1 月 1 日至 2016 年 12 月。上述所有数据和变量均为日度数据，根据单位根检验，所有变量均平稳。描述性统计如表 4 − 2 所示。

表 4 − 2　　　有限关注不确定性实证分析的变量描述性统计分析

	最小值	最大值	均值	标准差	偏度	峰度	JB 统计量
股票市场收益率							
美国	− 13. 7774	10. 9572	0. 0218	1. 2311	− 0. 5781	18. 11366	29546. 05
德国	− 11. 8297	10. 7975	0. 0315	1. 4044	− 0. 2167	10. 2757	6810. 86
日本	− 12. 1110	13. 2346	0. 0147	1. 5449	− 0. 5133	10. 7381	7926. 16
英国	− 10. 3274	9. 3843	0. 0133	1. 1853	− 0. 2656	12. 6031	11859. 37
中国香港	− 13. 5820	14. 4068	0. 0193	1. 5248	0. 0145	12. 3079	11284. 55
澳大利亚	− 14. 8394	12. 9637	0. 0160	1. 1547	− 0. 5630	17. 5866	40312. 30
韩国	− 11. 1720	11. 2844	0. 0293	1. 3167	− 0. 5611	10. 8150	8163. 11
印度	− 11. 8092	15. 9900	0. 0506	1. 5147	− 0. 0833	11. 9242	10393. 45
中国	− 9. 2561	9. 0345	0. 0231	1. 7287	− 0. 5101	3. 7676	1945. 52
有限关注不确定性							
AUN^S	− 17. 1747	17. 4234	0. 0027	5. 3757	0. 0500	3. 0531	2. 4691
AUN^M	− 7. 5998	7. 5260	− 0. 0002	2. 2394	0. 1302	3. 0724	14. 0701
AUN^P	− 31. 1865	32. 9150	− 0. 0006	11. 5531	0. 0900	3. 5316	60. 6892
控制变量							
EPU	− 3. 1483	2. 8209	− 0. 0003	0. 5679	− 0. 0374	4. 3282	341. 13
TED	− 0. 5108	0. 5301	− 0. 0001	0. 0655	− 0. 1551	10. 7325	11543. 43
VIX	− 0. 0018	0. 4960	− 0. 0018	0. 0692	0. 8512	7. 0697	3751. 03
ADS	− 4. 0657	0. 9505	− 0. 3240	0. 8041	2. 5474	10. 2699	15193. 43

资料来源：来自万得资讯数据终端。

4. 2　有限关注不确定性与股市收益关系的格兰杰因果检验

格兰杰因果关系检验是一种常用的资产定价因子与资产价格关系检验的方法，该方法能够揭示因子与价格之间的先后引导关系。本章首先对构建的三类有限关注不确定性与代表性市场的股市收益进行格兰杰因果检验。用 R_t 表示股票市场收益，那么格兰杰因果检验模型如式（4.2）和式（4.3）所示：

$$R_t = \alpha_{01} + \alpha_{11} R_{t-1} + \cdots + \alpha_{n1} R_{t-n} + \beta_{11} AUN_{t-1} + \cdots + \beta_{n1} AUN_{t-n} + \varepsilon_{1t} \quad (4.2)$$

$$AUN_t = \alpha_{02} + \alpha_{12} AUN_{t-1} + \cdots + \alpha_{n2} AUN_{t-n} + \beta_{12} R_{t-1} + \cdots + \beta_{n2} R_{t-n} + \varepsilon_{2t} \quad (4.3)$$

其中式（4.2）的原假设为不确定性不是股市收益的格兰杰因，即 $\beta_{11} = \cdots = \beta_{n1} = 0$，式（4.3）的原假设为股市收益不是不确定性的格兰杰因，即 $\beta_{12} = \cdots = \beta_{n2} = 0$。根据 AIC 准则，滞后阶数 $n = 10$。格兰杰因果检验结果如表 4-3 所示，其中 Uncertainty!→Return 对应式（4.2）的检验，Return!→Uncertainty 对应式（4.3）的检验。

表 4-3A 呈现了 AUN^S 与股市收益的格兰杰因果关系检验结果。对美国而言，仅存在单向格兰杰因果关系，即股市收益是不确定性的格兰杰因，但不确定性不是股市收益的格兰杰因。德国和英国也得到类似的结果。对日本和韩国而言，也存在单向因果关系，但与美德英的结果相反，即不确定性是股市收益的格兰杰因，但股市收益不是不确定性的格兰杰因。对中国和澳大利亚而言，股市收益与不确定性呈现双向因果关系，股市收益既能预测未来不确定性，不确定性也能预测未来股市收益。从表 4-3A 的检验结果来看，诸如美国、英国和德国等欧美国家，不确定性对股市收益的预测作用不显著，但股市收益对不确定性的预测作用显著，间接反映了欧美发达市场投资者较为成熟和专业，股市收益异象能引发投资者关注，但投资者对异象的关注并不会导致实际股票买卖行为。对日本、中国香港和韩国等亚太地区市场，有限关注不确定性能有效预测股市收益，即对不确定性的预期会引致实际股票买卖行为。由此对比可知，欧美市场和亚太市场中的投资者行为具有较大差异。

表 4-3　　　　　　　　　　　　　　格兰杰因果检验

表 4-3A：	AUN^S 与股市收益				
原假设	美国	德国	日本	英国	中国香港
Uncertainty!→Return	0.4268	1.0138	1.6518 ***	0.6154	2.3911 ***
Return!→Uncertainty	2.2337 **	2.0041 **	1.0808	1.7475 *	1.1386
原假设	澳大利亚	韩国	印度	中国	
Uncertainty!→Return	3.0590 ***	1.6525 *	1.0429	2.4592 ***	
Return!→Uncertainty	2.2604 **	1.4914	0.6441	1.7577 *	

表 4 – 3B：	AUN^M 与股市收益				
原假设	美国	德国	日本	英国	中国香港
Uncertainty！→Return	0.5510	0.3257	0.6783	0.5184	0.9863
Return！→Uncertainty	0.5905	0.6942	0.8704	0.8714	2.0266 **
原假设	澳大利亚	韩国	印度	中国	
Uncertainty！→Return	1.2287	0.6961	0.3427	1.5765	
Return！→Uncertainty	1.2299	0.5631	1.2787	1.2787	

表 4 – 3C：	AUN^P 与股市收益				
原假设	美国	德国	日本	英国	中国香港
Uncertainty！→Return	0.6712	1.2759	1.0662	1.0217	1.5604
Return！→Uncertainty	1.0275	1.0897	1.1748	1.2080	1.0431
原假设	澳大利亚	韩国	印度	中国	
Uncertainty！→Return	2.3780 ***	0.7432	0.6458	2.9388 ***	
Return！→Uncertainty	1.6872 *	0.6857	0.4540	1.3203	

注： ***、**、* 分别表示在 1%、5% 和 10% 水平下显著。
资料来源：由笔者计算所得。

关于 AUN^M 与股市收益的格兰杰因果检验结果如表 4 – 3B 所示。除了中国香港，对其他所有市场，不确定性和股市收益均不互为格兰杰因。对中国香港而言，收益率是不确定性的格兰杰因。从表 4 – 3B 的检验结果可知，关于宏观信息的有限关注不确定性与股市收益之间并不存在显著的预测关系。一方面，宏观经济信息传递较为滞后，主要影响长期收益；另一方面，对宏观经济不确定性的关注，可能并非完全处于对股市走势的关注，导致 AUN^M 并不会显著预测多数市场的股市收益。

关于 AUN^P 与股市收益的格兰杰因果检验结果如表 4 – 3C 所示。除了澳大利亚和中国外，其他市场的不确定性与股市收益均不存在显著的格兰杰因果关系。对澳大利亚而言，不确定性和股市收益之间存在双向因果关系。对中国 A 股市场而言，基于政策信息的有限关注不确定性是股市收益的格兰杰因，在与其他市场检验结果对比后可知，政策信息在中国股市具有重要的作用，也印证了中国存在"政策市"特征。

4.3　有限关注不确定性对股市收益影响的方向与规模

由于格兰杰因果关系检验仅能提供不确定性与股市收益之间相互关系的检验，但无法得到不确定性对股市收益影响的具体方向和规模效应。为解决这一问题，本章构建多种线性回归模型并对参数进行最小二乘估计，对影响方向和规模效应进行分析。对于某个股票市场收益，根据不同的不确定性构建如下模型。变量滞后期由 AIC 准则确定。收益率滞后项作为控制变量，如式（4.4）~式（4.6）所示。

$$R_t = \alpha_{01} + \sum_{i=1}^{10} \alpha_{i1} R_{t-i} + \sum_{i=1}^{10} \beta_{i1} AUN_{t-i}^{S} + \varepsilon_{1t} \qquad (4.4)$$

$$R_t = \alpha_{02} + \sum_{i=1}^{10} \alpha_{i2} R_{t-i} + \sum_{i=1}^{10} \beta_{i2} AUN_{t-i}^{M} + \varepsilon_{2t} \qquad (4.5)$$

$$R_t = \alpha_{03} + \sum_{i=1}^{10} \alpha_{i3} R_{t-i} + \sum_{i=1}^{10} \beta_{i3} AUN_{t-i}^{P} + \varepsilon_{3t} \qquad (4.6)$$

式（4.4）的估计结果如表 4-4 所示。在控制了收益率之后，股市有限理性不确定性对股市收益的影响具有明显的"地区差异性"，主要表现在，对美国、德国和英国而言，不论滞后期为多少，股市有限理性不确定性对股市收益的影响均不显著，对亚太市场而言，股市不确定性对股市收益具有显著的影响，而且这一影响也呈现显著的时滞效应。例如，不确定性对股市收益的影响主要集中于滞后 5~7 期，股市不确定性信息需要经过一周左右的时间才能反映到股票市场中。例如，对中国香港、澳大利亚和韩国来说，滞后 5 期的不确定性对股市收益的影响均在 5% 水平下显著，影响规模在 -0.0194 ~ -0.0276，即高不确定性会降低未来股市收益，这与已有文献研究结论一致，滞后 7 期的不确定性对股市收益也是显著的。对中国而言，股市不确定性对股市收益的影响并不明显，滞后 3 期和 5 期的影响在 10% 水平下显著。无论是对美国、德国和英国等欧美市场，还是澳大利亚、中国香港和韩国等亚太市场，随着滞后期的增长，不确定性对股市收益的影响作用可能会反转。

表 4-4　　　　　　　　　　股市有限关注不确定性对股市收益的影响

变量	美国	德国	日本	英国	中国香港	澳大利亚	韩国	印度	中国
常数项	0.0127 (0.0438)	0.0468 (0.0503)	0.0929* (0.0504)	0.0421 (0.0420)	0.1586*** (0.0522)	0.1350*** (0.0399)	0.1162** (0.0456)	0.0965* (0.0527)	0.0006 (0.0006)
R_{t-1}	-0.0809*** (0.0181)	0.0044 (0.0181)	-0.0463** (0.0180)	-0.0264 (0.0181)	-0.0205 (0.0180)	-0.0754*** (0.0180)	0.0211 (0.0180)	0.0717*** (0.0180)	0.0242 (0.0181)

续表

变量	美国	德国	日本	英国	中国香港	澳大利亚	韩国	印度	中国
R_{t-2}	-0.0589^{***} (0.0182)	-0.0287 (0.0182)	-0.0033 (0.0180)	-0.0538^{***} (0.0181)	0.0018 (0.0179)	-0.0268 (0.0180)	-0.0165 (0.0180)	-0.0548^{***} (0.0180)	-0.0222 (0.0181)
R_{t-3}	-0.0046 (0.0182)	-0.0220 (0.0182)	-0.0247 (0.0180)	-0.0543^{***} (0.0182)	-0.0337^{*} (0.0179)	-0.0359^{**} (0.0181)	0.0002 (0.0180)	-0.0047 (0.0180)	0.0322^{*} (0.0181)
R_{t-4}	-0.0015 (0.0183)	0.0331^{*} (0.0182)	-0.0325^{*} (0.0180)	0.0650^{***} (0.0182)	-0.0320^{*} (0.0179)	-0.0366^{**} (0.0180)	-0.0463^{**} (0.0180)	-0.0096 (0.0180)	0.0693^{***} (0.0181)
R_{t-5}	-0.0609^{***} (0.0182)	-0.0585^{***} (0.0182)	-0.0148 (0.0180)	-0.0635^{***} (0.0182)	-0.0156 (0.0179)	0.0017 (0.0180)	-0.0292 (0.0180)	-0.0249 (0.0180)	-0.0021 (0.0181)
R_{t-6}	-0.0058 (0.0182)	0.0035 (0.0182)	-0.0037 (0.0180)	-0.0270 (0.0182)	-0.0009 (0.0179)	0.0030 (0.0180)	0.0022 (0.0180)	-0.0376^{**} (0.0180)	-0.0578^{***} (0.0181)
R_{t-7}	-0.0351^{*} (0.0182)	-0.0189 (0.0181)	0.0135 (0.0180)	0.0078 (0.0182)	0.0185 (0.0179)	-0.0235 (0.0180)	-0.0060 (0.0180)	0.0155 (0.0180)	0.0281 (0.0181)
R_{t-8}	0.0242 (0.0183)	-0.0081 (0.0181)	0.0045 (0.0180)	0.0052 (0.0182)	0.0275 (0.0179)	-0.0235 (0.0180)	0.0001 (0.0180)	0.0323^{*} (0.0180)	0.0056 (0.0181)
R_{t-9}	-0.0419^{**} (0.0182)	-0.0055 (0.0181)	-0.0055 (0.0180)	-0.0208 (0.0181)	-0.0343^{*} (0.0179)	0.0052 (0.0179)	0.0163 (0.0180)	0.0263 (0.0180)	0.0133 (0.0181)
R_{t-10}	0.0230 (0.0182)	-0.0294 (0.0182)	0.0208 (0.0180)	-0.0523^{***} (0.0181)	-0.0512^{***} (0.0179)	-0.0228 (0.0179)	0.0058 (0.0179)	0.0189 (0.0179)	-0.0027 (0.0181)
AUN_{t-1}^{S}	0.0043 (0.0074)	0.0006 (0.0085)	-0.0207^{**} (0.0083)	-0.0024 (0.0071)	-0.0212^{**} (0.0084)	-0.0186^{***} (0.0064)	-0.0077 (0.0073)	0.0122 (0.0080)	0.0001 (0.0001)
AUN_{t-2}^{S}	0.0089 (0.0078)	0.0099 (0.0089)	0.0025 (0.0089)	0.0041 (0.0075)	-0.0009 (0.0091)	-0.0048 (0.0069)	0.0115 (0.0078)	-0.0001 (0.0087)	0.0001 (0.0001)
AUN_{t-3}^{S}	-0.0019 (0.0080)	-0.0114 (0.0092)	0.0009 (0.0091)	-0.0079 (0.0077)	-0.0128 (0.0093)	-0.0196^{***} (0.0071)	-0.0022 (0.0080)	-0.0025 (0.0090)	-0.0002^{**} (0.0001)
AUN_{t-4}^{S}	-0.0018 (0.0082)	-0.0135 (0.0094)	-0.0018 (0.0092)	-0.0041 (0.0079)	-0.0113 (0.0096)	-0.0163^{**} (0.0073)	-0.0141^{*} (0.0082)	0.0043 (0.0092)	0.0001 (0.0001)
AUN_{t-5}^{S}	-0.0027 (0.0084)	0.0039 (0.0096)	-0.0170^{*} (0.0094)	-0.0004 (0.0081)	-0.0276^{***} (0.0097)	-0.0224^{***} (0.0074)	-0.0194^{**} (0.0082)	-0.0095 (0.0092)	-0.0002^{*} (0.0001)
AUN_{t-6}^{S}	0.0033 (0.0084)	0.0013 (0.0096)	-0.0114 (0.0094)	0.0010 (0.0081)	-0.0122 (0.0097)	-0.0115 (0.0074)	-0.0087 (0.0082)	-0.0245^{***} (0.0092)	-0.0002 (0.0002)
AUN_{t-7}^{S}	-0.0050 (0.0082)	-0.0121 (0.0094)	-0.0145 (0.0092)	-0.0115 (0.0079)	-0.0221^{**} (0.0096)	-0.0181^{**} (0.0073)	-0.0232^{***} (0.0082)	-0.0101 (0.0092)	0.0001 (0.0001)
AUN_{t-8}^{S}	0.0057 (0.0080)	0.0103 (0.0092)	-0.0097 (0.0091)	0.0052 (0.0077)	-0.0079 (0.0094)	0.0060 (0.0071)	-0.0138^{*} (0.0080)	-0.0038 (0.0090)	0.0002^{*} (0.0001)
AUN_{t-9}^{S}	0.0006 (0.0078)	0.0024 (0.0089)	-0.0150^{*} (0.0089)	-0.0042 (0.0075)	-0.0118 (0.0091)	-0.0088 (0.0069)	-0.0058 (0.0078)	-0.0064 (0.0087)	0.0001 (0.0001)

变量	美国	德国	日本	英国	中国香港	澳大利亚	韩国	印度	中国
AUN_{t-10}^s	0.0025 (0.0074)	− 0.0035 (0.0085)	0.0005 (0.0083)	− 0.0060 (0.0071)	− 0.0125 (0.0084)	− 0.0027 (0.0064)	0.0015 (0.0073)	− 0.0042 (0.0080)	0.0003 *** (0.0001)
AIC	3.2502	3.5226	3.7126	0.0149	3.6820	3.1228	3.3936	3.6646	− 5.2830
R^2	0.0190	0.0102	0.0095	3.1724	0.0145	0.0185	0.0091	0.0163	0.0191

注：*** 、** 、* 分别表示在1%、5%和10%水平下显著。括号中的数字为标准误。

式（4.5）的估计结果如表4－5所示。整体而言，宏观不确定性对股市收益基本没有显著影响，这与宏观不确定性的内在特征及其与投资者关注的关系有关。宏观不确定性隐含的是与宏观经济不确定性的信息，但宏观经济抑或是实体经济对股票市场影响并不稳定，特别是金融危机后，实体经济和虚拟经济背离成为世界经济的"典型化"特征，中国经济"脱实向虚"问题严重（苏治等，2017），宏观经济或实体经济已不再是决定虚拟经济或股票市场的决定性因素，虚拟经济或股票市场更多是呈现一种自我循环和自我膨胀的运行模式，并榨取实体经济发展资源，制约实体经济复苏。在虚拟经济与实体经济背离的背景下，宏观不确定性与股市收益的关系是在预期之中的，投资者关注的宏观经济信息，并非用于判断未来股市形势，因此股市不确定性对股市收益没有显著影响。

表4－5   宏观有限关注不确定性对股市收益的影响

变量	美国	德国	日本	英国	中国香港	澳大利亚	韩国	印度	中国
常数项	0.0205 (0.0325)	0.0371 (0.0374)	0.0348 (0.0384)	0.0334 (0.0313)	0.0785 * (0.0411)	0.0730 ** (0.0311)	0.0537 (0.0349)	0.0604 (0.0409)	− 0.0002 (0.0005)
R_{t-1}	− 0.0803 *** (0.0181)	0.0040 (0.0181)	− 0.0441 ** (0.0180)	− 0.0267 (0.0181)	− 0.0189 (0.0180)	− 0.0739 *** (0.0180)	0.0238 (0.0179)	0.0718 *** (0.0180)	0.0253 (0.0181)
R_{t-2}	− 0.0611 *** (0.0182)	− 0.0308 * (0.0181)	− 0.0025 (0.0180)	− 0.0544 *** (0.0181)	0.0035 (0.0179)	− 0.0211 (0.0180)	− 0.0173 (0.0179)	− 0.0559 *** (0.0180)	− 0.0209 (0.0181)
R_{t-3}	− 0.0051 (0.0182)	− 0.0201 (0.0181)	− 0.0245 (0.0180)	− 0.0528 *** (0.0181)	− 0.0333 * (0.0179)	− 0.0324 * (0.0180)	0.0007 (0.0179)	− 0.0041 (0.0180)	0.0302 * (0.0181)
R_{t-4}	− 0.0014 (0.0181)	0.0344 * (0.0181)	− 0.0317 * (0.0180)	0.0651 *** (0.0181)	− 0.0292 (0.0179)	− 0.0317 * (0.0180)	− 0.0427 ** (0.0179)	− 0.0098 (0.0180)	0.0665 *** (0.0181)
R_{t-5}	− 0.0616 *** (0.0182)	− 0.0591 ** (0.0181)	− 0.0133 (0.0180)	− 0.0639 *** (0.0182)	− 0.0117 (0.0180)	0.0064 (0.0180)	− 0.0256 (0.0179)	− 0.0231 (0.0180)	− 0.0049 (0.0181)

变量	美国	德国	日本	英国	中国香港	澳大利亚	韩国	印度	中国
R_{t-6}	-0.0045 (0.0182)	0.0042 (0.0181)	-0.0018 (0.0180)	-0.0258 (0.0182)	0.0001 (0.0180)	0.0059 (0.0180)	0.0039 (0.0179)	-0.0374** (0.0180)	-0.0587*** (0.0181)
R_{t-7}	-0.0354* (0.0182)	-0.0178 (0.0181)	0.0155 (0.0180)	0.0078 (0.0182)	0.0192 (0.0179)	-0.0216 (0.0180)	-0.0018 (0.0179)	0.0168 (0.0180)	0.0273 (0.0181)
R_{t-8}	0.0248 (0.0182)	-0.0085 (0.0181)	0.0057 (0.0180)	0.0057 (0.0181)	0.0286 (0.0180)	-0.0235 (0.0180)	0.0027 (0.0179)	0.0319* (0.0180)	0.0056 (0.0181)
R_{t-9}	-0.0431** (0.0182)	-0.0074 (0.0181)	-0.0038 (0.0180)	-0.0203 (0.0181)	-0.0328* (0.0180)	0.0055 (0.0180)	0.0170 (0.0179)	0.0273 (0.0180)	0.0135 (0.0181)
R_{t-10}	0.0227 (0.0181)	-0.0287 (0.0181)	0.0197 (0.0180)	-0.0513*** (0.0181)	-0.0502*** (0.0180)	-0.0222 (0.0180)	0.0051 (0.0179)	0.0191 (0.0179)	-0.0023 (0.0181)
AUN_{t-1}^M	0.0132 (0.0140)	0.0081 (0.0161)	-0.0089 (0.0168)	-0.0006 (0.0135)	-0.0248 (0.0168)	-0.0205 (0.0127)	0.0027 (0.0144)	0.0114 (0.0163)	-0.0001 (0.0002)
AUN_{t-2}^M	-0.0005 (0.0150)	0.0099 (0.0172)	0.0063 (0.0181)	-0.0008 (0.0144)	0.0085 (0.0183)	-0.0032 (0.0138)	0.0212 (0.0155)	0.0054 (0.0176)	0.0003 (0.0002)
AUN_{t-3}^M	0.0154 (0.0154)	-0.0044 (0.0177)	0.0027 (0.0184)	0.0022 (0.0148)	-0.0093 (0.0189)	-0.0131 (0.0143)	0.0008 (0.0159)	0.0104 (0.0181)	-0.0001 (0.0002)
AUN_{t-4}^M	-0.0060 (0.0156)	-0.0120 (0.0179)	0.0081 (0.0185)	-0.0123 (0.0150)	-0.0144 (0.0192)	-0.0257* (0.0145)	-0.0063 (0.0161)	0.0019 (0.0184)	0.0002 (0.0002)
AUN_{t-5}^M	0.0092 (0.0157)	0.0039 (0.0180)	-0.0176 (0.0187)	-0.0093 (0.0151)	-0.0366* (0.0193)	-0.0357** (0.0146)	-0.0022 (0.0162)	0.0050 (0.0184)	0.0001 (0.0002)
AUN_{t-6}^M	0.0003 (0.0157)	-0.0025 (0.0181)	-0.0236 (0.0187)	-0.0017 (0.0151)	-0.0131 (0.0193)	-0.0147 (0.0146)	-0.0123 (0.0162)	-0.0210 (0.0184)	0.0001 (0.0002)
AUN_{t-7}^M	-0.0076 (0.0156)	-0.0178 (0.0179)	-0.0009 (0.0185)	-0.0247* (0.0150)	-0.0305 (0.0192)	-0.0176 (0.0145)	-0.0273* (0.0161)	-0.0064 (0.0184)	0.0001 (0.0002)
AUN_{t-8}^M	-0.0058 (0.0154)	0.0045 (0.0177)	-0.0047 (0.0184)	-0.0094 (0.0148)	-0.0197 (0.0198)	-0.0063 (0.0143)	-0.0266* (0.0159)	-0.0166 (0.0181)	0.0001 (0.0002)
AUN_{t-9}^M	-0.0027 (0.0150)	0.0012 (0.0172)	-0.0184 (0.0181)	0.0026 (0.0144)	-0.0227 (0.0182)	-0.0148 (0.0138)	-0.0066 (0.0155)	-0.0077 (0.0176)	0.0002 (0.0002)
AUN_{t-10}^M	0.0023 (0.0140)	0.0025 (0.0161)	-0.0113 (0.0168)	0.0018 (0.0135)	-0.0118 (0.0167)	-0.0084 (0.0127)	-0.0156 (0.0144)	-0.0176 (0.0163)	0.0005*** (0.0002)
AIC	3.2498	3.5349	3.7158	3.1727	3.6865	3.1286	3.3966	3.6669	-5.2802
R^2	0.0194	0.0079	0.0064	0.0210	0.0101	0.0127	0.0061	0.0140	0.0163

注：***、**、*分别表示在1%、5%和10%水平下显著。括号中的数字为标准误。

式（4.6）的估计结果如表4-6所示。政策不确定性对股市收益不存在较为显著的影响，在各市场之间存在"结构性"差异。对日本、英国、澳大利亚、中国香港等市场而言，滞后 5 ~ 7 期的不确定性对股市收益具有显著影响，滞后期的长度也说明了这一影响在一周左右发挥作用。与股市不确定性相似，政策不确定性对股市收益的影响为负，即高政策不确定性会降低股市收益。这一结论与已有研究也具有一致性，间接证明了有限关注不确定性指标的合理性（Gupta et al.，2014；Bali et al.，2017；et al.）。

表 4 – 6　　　　　　　政策有限关注不确定性对股市收益的影响

变量	美国	德国	日本	英国	中国香港	澳大利亚	韩国	印度	中国
常数项	− 0.0003 (0.0495)	0.0483 (0.0568)	0.0885 (0.0588)	0.0446 (0.0477)	0.1337 ** (0.0604)	0.1310 *** (0.0458)	0.0957 * (0.0523)	0.1043 * (0.0608)	− 0.0001 (0.0007)
R_{t-1}	− 0.0806 *** (0.0181)	0.0048 (0.0181)	− 0.0447 ** (0.0180)	− 0.0252 (0.0181)	− 0.0185 (0.0180)	− 0.0729 *** (0.0180)	0.0234 (0.0179)	0.0713 *** (0.0180)	0.0256 (0.0181)
R_{t-2}	− 0.0604 *** (0.0182)	− 0.0302 * (0.0181)	− 0.0034 (0.0180)	− 0.0553 *** (0.0181)	0.0026 (0.0179)	− 0.0248 (0.0180)	− 0.0181 (0.0179)	− 0.0550 *** (0.0180)	− 0.0223 (0.0181)
R_{t-3}	− 0.0048 (0.0182)	− 0.0206 (0.0181)	− 0.0242 (0.0180)	− 0.0524 *** (0.0181)	− 0.0321 (0.0179)	− 0.0317 * (0.0180)	0.0012 (0.0179)	− 0.0050 (0.0180)	0.0317 * (0.0181)
R_{t-4}	− 0.0016 (0.0182)	0.0339 * (0.0181)	− 0.0326 * (0.0180)	0.0649 *** (0.0181)	− 0.0298 * (0.0179)	− 0.0335 * (0.0180)	− 0.0439 ** (0.0179)	− 0.0097 (0.0180)	0.0692 *** (0.0181)
R_{t-5}	− 0.0609 *** (0.0182)	− 0.0587 *** (0.0181)	− 0.0147 (0.0180)	− 0.0634 *** (0.0182)	− 0.0123 (0.0179)	0.0061 (0.0180)	− 0.0275 (0.0179)	− 0.0240 (0.0180)	− 0.0027 (0.0181)
R_{t-6}	− 0.0056 (0.0182)	0.0039 (0.0181)	− 0.0033 (0.0180)	− 0.0268 (0.0182)	0.0004 (0.0179)	0.0047 (0.0180)	0.0034 (0.0180)	− 0.0368 ** (0.0180)	− 0.0592 *** (0.0181)
R_{t-7}	− 0.0347 * (0.0182)	− 0.0173 (0.0181)	0.0152 (0.0180)	0.0094 (0.0181)	0.0193 (0.0179)	− 0.0211 (0.0180)	− 0.0025 (0.0179)	0.0160 (0.0180)	0.0274 (0.0181)
R_{t-8}	0.0235 (0.0182)	− 0.0093 (0.0181)	0.0072 (0.0180)	0.0042 (0.0181)	0.0278 (0.0179)	− 0.0231 (0.0180)	0.0032 (0.0179)	0.0324 ** (0.0180)	0.0052 (0.0181)
R_{t-9}	− 0.0427 ** (0.0182)	− 0.0053 (0.0181)	− 0.0039 (0.0180)	− 0.0195 (0.0181)	− 0.0324 * (0.0179)	0.0074 (0.0180)	0.0168 (0.0179)	0.0271 (0.0180)	0.0131 (0.0181)
R_{t-10}	0.0228 (0.0181)	− 0.0293 (0.0181)	0.0209 (0.0180)	− 0.0516 *** (0.0181)	− 0.0494 *** (0.0179)	− 0.0216 (0.0179)	0.0052 (0.0179)	0.0191 (0.0180)	− 0.0012 (0.0181)
AUN_{t-1}^{P}	0.0019 (0.0036)	− 0.0001 (0.0181)	− 0.0034 (0.0040)	− 0.0007 (0.0035)	− 0.0048 (0.0040)	− 0.0064 ** (0.0030)	− 0.0001 (0.0034)	0.0039 (0.0038)	0.0001 (0.0001)
AUN_{t-2}^{P}	0.0050 (0.0037)	0.0056 (0.0428)	0.0019 (0.0042)	0.0040 (0.0036)	0.0042 (0.0042)	0.0001 (0.0032)	0.0022 (0.0036)	− 0.0009 (0.0041)	0.0001 (0.0001)
AUN_{t-3}^{P}	− 0.0012 (0.0038)	− 0.0081 * (0.0044)	− 0.0038 (0.0042)	− 0.0055 (0.0037)	− 0.0052 (0.0044)	− 0.0087 *** (0.0033)	− 0.0040 (0.0037)	− 0.0018 (0.0043)	− 0.0001 (0.0001)
AUN_{t-4}^{P}	0.0002 (0.0039)	− 0.0057 (0.0045)	− 0.0043 (0.0043)	− 0.0014 (0.0037)	− 0.0044 (0.0044)	− 0.0073 ** (0.0034)	− 0.0041 (0.0038)	0.0018 (0.0043)	0.0001 (0.0001)

续表

变量	美国	德国	日本	英国	中国香港	澳大利亚	韩国	印度	中国
AUN_{t-5}^{P}	− 0.0017 (0.0039)	− 0.0007 (0.0045)	− 0.0070 (0.0044)	− 0.0034 (0.0038)	− 0.0090 ** (0.0045)	− 0.0088 *** (0.0034)	− 0.0071 (0.0038)	− 0.0031 (0.0043)	− 0.0001 (0.0001)
AUN_{t-6}^{P}	0.0022 (0.0039)	0.0010 (0.0045)	− 0.0073 * (0.0044)	0.0006 (0.0038)	− 0.0051 (0.0045)	− 0.0034 (0.0034)	− 0.0027 (0.0038)	− 0.0090 ** (0.0090)	− 0.0001 (0.0001)
AUN_{t-7}^{P}	− 0.0035 (0.0039)	− 0.0073 (0.0045)	− 0.0031 *** (0.0043)	− 0.0076 ** (0.0037)	− 0.0087 * (0.0044)	− 0.0065 * (0.0034)	− 0.0050 (0.0038)	− 0.0028 (0.0043)	0.0001 (0.0001)
AUN_{t-8}^{P}	0.0040 (0.0038)	0.0075 * (0.0044)	0.0011 (0.0042)	0.0043 (0.0037)	− 0.0011 (0.0044)	0.0042 (0.0033)	− 0.0011 (0.0037)	− 0.0026 (0.0043)	0.0001 (0.0001)
AUN_{t-9}^{P}	− 0.0008 (0.0037)	0.0012 (0.0043)	− 0.0012 (0.0042)	− 0.0018 (0.0036)	− 0.0024 (0.0042)	− 0.0021 (0.0032)	− 0.0024 (0.0036)	− 0.0027 (0.0041)	0.0001 (0.0001)
AUN_{t-10}^{P}	0.0035 (0.0036)	0.0016 (0.0041)	− 0.0012 (0.0040)	0.0014 (0.0035)	− 0.0041 (0.0040)	− 0.0008 (0.0030)	0.0017 (0.0034)	− 0.0015 (0.0038)	0.0002 (0.0001)
AIC	3.2494	3.5217	3.7145	3.1711	3.6847	3.1249	3.3965	3.6659	− 5.2846
R^2	0.0198	0.0110	0.0076	0.0227	0.0119	0.0164	0.0063	0.0150	0.0206

注：***、**、* 分别表示在 1%、5% 和 10% 水平下显著。括号中的数字为标准误。

4.4　有限关注不确定性对股市收益影响的非对称效应

上述研究表明了有限关注不确定性，特别是股市和政策不确定性对股市收益具有显著影响。但需要注意的是，历史极端信息对未来股市收益具有非对称影响，即极端正向收益和极端负向收益对未来股市收益的影响规模是不同的。在投资者关注研究中，极端负向收益会被投资者认为是极端负面信息，相比极端正向信息会更吸引投资者注意（Vozlyublennaia，2014；Andrei and Hasler，2014；et al.），因此在式（4.4）、式（4.5）和式（4.6）的基础上，本章继续对非对称效应进行检验和分析。

主要通过引入不确定性和收益的交互项来刻画非对称效应，如式（4.7）~式（4.9）所示：

$$R_t = \alpha_{01} + \sum_{i=1}^{10} \alpha_{i1} R_{t-i} + \sum_{i=1}^{10} \beta_{i1} AUN_{t-i}^{S} + \sum_{i=1}^{10} \lambda_{i1} R_{t-i} \cdot AUN_{t-i}^{S} + \varepsilon_{1t} \quad (4.7)$$

$$R_t = \alpha_{02} + \sum_{i=1}^{10} \alpha_{i2} R_{t-i} + \sum_{i=1}^{10} \beta_{i2} AUN_{t-i}^{M} + \sum_{i=1}^{10} \lambda_{i2} R_{t-i} \cdot AUN_{t-i}^{M} + \varepsilon_{2t} \quad (4.8)$$

$$R_t = \alpha_{03} + \sum_{i=1}^{10} \alpha_{i3} R_{t-i} + \sum_{i=1}^{10} \beta_{i3} AUN_{t-i}^{P} + \sum_{i=1}^{10} \lambda_{i3} R_{t-i} \cdot AUN_{t-i}^{P} + \varepsilon_{3t} \quad (4.9)$$

在控制滞后市场收益后，式（4.7）的参数估计结果如表4-7所示。重点关注交互项前的参数估计值。就显著性而言，滞后1期、4期和5期的交互项对应的参数估计值是显著的。而对参数估计来说，将式（4.7）改写为式（4.10）：

$$R_t = \alpha_{01} + \sum_{i=1}^{10} \alpha_{i1} R_{t-i} + \sum_{i=1}^{10} \left(\beta_{i1} + \lambda_{i1} R_{t-i} \right) AUN_{t-i}^S + \varepsilon_{1t} \qquad (4.10)$$

表4-7 股市不确定性对股市收益的非对称效应

变量	美国	德国	日本	英国	中国香港	澳大利亚	韩国	印度	中国
AUN_{t-1}^S	0.0020 (0.0036)	0.0002 (0.0043)	0.0006 (0.0077)	−0.0005 (0.0035)	−0.0044 (0.0080)	−0.0028 (0.0058)	0.0043 (0.0070)	0.0205*** (0.0079)	0.0001 (0.0001)
AUN_{t-2}^S	0.0046 (0.0037)	0.0059 (0.0043)	−0.0029 (0.0082)	0.0040 (0.0036)	−0.0055 (0.0085)	−0.0078 (0.0062)	0.0091 (0.0074)	−0.0013 (0.0085)	0.0001 (0.0001)
AUN_{t-3}^S	−0.0013 (0.0038)	−0.0084* (0.0044)	0.0036 (0.0084)	−0.0057 (0.0037)	−0.0154* (0.0087)	−0.0202*** (0.0064)	−0.0036 (0.0076)	−0.0031 (0.0089)	−0.0002** (0.0001)
AUN_{t-4}^S	0.0002 (0.0039)	−0.0052 (0.0044)	0.0001 (0.0085)	−0.0013 (0.0037)	−0.0061 (0.0090)	−0.0119* (0.0066)	−0.0147* (0.0078)	0.0070 (0.0090)	−0.0001 (0.0001)
AUN_{t-5}^S	−0.0023 (0.0039)	−0.0010 (0.0045)	−0.0137 (0.0086)	−0.0035 (0.0038)	−0.0289*** (0.0091)	−0.0235*** (0.0067)	−0.0233*** (0.0079)	−0.0097 (0.0091)	−0.0002* (0.0001)
AUN_{t-6}^S	0.0019 (0.0039)	0.0011 (0.0045)	−0.0159* (0.0086)	0.0006 (0.0038)	−0.0196** (0.0091)	−0.0176*** (0.0067)	−0.0127 (0.0079)	−0.0284*** (0.0091)	−0.0002* (0.0001)
AUN_{t-7}^S	−0.0008 (0.0037)	−0.0075* (0.0044)	−0.0117 (0.0085)	−0.0075** (0.0037)	−0.0188** (0.0090)	−0.0138* (0.0066)	−0.0252*** (0.0078)	−0.0065 (0.0090)	0.0001 (0.0001)
AUN_{t-8}^S	0.0039 (0.0038)	0.0079* (0.0043)	−0.0155* (0.0084)	0.0044 (0.0037)	−0.0088 (0.0087)	0.0065 (0.0064)	−0.0152** (0.0076)	−0.0010 (0.0088)	0.0002* (0.0001)
AUN_{t-9}^S	−0.0008 (0.0037)	0.0012 (0.0043)	−0.0161** (0.0082)	−0.0019 (0.0036)	−0.0152* (0.0085)	−0.0093 (0.0062)	−0.0063 (0.0074)	−0.0069 (0.0085)	0.0001 (0.0001)
AUN_{t-10}^S	0.0040 (0.0036)	0.0025 (0.0017)	−0.0035 (0.0077)	0.0016 (0.0035)	−0.0122 (0.0078)	−0.0018 (0.0058)	0.0005 (0.0069)	−0.0059 (0.0078)	0.0003*** (0.0001)
$R_{t-1}AUN_{t-1}^S$	−0.0020 (0.0017)	−0.0019 (0.0017)	−0.0092** (0.0038)	−0.0025 (0.0017)	−0.0213*** (0.0034)	−0.0293*** (0.0035)	−0.0135*** (0.0038)	−0.0137*** (0.0034)	−0.0135*** (0.0036)
$R_{t-2}AUN_{t-2}^S$	0.0014 (0.0017)	0.0045*** (0.0017)	−0.0070* (0.0038)	0.0020 (0.0017)	−0.0081** (0.0034)	−0.0078** (0.0035)	−0.0002 (0.0038)	−0.0082** (0.0034)	−0.0053 (0.0036)
$R_{t-3}AUN_{t-3}^S$	0.0041** (0.0017)	−0.0031* (0.0017)	−0.0087** (0.0038)	−0.0019 (0.0017)	−0.0080** (0.0034)	0.0001 (0.0035)	−0.0051 (0.0038)	−0.0020 (0.0035)	−0.0014 (0.0036)

续表

变量	美国	德国	日本	英国	中国香港	澳大利亚	韩国	印度	中国
$R_{t-4}AUN_{t-4}^{S}$	- 0.0042 ** (0.0017)	0.0031 * (0.0017)	- 0.0005 (0.0038)	0.0010 (0.0017)	- 0.0125 *** (0.0034)	- 0.0060 * (0.0035)	- 0.0076 ** (0.0038)	- 0.0146 *** (0.0035)	- 0.0022 (0.0036)
$R_{t-5}AUN_{t-5}^{S}$	- 0.0067 *** (0.0017)	- 0.0082 *** (0.0017)	- 0.0073 * (0.0038)	- 0.0042 ** (0.0017)	- 0.0048 (0.0034)	- 0.0042 (0.0035)	- 0.0020 (0.0038)	- 0.0035 (0.0035)	0.0074 ** (0.0036)
$R_{t-6}AUN_{t-6}^{S}$	0.0055 *** (0.0017)	- 0.0016 (0.0017)	- 0.0040 (0.0038)	0.0001 (0.0017)	0.0011 (0.0034)	- 0.0007 (0.0035)	- 0.0030 (0.0038)	0.0065 * (0.0035)	0.0041 (0.0036)
$R_{t-7}AUN_{t-7}^{S}$	0.0045 *** (0.0017)	0.0024 (0.0017)	0.0107 *** (0.0038)	0.0043 ** (0.0017)	- 0.0008 (0.0034)	- 0.0002 (0.0035)	- 0.0012 (0.0038)	0.0005 (0.0035)	- 0.0048 (0.0036)
$R_{t-8}AUN_{t-8}^{S}$	0.0003 (0.0017)	0.0008 (0.0017)	0.0029 (0.0038)	0.0022 (0.0017)	0.0068 ** (0.0034)	0.0019 (0.0035)	0.0034 (0.0038)	- 0.0055 (0.0035)	- 0.0012 (0.0036)
$R_{t-9}AUN_{t-9}^{S}$	0.0009 (0.0017)	- 0.0016 (0.0017)	0.0077 ** (0.0038)	- 0.0025 (0.0017)	- 0.0109 *** (0.0034)	- 0.0083 ** (0.0035)	- 0.0035 (0.0038)	0.0023 (0.0035)	- 0.0069 * (0.0036)
$R_{t-10}AUN_{t-10}^{S}$	- 0.0066 *** (0.0017)	- 0.0021 (0.0017)	- 0.0014 (0.0038)	- 0.0013 (0.0017)	- 0.0090 *** (0.0034)	- 0.0006 (0.0035)	- 0.0085 ** (0.0038)	0.0088 ** (0.0034)	0.0019 (0.0036)
AIC	3.2368	3.5147	3.5432	3.1708	3.5378	2.9125	3.2897	3.6069	- 5.3001
R^2	0.0384	0.0244	0.1708	0.0293	0.1540	0.2112	0.1142	0.0791	0.0438

注：*** 、** 、* 分别表示在 1% 、5% 和 10% 水平下显著。括号中的数字为标准误。

那么滞后不确定性对股市收益的影响程度为 $\beta_{i1} + \lambda_{i1}R_{t-i}$。对滞后 1 期的交互项对应的参数估计均为负值，且对主要市场均为显著的。参数估计为负值，说明在 $R_{t-i} < 0$ 时，$\beta_{i1} + \lambda_{i1}R_{t-i}$ 的绝对值更大，即在市场状况不佳时，不确定性对股市收益的影响更大。对于欧美市场而言，滞后 5 期的不确定性对股市收益的影响较为显著，而对亚太市场而言，滞后 4 期的不确定性对股市收益的影响较为显著。从这个角度来看，不确定性对股市收益的非对称影响效应也存在明显的"地区性"差异。

关于宏观不确定性对股市收益的非对称影响的估计结果如表 4 - 8 所示。滞后 1 期和 2 期的参数估计值对多数市场都是显著的，且参数估计值显著为负，进一步验证了，在市场状态不佳时，不确定性对股市收益的影响规模更大，即宏观不确定性对股市收益影响同样具有显著的非对称效应。对其他滞后期，本书并未发现更为一致性的结论。结合表 4 - 5 中的结果，本章认为在非对称效应下，宏观不确定性对股市收益的影响更为明显。

表 4 - 8 宏观不确定性对股市收益的非对称效应

变量	美国	德国	日本	英国	中国香港	澳大利亚	韩国	印度	中国
AUN^M_{t-1}	0.0124 (0.0140)	0.0064 (0.0161)	0.0054 (0.0155)	−0.0021 (0.0014)	−0.0127 (0.0158)	−0.0082 (0.0115)	0.0108 (0.0137)	0.0159 (0.0159)	0.0001 (0.0002)
AUN^M_{t-2}	−0.0012 (0.0149)	0.0113 (0.0172)	−0.0021 (0.0167)	0.0008 (0.0144)	−0.0022 (0.0172)	−0.0087 (0.0125)	0.0148 (0.0147)	−0.0010 (0.0173)	0.0002 (0.0002)
AUN^M_{t-3}	0.0151 (0.0153)	−0.0051 (0.0176)	−0.0010 (0.0169)	0.0007 (0.0148)	−0.0146 (0.0178)	−0.0167 (0.0129)	−0.0045 (0.0151)	0.0033 (0.0177)	0.0001 (0.0002)
AUN^M_{t-4}	−0.0043 (0.0155)	−0.0094 (0.0178)	−0.0019 (0.0171)	−0.0114 (0.0150)	−0.0185 (0.0180)	−0.0292 ** (0.0131)	−0.0138 (0.0153)	−0.0054 (0.0180)	0.0002 (0.0002)
AUN^M_{t-5}	0.0073 (0.0157)	0.0014 (0.0180)	−0.0175 (0.0172)	−0.0113 (0.0151)	−0.0432 ** (0.0181)	−0.0424 *** (0.0131)	−0.0081 (0.0154)	−0.0057 (0.0180)	−0.0001 (0.0002)
AUN^M_{t-6}	−0.0001 (0.0157)	−0.0017 (0.0180)	−0.0241 (0.0173)	−0.0009 (0.0151)	0.0182 (0.0181)	−0.0210 (0.0132)	−0.0102 (0.0154)	−0.0280 (0.0180)	−0.0001 (0.0002)
AUN^M_{t-7}	−0.0068 (0.0155)	−0.0200 (0.0178)	−0.0067 (0.0171)	−0.0258 * (0.0150)	−0.0233 (0.0180)	−0.0123 (0.0131)	−0.0262 * (0.0153)	−0.0006 (0.0179)	0.0002 (0.0002)
AUN^M_{t-8}	−0.0060 (0.0155)	0.0048 (0.0176)	−0.0097 (0.0169)	−0.0091 (0.0148)	−0.0180 (0.0177)	−0.0032 (0.0129)	−0.0223 (0.0151)	−0.0097 (0.0177)	0.0001 (0.0002)
AUN^M_{t-9}	−0.0045 (0.0149)	0.0006 (0.0172)	−0.0179 (0.0166)	0.0022 (0.0144)	−0.0178 (0.0171)	−0.0099 (0.0124)	0.0006 (0.0147)	−0.0031 (0.0172)	0.0002 (0.0002)
AUN^M_{t-10}	0.0041 (0.0140)	0.0056 (0.0161)	−0.0105 (0.0155)	0.0034 (0.0135)	−0.0068 (0.0157)	−0.0029 (0.0114)	−0.0118 (0.0137)	−0.0149 (0.0159)	0.0005 *** (0.0002)
$R_{t-1}AUN^M_{t-1}$	−0.0186 ** (0.0092)	−0.0131 (0.0088)	0.0077 (0.0083)	−0.0145 (0.0090)	−0.0190 ** (0.0082)	−0.0506 *** (0.0075)	−0.0191 ** (0.0084)	−0.0116 (0.0084)	−0.0219 ** (0.0086)
$R_{t-2}AUN^M_{t-2}$	0.0332 *** (0.0092)	0.0348 *** (0.0088)	−0.0183 ** (0.0083)	0.0246 *** (0.0090)	−0.0043 (0.0082)	−0.0210 *** (0.0075)	0.0172 ** (0.0084)	−0.0109 (0.0084)	−0.0107 (0.0087)
$R_{t-3}AUN^M_{t-3}$	0.0098 (0.0093)	−0.0231 *** (0.0088)	−0.0050 (0.0083)	−0.0265 *** (0.0090)	−0.0003 (0.0082)	0.0008 (0.0075)	−0.0242 *** (0.0084)	−0.0114 (0.0084)	0.0014 (0.0086)
$R_{t-4}AUN^M_{t-4}$	−0.0278 *** (0.0093)	0.0061 (0.0088)	0.0074 (0.0083)	−0.0022 (0.0089)	−0.0125 (0.0081)	−0.0111 (0.0075)	0.0026 (0.0084)	−0.0263 *** (0.0084)	−0.0046 (0.0086)
$R_{t-5}AUN^M_{t-5}$	−0.0166 * (0.0093)	−0.0185 ** (0.0088)	−0.0017 (0.0082)	0.0026 (0.0089)	−0.0031 (0.0081)	−0.0041 (0.0075)	0.0157 * (0.0084)	0.0041 (0.0084)	0.0185 ** (0.0086)
$R_{t-6}AUN^M_{t-6}$	0.0246 *** (0.0093)	−0.0047 (0.0088)	0.0125 (0.0082)	−0.0070 (0.0089)	−0.0027 (0.0081)	0.0082 (0.0075)	0.0043 (0.0084)	0.0092 (0.0084)	0.0101 (0.0086)
$R_{t-7}AUN^M_{t-7}$	0.0070 (0.0093)	0.0029 (0.0088)	0.0040 (0.0082)	0.0026 (0.0089)	0.0021 (0.0081)	−0.0156 ** (0.0075)	−0.0018 (0.0084)	−0.0100 (0.0084)	0.0033 (0.0086)
$R_{t-8}AUN^M_{t-8}$	−0.0001 (0.0092)	0.0028 (0.0088)	−0.0039 (0.0082)	0.0023 (0.0090)	0.0213 *** (0.0081)	0.0085 (0.0075)	0.0116 (0.0084)	−0.0214 ** (0.0084)	−0.0009 (0.0086)

续表

变量	美国	德国	日本	英国	中国香港	澳大利亚	韩国	印度	中国
$R_{t-9}AUN^M_{t-9}$	− 0.0032 (0.0092)	− 0.0040 (0.0088)	0.0129 (0.0082)	− 0.0043 (0.0090)	0.0022 (0.0081)	− 0.0079 (0.0075)	0.0015 (0.0084)	− 0.0026 (0.0084)	− 0.0022 (0.0086)
$R_{t-10}AUN^M_{t-10}$	− 0.0102 (0.0092)	− 0.0080 (0.0088)	0.0047 (0.0082)	− 0.0028 (0.0089)	− 0.0082 (0.0081)	0.0133* (0.0075)	− 0.0051 (0.0084)	0.0134 (0.0084)	− 0.0071 (0.0086)
AIC	3.2438	3.5215	3.5512	3.1724	3.5632	2.9218	3.2940	3.6197	− 5.2927
R^2	0.0317	0.0177	0.1641	0.0278	0.1322	0.2039	0.1105	0.0673	0.0367

注：***、**、*分别表示在1%、5%和10%水平下显著。括号中的数字为标准误。

表4-9为政策不确定性对股市收益的非对称影响的估计结果。与股市不确定性类似，政策不确定性对股市收益的非对称影响也呈现明显的"地区性"差异。对亚太市场，滞后1期的不确定性对股市收益具有显著的非对称效应，而且在市场下跌时，不确定性对股市收益的影响规模更大。对欧美市场，滞后2期的不确定性对股市收益的影响较为显著。

表 4 - 9　　　　　　　　政策不确定性对股市收益的非对称效应

变量	美国	德国	日本	英国	中国香港	澳大利亚	韩国	印度	中国
AUN^P_{t-1}	0.0020 (0.0036)	0.0002 (0.0041)	0.0039 (0.0037)	− 0.0005 (0.0035)	0.0003 (0.0037)	− 0.0012 (0.0027)	0.0040 (0.0033)	0.0076** (0.0038)	0.0001* (0.0001)
AUN^P_{t-2}	0.0046 (0.0037)	0.0059 (0.0043)	− 0.0007 (0.0038)	0.0040 (0.0036)	0.0020 (0.0039)	− 0.0015 (0.0029)	0.0015 (0.0034)	− 0.0014 (0.0040)	0.0001 (0.0001)
AUN^P_{t-3}	− 0.0013 (0.0038)	− 0.0084* (0.0044)	− 0.0032 (0.0039)	− 0.0057 (0.0037)	− 0.0063 (0.0041)	− 0.0094*** (0.0030)	− 0.0049 (0.0035)	− 0.0029 (0.0042)	− 0.0001** (0.0001)
AUN^P_{t-4}	0.0002 (0.0039)	− 0.0052 (0.0044)	− 0.0044 (0.0039)	− 0.0013 (0.0037)	− 0.0028 (0.0041)	− 0.0058* (0.0030)	− 0.0053 (0.0036)	0.0028 (0.0042)	0.0001 (0.0001)
AUN^P_{t-5}	− 0.0023 (0.0039)	− 0.0010 (0.0045)	− 0.0065 (0.0040)	− 0.0035 (0.0038)	− 0.0107*** (0.0042)	− 0.0100*** (0.0031)	− 0.0082** (0.0036)	− 0.0032 (0.0042)	− 0.0001** (0.0001)
AUN^P_{t-6}	0.0019 (0.0039)	0.0011 (0.0045)	− 0.0094** (0.0040)	0.0006 (0.0038)	− 0.0076* (0.0042)	− 0.0064** (0.0031)	− 0.0038 (0.0036)	− 0.0111*** (0.0042)	− 0.0001** (0.0001)
AUN^P_{t-7}	− 0.0032 (0.0039)	− 0.0075* (0.0044)	− 0.0032 (0.0039)	− 0.0075** (0.0037)	− 0.0077* (0.0041)	− 0.0055* (0.0030)	− 0.0058 (0.0036)	− 0.0014 (0.0042)	0.0001 (0.0001)
AUN^P_{t-8}	0.0039 (0.0038)	0.0079* (0.0044)	− 0.0017 (0.0039)	0.0044 (0.0037)	− 0.0016 (0.0040)	0.0042 (0.0030)	− 0.0009 (0.0035)	− 0.0005 (0.0042)	0.0001** (0.0001)
AUN^P_{t-9}	− 0.0008 (0.0037)	0.0012 (0.0043)	− 0.0020 (0.0038)	− 0.0019 (0.0036)	− 0.0035 (0.0039)	− 0.0026 (0.0029)	− 0.0012 (0.0034)	− 0.0029 (0.0040)	0.0001 (0.0001)

续表

变量	美国	德国	日本	英国	中国香港	澳大利亚	韩国	印度	中国
AUN^P_{t-10}	0.0040 (0.0036)	0.0025 (0.0041)	− 0.0024 (0.0037)	0.0016 (0.0035)	− 0.0031 (0.0037)	− 0.0004 (0.0027)	0.0011 (0.0033)	− 0.0020 (0.0037)	0.0002 *** (0.0001)
$R_{t-1}AUN^P_{t-1}$	− 0.0020 (0.0017)	− 0.0019 (0.0017)	0.0006 (0.0017)	− 0.0025 (0.0017)	− 0.0085 *** (0.0016)	− 0.0104 *** (0.0015)	− 0.0042 ** (0.0018)	− 0.0077 *** (0.0018)	− 0.0074 *** (0.0017)
$R_{t-2}AUN^P_{t-2}$	0.0014 (0.0017)	0.0045 *** (0.0017)	− 0.0032 * (0.0017)	0.0020 (0.0017)	− 0.0019 (0.0016)	− 0.0038 ** (0.0016)	0.0011 (0.0018)	− 0.0014 (0.0018)	− 0.0028 * (0.0017)
$R_{t-3}AUN^P_{t-3}$	0.0040 ** (0.0017)	− 0.0031 * (0.0017)	− 0.0066 *** (0.0017)	− 0.0019 (0.0017)	− 0.0055 *** (0.0016)	0.0001 (0.0016)	− 0.0045 ** (0.0018)	− 0.0015 (0.0018)	− 0.0010 (0.0017)
$R_{t-4}AUN^P_{t-4}$	− 0.0042 ** (0.0017)	0.0031 * (0.0017)	0.0010 (0.0017)	0.0010 (0.0017)	− 0.0043 *** (0.0016)	− 0.0036 ** (0.0016)	− 0.0024 (0.0018)	− 0.0067 *** (0.0018)	− 0.0003 (0.0017)
$R_{t-5}AUN^P_{t-5}$	− 0.0067 *** (0.0017)	− 0.0082 *** (0.0017)	− 0.0027 (0.0017)	− 0.0042 ** (0.0017)	− 0.0047 *** (0.0016)	− 0.0027 * (0.0016)	− 0.0017 (0.0018)	− 0.0027 (0.0018)	0.0031 * (0.0017)
$R_{t-6}AUN^P_{t-6}$	0.0055 *** (0.0017)	− 0.0016 (0.0017)	− 0.0019 (0.0017)	0.0001 (0.0017)	0.0001 (0.0016)	0.0001 (0.0016)	− 0.0006 (0.0018)	0.0047 *** (0.0018)	0.0024 (0.0017)
$R_{t-7}AUN^P_{t-7}$	0.0045 *** (0.0017)	0.0024 (0.0017)	0.0031 * (0.0017)	0.0043 ** (0.0017)	− 0.0011 (0.0016)	− 0.0008 (0.0016)	0.0001 (0.0018)	− 0.0007 (0.0018)	− 0.0025 (0.0017)
$R_{t-8}AUN^P_{t-8}$	0.0003 (0.0017)	0.0008 (0.0017)	0.0015 (0.0017)	0.0022 (0.0017)	0.0057 *** (0.0016)	0.0018 (0.0016)	0.0022 (0.0018)	− 0.0026 (0.0018)	0.0001 (0.0017)
$R_{t-9}AUN^P_{t-9}$	0.0009 (0.0017)	− 0.0016 (0.0017)	0.0026 (0.0017)	− 0.0025 (0.0017)	− 0.0042 *** (0.0016)	− 0.0037 ** (0.0016)	− 0.0012 (0.0018)	0.0004 (0.0018)	− 0.0026 (0.0017)
$R_{t-10}AUN^P_{t-10}$	− 0.0066 *** (0.0017)	− 0.0021 (0.0017)	− 0.0013 (0.0017)	− 0.0013 (0.0017)	− 0.0055 *** (0.0016)	− 0.0002 (0.0016)	− 0.0055 *** (0.0018)	0.0021 (0.0018)	0.0004 (0.0017)
AIC	3.2368	3.5147	3.5448	3.1708	3.5386	2.9183	3.2917	3.6115	− 5.3036
R^2	0.0384	0.0244	0.1695	0.0293	0.1533	0.2067	0.1125	0.0749	0.0472

注：***、**、*分别表示在1%、5%和10%水平下显著。括号中的数字为标准误。

4.5 有限关注不确定性对股市收益的样本外预测分析

不论是格兰杰因果检验、最小二乘估计还是非对称效应，均是对样本内分析的具体延伸。在资产定价中，探究因子的定价能力，样本内分析还远远不够，样本外预测效果是最为重要的判断依据之一。高亚和威尔驰（2008）即通过样本外预测检验考虑不同定价因子的模型能否击败历史均值模型，历史均值模型形式为 $R_t = \alpha + \varepsilon_t$，那么向前1步预测为 $\hat{R}_{t+1} = \hat{\alpha} = \bar{R}_t$，其中 $\bar{R}_t$ 表示 t 期样本内预测期间中的收益均值。本书选择递归最小二乘估计进行样本外 1 步向前预测分析，首先确定样本内预测区间 $[1, T_{in}]$ 和样本外预测期间 $[T_{in}+1, T]$。本章使用式（4.5）、式（4.6）和式（4.7）进行样本外预测。

使用如下三种样本外预测效果评价指标，如式（4.11）～式（4.13）所示：

$$R^2 = 1 - \frac{\sum_{t=T_{in}+1}^{T}(R_t - \hat{R}_t)^2}{\sum_{t=T_{in}+1}^{T}(R_t - \bar{R}_t)^2} \tag{4.11}$$

$$ENC - NEW = (T - T_{in}) \times \frac{\sum_{t=T_{in}+1}^{T}\left[(R_t - \bar{R})^2 - (R_t - \bar{R})(R_t - \hat{R})\right]}{\sum_{t=T_{in}+1}^{T}(R_t - \bar{R})^2} \tag{4.12}$$

$$MSE - F = (T - T_{in}) \times \frac{\sum_{t=T_{in}+1}^{T}(R_t - \bar{R}_t)^2 - \sum_{t=1}^{T}(R_t - \hat{R}_t)^2}{\sum_{t=T_{in}+1}^{T}(R_t - \hat{R}_t)^2} \tag{4.13}$$

其中 $\hat{R}_t$ 是通过式（4.5）、式（4.6）和式（4.7）估计得到的向前 1 步预测值。

式（4.11）参考高亚和威尔驰（2008）和坎贝尔和托马森（2008）。若 $R^2 > 0$，即表示通过本章预测模型得到的预测值与真实值的预测误差，小于历史均值相对真实值的预测误差，说明包含不确定性的预测模型能够击败历史均值。式（4.12）参考克拉克和麦克克拉肯（Clark and McCracken, 2001），该指标是用于进行假设检验，原假设为历史均值模型能够打败预测模型。式（4.13）参考麦克克拉肯（2007），也是用于进行假设检验，原假设为预测模型的均方预测误差（MSFE）高于历史均值模型的均方预测误差。此外，本章还考虑了克拉克和韦斯特（Clark and West, 2007）提出的调整 MSFE（即 $MSFE - adjust$）。样本外预测评价结果如表 4-10 所示。

表 4-10　　　　　　　　　　　　　　样本外预测评价结果

表 4-10A：	股市不确定性样本外预测				
原假设	美国	德国	日本	英国	中国香港
R^2	0.0430%	− 0.0107%	0.0296%	− 0.0155%	− 0.0271%
$ENC - NEW$	0.7619	0.0262	1.7970 **	− 0.0097	1.6741 **
$MSE - F$	0.3768	− 0.0938	0.2730	− 0.1357	− 0.2510

续表

表4-10A:		股市不确定性样本外预测		
原假设	美国	德国	日本	英国	中国香港
$MSFE - adjust$	0.7914	0.0689	1.0323	-0.0274	0.9564
原假设	澳大利亚	韩国	印度	中国	
R^2	0.1326%	-0.4080%	0.5807%	0.2403%	
$ENC - NEW$	15.6151 ***	-1.0836	5.1186 ***	15.9212 ***	
$MSE - F$	1.7254 **	-3.8276	2.1670 **	2.8109 ***	
$MSFE - adjust$	1.6323 *	-0.8902	1.7807 **	2.2647 ***	

表4-10B:		宏观不确定性样本外预测		
原假设	美国	德国	日本	英国	中国香港
R^2	0.0588%	-0.0269%	-0.0389%	-0.0094%	-0.0353%
$ENC - NEW$	0.8767	-0.0775	0.1023	-0.0305	0.4802
$MSE - F$	0.5738	-0.2620	-0.3970	-0.0915	-0.3613
$MSFE - adjust$	0.8838	-0.2450	0.6543	-0.1663	0.4256
原假设	澳大利亚	韩国	印度	中国	
R^2	0.1562%	-0.3899%	0.0065%	0.2979%	
$ENC - NEW$	10.8825 ***	-1.6915	4.2563 ***	12.9878 ***	
$MSE - F$	2.0587 **	-4.0468	0.0339	3.3371 ***	
$MSFE - adjust$	1.1840	-2.2800	1.3269 *	2.0981 **	

表4-10C:		政策不确定性样本外预测		
原假设	美国	德国	日本	英国	中国香港
R^2	0.1637%	-0.0074%	0.0373%	0.0031%	-0.0594%
$ENC - NEW$	1.2270	0.0704	1.0409	0.1500	1.0447
$MSE - F$	1.4363 *	-0.0651	0.3809	0.0303	-0.5965
$MSFE - adjust$	1.3559	0.1568	0.8686	0.2719	0.7076
原假设	澳大利亚	韩国	印度	中国	
R^2	0.1684%	0.0526%	0.6942%	0.6094%	
$ENC - NEW$	5.6240 ***	10.7881 ***	5.5201 ***	0.1295 *	
$MSE - F$	0.7842	3.8347 ***	2.8030 ***	0.2413 *	
$MSFE - adjust$	1.5041 *	2.5589 ***	1.9546 *	0.1709	

注：***、**、*分别表示在1%、5%和10%水平下显著。

　　股市不确定性对市场收益的样本外预测评估结果见表 4 - 10A。就 R^2 而言，美国、日本、澳大利亚、印度和中国的样本外预测 R^2 为正。但就本章预测模型是否能显著击败历史均值模型这一问题，检验结果与 R^2 的结果并不一致。日本和中国香港的 $ENC - NEW$ 在 5% 水平下显著，澳大利亚、印度和中国的 $ENC - NEW$ 在 1% 水平下显著。若考虑 $MSE - F$ 和 $MSFE - adjust$，仅澳大利亚、印度和中国能拒绝原假设。综合来看，对澳大利亚、印度和中国而言，股市不确定性具有较好的样本外预测效果。宏观不确定性对市场收益的样本外预测评估结果见表 4 - 10B。就 R^2 而言，仅美国、澳大利亚、印度和中国为正，代表包含宏观不确定性的预测模型优于历史平均模型。但对其他评价标准，除了澳大利亚、印度和中国外，其他市场的包含宏观不确定性的预测模型均不能显著击败历史平均模型。综合来看，宏观不确定性对股市收益的样本外预测能力弱于股市不确定性。政策不确定性对市场收益的样本外预测评估结果见表 4 - 10C。就 R^2 而言，仅德国和中国香港为负，对其他市场，包含政策不确定性的预测模型能击败历史平均模型。从其他评价指标来看，在澳大利亚、韩国、印度和中国，包含政策不确定性的收益预测模型显著优于历史平均模型。

　　从表 4 - 10 的结果可得出如下结论：（1）政策不确定性和股市不确定性的样本外预测能力强于宏观不确定性；（2）其他实证分析的"地区性"差异在样本外预测中并不明显，说明进行样本外分析有一定必要；（3）市场越有效、成熟，有限关注不确定性的预测效果越差。

　　此外，参考高亚和威尔驰（2008）、拉帕奇等（2010）和黄等（2015），本书还计算了累计平方预测误差（cumulative squared forecast error，CSFE）。若 CSFE 在 0 以上，说明包含不确定性的模型能够击败历史平均。包含不确定性的模型仍然考虑式（4.5）、式（4.6）和式（4.7）。主要代表性市场的 CSFE 如图 4 - 1 所示。对美国、德国、日本和英国而言，无论是股市不确定性、宏观不确定性还是政策不确定性，CSFE 的值有负有正，说明有限关注不确定性对发达市场的样本外预测能力不稳健。对澳大利亚而言，CSFE 的值基本为负，说明包含有限关注不确定性的模型不能击败历史平均，即有限关注不确定性对澳大利亚市场不具备有效的预测效果。对韩国、印度和中国三个新兴市场，CSFE 的值基本为正，即包含有限关注不确定性的模型能击败历史平均。同时，对韩国和中国市场而言，不同不确定性的预测能力有明显差别，股市和政策不确定性的预测效果优于宏观不确定性。本章提供的 CSFE 的结果，与表 4 - 10 的结果基本一致。

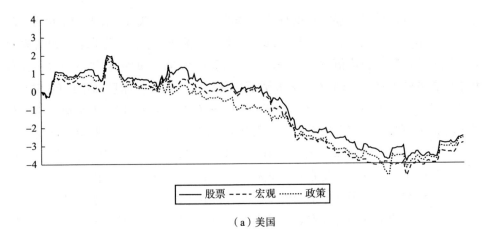

（a）美国

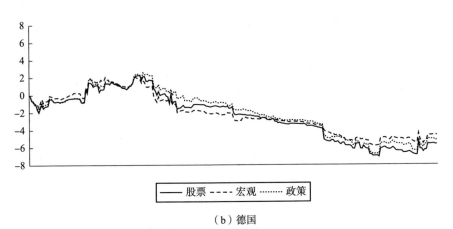

（b）德国

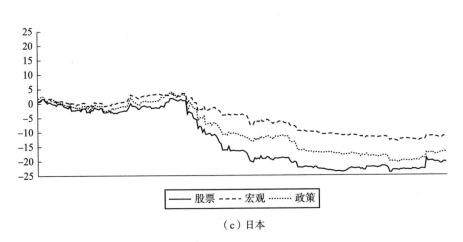

（c）日本

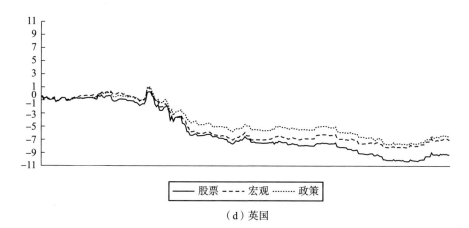

（d）英国

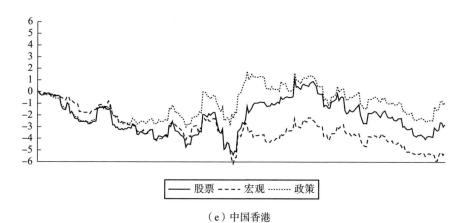

（e）中国香港

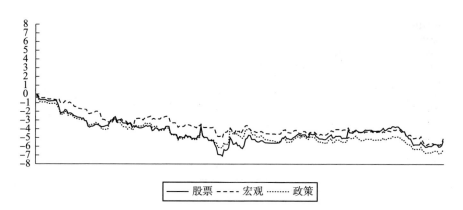

（f）澳大利亚

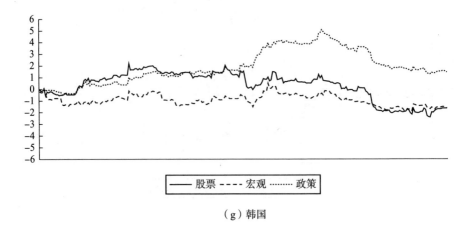

（g）韩国

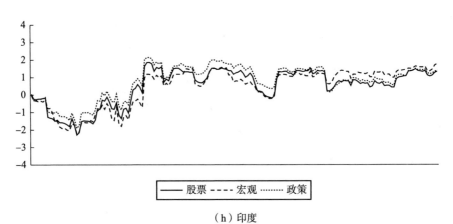

（h）印度

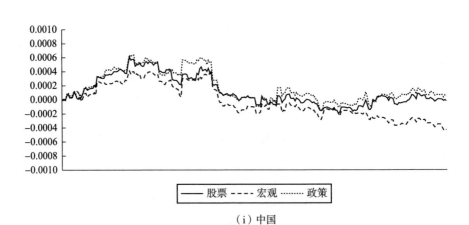

（i）中国

图 4 - 1　代表性市场 CSFE

4.6　本章小结

本章基于已有的投资者关注理论，选取与股票、宏观和政策相关的关键词，搜集每个关键词的谷歌搜索量指数，构建有限关注不确定性，并针对有限关注不确定性对主要代表性股票市场收益的影响和预测效果进行了系统性分析：有限理性不确定性与股市收益的格兰杰因果检验，有限理性不确定性对股市收益影响的方向和规模，有限理性不确定性对股市收益的非对称影响，上述分析均是从样本内的角度出发的，因此本章还从样本外预测的角度对有限理性不确定性的收益预测效果进行了评估。

主要结论如下：（1）有限关注不确定性对主要代表性市场的影响具有地区差异性，对欧美市场而言，市场收益是有限关注不确定性的格兰杰因，但有限关注不确定性不是市场收益的格兰杰因，而亚太市场具有相反的结论。本书认为，这一现象与市场成熟度、投资者专业程度、投资者行为有较大关系，这也为进一步分析不确定性的内生性提供了初步证据。（2）有限关注不确定性对股市具有负向影响，即不确定性越高，股市收益越低，这与常用的不确定性的影响方向相同，间接表示本书构建的基于有限关注理论的指标确实具有不确定性的属性，也与已有有限关注度存在差别，印证了本书构建的不确定性指标的合理性。（3）有限关注不确定性对股市收益具有非对称影响效应，具体体现在，当股票市场下跌时，不确定性对股市收益的影响高于股票市场上涨时的影响。（4）在样本外预测评估中，不同的不确定性的样本外预测效果不同，同时也存在地区差异性，CSPE 结果与样本外预测结果基本一致。

需要注意的是，以往研究多采用月度和周度数据进行股市收益预测，但本书采用了日度数据。日度数据包含较多的噪声，也会导致模型构建时滞后期选取过长，采用日度数据主要基于以下考虑：不同于传统定价因子数据，投资者行为在时间跨度上具有"高频性"，即投资者关注每时每刻都在变化，若将其转化为月度或周度数据，则会损失较多信息；采用日度数据能够进一步发掘不确定性的"时间效应"，即投资者行为发生多久之后能显著引起股市收益变动。

第 5 章

不确定性对股票市场波动的
溢出效应：美国视角

本章将从波动层面剖析不确定性对资产价格的影响。理论认为，不确定性与资产价格波动呈现正相关关系，即不确定性越高，资产价格波动越强，该结论得到了丰富的实证分析支撑。不确定性与资产价格之间的正向关联研究，多集中于单个市场。不确定性溢出对资产价格波动的影响，既为市场联动和风险传染研究提供了一个全新的视角，亦是为不确定性与资产价格波动的关系研究提供了新的经验证据。本章主要探讨世界第一大经济体美国对主要代表性市场波动的不确定性溢出效应①。

5.1 不确定性作为波动溢出渠道的理论分析

随着不确定性度量指标的不断丰富，不确定性在国家间、市场间和地区间的溢出效应研究层出不穷，一部分研究探究了不确定性溢出对其他国家和地区宏观经济的影响（Colombo，2013；Mumtaz et al.，2017），一部分研究直接分析各国不确定性之间的关联和溢出效应（Klößner and Sekkel，2014；Yin and Han，2014）。关于不确定性溢出效应研究，就作者目前所了解的文献来看，仅苏等（2019）和方等（2018）。

为什么不确定性是一种波动溢出的渠道？这是本章首要解决的问题。据第 3

① 本章内容来自作者论文：Su，Z.，Fang，T.，Yin，L. Understanding Stock Market Volatility：What is the Role of US Uncertainty ［J］. North American Journal of Economics and Finance，2019，48：582 –590.

章所述，不确定性可分为广义经济不确定性和有限关注不确定性。广义经济不确定性主要来自宏观经济和金融市场数据，有限关注不确定性则刻画了投资者和大众对金融市场风险的判断和预期。若将两种不确定性置于统一的分析框架下，还需要从投资者的全球资产配置视角进行剖析，同时也需要根据不确定性的类型进行具体分析。

5.1.1　广义经济不确定性

对经济政策不确定性而言，政策联动效应使得经济政策不确定性出现联动。多国政策联动效应，使得其中一国政策不确定性溢出对资产价格波动的影响方向，与该国不确定性对本国资产价格波动的影响方向相同（以下简称共生国）。2008 年金融危机席卷全球，美联储率先实施史无前例的量化宽松货币政策，像英国中央银行、欧盟中央银行等闻风而动，也实施了大规模资产购买计划，亦是欧洲版的量化宽松。经济政策不确定性通过经济政策联动渠道溢出（Su et al.，2018）。对于宏观经济不确定性而言，宏观经济联动性也是宏观经济不确定性溢出的渠道，特别是具有密切贸易和投资关系的国家之间，宏观经济联动尤为明显。但需要注意的是，对于有竞争关系的国家（例如中国和美国，以下简称竞争国），一国经济不确定性的提升，是竞争国宏观经济的有利信息，那么根据资产波动的反周期特征，会降低竞争国资产波动。

5.1.2　有限关注不确定性

有限关注不确定性主要刻画的是投资者或大众对不确定性的态度和观念（Manela and Moreira，2017）。一方面，当一国投资者预期到本国经济或金融不确定性升高时，会期望通过资产配置的调整规避风险，即安全资产转移（Flight-to-quality），从而引致他国资产价格波动。另一方面，一国和他国投资者均对未来产生不确定性预期，那么各国投资者均抛售资产，造成市场下跌和波动提高。从这两个方面来看，有限关注不确定性对他国波动的影响方向是未知的，但唯一确定的是，有限关注不确定性是基于投资者行为渠道溢出而影响其他市场波动。

在上述理论框架下，本章探究不确定性溢出对资产价格波动的影响。考虑到美国是世界第一大经济体，美元是世界储备货币，美联储货币政策和美国政府财政政策备受世界关注，具有显著外溢效应。同时，美国与欧洲各国具有密切宏观经济政策合作，与中国和俄罗斯等新兴市场国家维持明显的竞争关系，因此本书重点关注美国不确定性对主要代表性国家的市场波动的溢出影响。从理论分析出发，提出如下理论假说：

假说一：美国广义经济不确定性对发达市场具有正向影响，对新兴市场国家具有负向影响。

假说二：美国有限关注不确定性对主要代表市场的影响方向不确定。

本章通过实证分析对上述理论假说进行验证并给出具体分析和解释。以美国经济政策不确定性作为美国广义经济不确定性的代理变量，以 NVIX 指数作为美国有限关注不确定性的代理变量。考虑到市场收益多为日度数据，不确定性指标多为低频数据，考虑到两类数据的频率不同，使用 GARCH – MIDAS 模型研究不确定性溢出影响。

5.2　两因素 GARCH – MIDAS 模型

GARCH – MIDAS 模型由恩格尔等（2013）提出，即将条件方差分解为短期波动成分和长期波动成分，短期成分服从均值回归的非对称 GARCH（1，1）过程，长期成分则由低频变量解释。GARCH – MIDAS 模型开创性地将高频波动和低频宏观或金融变量直接结合在一起，不需要考虑数据不同频时降频导致的信息损失，已成为最常用的研究金融市场波动与宏观经济变量关系的模型（Conrad and Loch，2015；Su et al.，2017；et al.）[①]。

考虑月度（或季度等）$t = 1，2，3，\cdots，T$ 中的交易日 $i = 1，2，3，\cdots，N_t$ 对应的股市收益 $r_{i,t}$，如式（5.1）所示：

$$r_{i,t} = \mu + \sqrt{g_{i,t}\tau_t}\varepsilon_{i,t} \tag{5.1}$$

其中 μ 为日度期望收益，$\varepsilon_{i,t} \mid \Phi_{i-1,t} \sim N(0，1)$ 且 $\Phi_{i-1,t}$ 表示历史信息。式（5.1）表明条件波动包含两种成分，分别为短期波动成分 $g_{i,t}$ 和长期波动成分 τ_t。短期波动成分服从均值回归的非对称 GARCH（1，1）过程，如式（5.2）所示：

$$g_{i,t} = (1 - \alpha - \beta - \gamma/2) + (\alpha + \gamma \cdot 1_{\{r_{i-1,t}-\mu<0\}})\frac{(r_{i-1,t}-\mu)^2}{\tau_t} + \beta g_{i-1,t} \tag{5.2}$$

---

① 在出现混频数据模型之前，在研究解释变量对被解释变量的影响时，两者的数据频率应相同，但很多宏观经济变量为低频变量（例如季度或年度数据），因此只能将高频变量转换为低频变量，其中势必存在信息损失，影响分析结论。本书研究的是低频不确定性对日度市场波动的影响，使用混频 GARCH 模型最为合适。GARCH – MIDAS 模型可被认为是成分 GARCH 的一种，具体见丁和格兰杰（Ding and Granger，1996），恩格尔和李（1999）等。

且有 $\alpha > 0$，$\beta > 0$ and $\alpha + \beta + \gamma/2 < 1$。

长期波动成分可表示为式（5.3）：

$$\log(\tau_t) = m + \theta \sum_{k=1}^{K} \varphi_k(\omega_1, \omega_2) X_{t-k} \qquad (5.3)$$

其中 θ 刻画了外生变量 X 对长期波动成分的影响，K 为外生变量的滞后期，由 AIC 准则决定。$\varphi_k(\omega_1, \omega_2)$ 为 Beta 权重函数，仅由 ω_1 和 ω_2 两个参数决定。虽然还有其他类型的权重函数（Ghysels，2007；苏治等，2018），大多数文献直接使用 Beta 权重函数（Conrad and Loch，2015；Asgharian et al.，2015；Su et al.，2017）。

Beta 权重函数如式（5.4）所示：

$$\varphi_k(\omega_1, \omega_2) = \frac{(k/K)^{\omega_1-1} \cdot (1-k/K)^{\omega_2-1}}{\sum_{j=1}^{K} (j/K)^{\omega_1-1} \cdot (1-j/K)^{\omega_2-1}} \qquad (5.4)$$

式（5.1）、式（5.2）、式（5.3）和式（5.4）构成了基本的 GARCH – MIDAS 模型。本章探究的是美国两种不确定性分别对主要代表性股票市场波动的溢出效应，为剔除全球性不确定性对美国不确定性溢出效应的影响，将 GARCH – MIDAS 模型的长期成分扩展为两因素模型，核心变量为美国不确定性 USU（广义经济不确定性或有限关注不确定性），控制变量为奥兹特克和盛（Ozturk and Sheng，2017）提出的全球不确定性 GU。

两因素长期波动成分为式（5.5）：

$$\log(\tau_t) = m + \theta^{US} \sum_{k=1}^{K=12} \varphi_k^{US}(\omega_1, \omega_2) USU_{t-k} + \theta^{G} \sum_{k=1}^{K=12} \varphi_k^{G}(\omega_3, \omega_4) GU_{t-k} \qquad (5.5)$$

式（5.1）、式（5.2）、式（5.4）和式（5.5）构成了两因素 GARCH – MIDAS 模型。两因素 GARCH – MIDAS 模型可通过准极大似然方法进行估计。估计方法见恩格尔等（2013）。

5.3　数据来源与描述性统计

考虑美国不确定性对九个股票市场的溢出效应。这九个市场包含六个发达市场和三个新兴市场。六个发达市场为 G7 集团国（除美国）：DAX 指数（德国）、CAC40 指数（法国）、FTSE100 指数（英国）、N225 指数（日本）、ITLMS 指数（意大利）和 GSPTSE 指数（加拿大）。三个新兴市场为上证综指（中国）、SENSEX30 指数（印度）和 RTS 指数（俄罗斯）。日度股市数据来自万得资讯、彭博数据库（Bloomberg）和美联储圣路易斯 FRED 数据库，本章计算日度对数收益。

关于美国不确定性，本章考虑广义经济不确定性和有限关注不确定性，其中广义经济不确定性选择 EPU，有限关注不确定性选择 NVIX 指数。选择奥兹特克和盛（2017）提出的全球不确定性作为控制变量。美国和全球不确定性均为月度数据，对不确定性指数取对数差分以保持变量平稳性。美国 EPU 来自 EPU 指数官网，NVIX 指数来自马尼拉（Manela）个人主页，全球不确定性来自奥兹特克个人主页。戴维斯（2016）通过加权平均形式构造了全球 EPU，是一种全球不确定性的代理变量，考虑到全球经济政策不确定性中美国 EPU 权重较高，对美国不确定性溢出具有较大影响，因此未使用全球 EPU。

考虑到股票市场和不确定性数据的可得性，使用如下的样本时间：德国、法国、加拿大、日本、英国和印度的样本时间为 1989 年 10 月 ~ 2015 年 12 月，意大利的样本时间为 2003 年 1 月 ~ 2015 年 12 月，中国和俄罗斯的样本时间分别为 1991 年 1 月 ~ 2015 年 12 月和 1996 年 1 月 ~ 2015 年 12 月。变量描述性统计见表 5 - 1[①]。

表 5 - 1　　　　　　　　美国不确定性溢出分析的数据描述性统计

股票市场收益								
市场	样本量	最小值	最大值	均值	标准差	偏度	峰度	J - B 统计量
德国	6636	- 13.71	10.80	0.03	1.45	- 0.22	8.46	8292.34 ***
法国	6655	- 9.47	10.59	0.01	1.40	- 0.05	7.44	5468.95 ***
英国	6634	- 9.27	9.38	0.02	1.12	- 0.14	9.00	9973.06 ***
日本	6645	- 12.11	13.23	0.01	1.53	- 0.13	8.33	7656.39 ***
加拿大	6609	- 9.79	9.37	0.01	1.01	- 0.73	13.70	32108.28 ***
意大利	3306	- 8.56	10.66	0.01	1.44	- 0.11	7.97	3410.17 ***
中国	6116	- 17.91	10.05	0.01	2.39	5.26	148.57	55024.00 ***
印度	6289	- 13.66	15.99	0.06	1.71	- 0.06	8.98	9386.07 ***
俄罗斯	4995	- 21.20	20.20	0.04	2.62	- 0.36	10.51	11850.46 ***
美国不确定性								
变量	样本量	最小值	最大值	均值	标准差	偏度	峰度	J - B 统计量
EPU	315	57.20	245.13	106.40	33.73	1.05	3.75	65.70 ***
NVIX	315	13.62	57.90	24.77	6.35	1.15	6.78	256.24 ***

注：***、**、*分别表示在 1%、5% 和 10% 水平下显著。

[①]　主要考虑到全球不确定性仅包含 1989 年 10 月 ~ 2015 年 12 月的数据。

5.4　美国 EPU 溢出与股票市场波动

美国 EPU 对代表性市场波动的溢出效应估计结果如表 5 − 2 所示。对多数市场而言，$\alpha + \beta + \gamma/2 < 1$ 小于 1，说明短期波动成分相对长期成分具有均值回复特征。所有市场的 $\alpha > 0$ 且 $\beta < 1$ 说明股市具有明显的波动聚集效应。

表 5 − 2　　　　　　美国 EPU 对股市市场溢出效应的模型估计结果

变量	德国	法国	英国	日本	加拿大	意大利	中国	印度	俄罗斯
μ	0.0346 ** (0.0135)	0.0108 (0.0137)	0.0083 (0.0105)	− 0.0016 (0.0164)	0.0352 *** (0.0087)	0.0225 (0.0177)	− 0.0440 (0.0523)	0.0604 *** (0.0170)	0.1016 *** (0.0386)
α	0.0199 *** (0.0075)	0.0045 (0.0067)	0.0065 (0.0066)	0.0341 *** (0.0101)	0.0337 *** (0.0092)	0.0059 (0.0077)	0.1816 ** (0.0915)	0.0795 *** (0.0113)	0.0693 *** (0.0201)
β	0.9049 *** (0.0117)	0.9221 *** (0.0124)	0.9102 *** (0.0111)	0.8857 *** (0.0114)	0.9120 ** (0.0155)	0.9252 *** (0.0138)	0.8791 *** (0.0362)	0.8858 *** (0.0154)	0.9248 *** (0.0158)
γ	0.1141 *** (0.0182)	0.1117 *** (0.0167)	0.1308 *** (0.0171)	0.1178 *** (0.0208)	0.0798 *** (0.0176)	0.1145 *** (0.0224)	− 0.0314 (0.0591)	0.0567 *** (0.0175)	0.0302 ** (0.0121)
m	0.5367 *** (0.1470)	0.5099 *** (0.1144)	0.0731 (0.1562)	0.8976 *** (0.2214)	− 0.3818 ** (0.1851)	0.1380 (0.2543)	− 3.7078 *** (0.7309)	1.6695 * (0.9638)	− 1.0409 * (0.6103)
θ^{US}	0.0164 (0.0273)	1.3300 * (0.7988)	10.1696 *** (2.8612)	3.1418 * (1.8007)	− 0.7171 ** (0.3650)	3.8992 (3.5013)	− 3.9508 (5.2007)	− 1.3621 (1.2420)	− 5.9866 * (3.0558)
ω_1	4.7489 ** (2.4068)	12.4344 (7.9768)	2.3623 *** (0.4386)	6.9374 * (4.0645)	47.4097 *** (0.9093)	11.5608 (8.7010)	2.2886 ** (1.1174)	2.3112 (1.5855)	3.9130 *** (0.9745)
ω_2	5.4324 * (3.2731)	26.5816 * (14.3563)	2.1876 *** (0.4567)	5.1117 (3.6051)	371.9663 *** (0.5734)	6.5499 ** (3.3329)	8.2224 (7.3507)	11.0378 ** (4.7133)	8.1390 *** (2.5757)
θ^G	− 0.0241 (0.0152)	− 3.1713 ** (1.4641)	− 1.7389 (1.2898)	− 1.2124 * (0.6184)	− 1.0307 *** (0.3816)	− 4.5280 (4.0961)	− 2.7588 (3.4076)	− 0.8012 (0.7486)	− 1.0464 (0.8138)
ω_3	3.8050 *** (1.0922)	2.8033 *** (0.6663)	3.7172 * (2.0761)	11.0537 *** (2.2333)	47.6630 *** (1.4333)	1.7464 (1.2634)	2.6752 ** (1.2461)	16.4265 (18.0638)	15.7700 *** (4.1578)
ω_4	10.4862 ** (4.0801)	9.9299 *** (3.4625)	11.2611 (8.6983)	39.4229 *** (7.5288)	205.5648 *** (0.5341)	3.8499 (4.3625)	10.3534 (10.0915)	59.6987 (74.1874)	41.0041 *** (6.9077)
LLF	− 10264.60	− 10343.78	− 8590.64	− 10693.22	− 7600.18	− 4850.77	− 11922.33	− 10856.15	− 10326.80

注：*** 、** 、* 分别表示在 1%、5% 和 10% 水平下显著。LLF 表示极大似然函数值。括号中的数字为标准误。

考虑到 GARCH – MIDAS 模型的核心在于将低频变量嵌入长期波动成分中，因此重点分析低频不确定性变量对长期波动的影响，即参数 θ^{US} 的估计值。从参数估计值的符号来看，基本印证了假说一，即美国不确定性对发达市场存在正向影响，对新兴市场国家存在负向影响。对于受美国不确定性正向影响的发达市场，法国、英国和日本的参数估计显著，即美国不确定性对这些市场具有显著溢出效应，美国不确定性越高，股市波动越大。对新兴市场，美国经济政策不确定性越高，股票市场波动越小，虽并非存在显著影响，但估计参数的符号证明了假说一。

本章尝试根据已有研究对表 5 – 2 中的结果给出解释。G7 集团国家间经济交往密切，且很长一段时间均为盟友关系，经济政策方面联动性较高，而美国作为 G7 集团中经济实力最强的国家，对其他国家具有很强的政策溢出效应。克劳纳和赛科尔（2014）通过溢出指数分析欧美国家间的不确定性溢出效应，受美国经济政策不确定性溢出效应最强的国家分别为德国、加拿大、英国、法国和意大利。但加拿大是个例外，虽然美国对加拿大的政策不确定性溢出效应仅次于德国，但仍然表现出美国 EPU 与加拿大股票市场波动的负向关系，这一结果令人相当困惑。

另外，德国受到美国 EPU 溢出效应最强，但美国 EPU 溢出效应对德国股票市场波动的影响并不显著。作为欧盟中经济实力最强的国家，对欧盟其他市场具有很强的政策溢出效应，伯纳尔等（2016）即指出，德国对欧盟地区的经济政策具有很强的溢出效应，极强的政策外溢效果反而抵消了美国 EPU 对德国的溢出作用。另外，伯纳尔等（2016）还指出，意大利相对游离于其他发达国家，本章实证结果也印证了这一结论。

不过，若从表 5 – 3 中的 EPU 相关系数看，日本与美国的 EPU 的相关系数最小，但美国 EPU 仍然对日本股票市场波动造成了显著且正向的影响。这一结果，一方面体现了美国和日本之间非常密切的经济往来，另一方面体现了美国经济政策对日本股票市场的极大冲击，日本或许由于历史上与美国的恩怨等，对美国经济政策具有非同寻常的关注度。若这一猜想成立，也可以解释加拿大的异常估计结果，即加拿大与美国接壤，从地理意义上是与美国最密切的国家，正因为两者关系非比寻常，加拿大投资者反而对美国经济政策不确定性的关注度不高。根据表 5 – 3 得到的结论，仍然仅局限于理论猜想，对这一猜想的验证分析留作后续研究。

表 5 - 3　　　　　　　主要发达市场 EPU 与美国 EPU 的相关系数

主要发达市场	EPU 水平值	EPU 对数差分值	时间跨度
德国	0.6204	0.3534	1985/1 ~ 2018/10
法国	0.5420	0.3266	1987/1 ~ 2018/10
英国	0.4324	0.3701	1997/1 ~ 2018/10
日本	0.3946	0.2024	1987/1 ~ 2018/10
意大利	0.4691	0.2174	1997/1 ~ 2018/10
加拿大	0.5189	0.3729	1985/1 ~ 2018/10

5.5　美国 NVIX 溢出对股票市场波动

基于广义经济不确定性的模型估计结果基本可以印证假说一的成立。本章继续对美国 NVIX 指数对股票市场波动的溢出效应进行分析。

关于美国 NVIX 对代表性市场溢出效应的模型估计结果如表 5 - 4 所示。参数 θ^{US} 的估计值均为负数，说明高 NVIX 会导致较低的股票市场波动，而且这一结果对所有市场具有一致性：德国（-0.0457）、法国（-2.4068）、英国（-1.4014）、日本（-3.8528）、加拿大（-0.6428）、意大利（-0.8811）、中国（-0.8627）、印度（-4.7407）和俄罗斯（-12.8630）。若考虑显著性，对所有发达市场，该参数均是显著的，对发展中市场，仅俄罗斯的参数估计在 1% 水平下显著。表 5 - 4 的结果并不支持假说二。

表 5 - 4　　　　　　美国 NVIX 对股市市场溢出效应的模型估计结果

变量	德国	法国	英国	日本	加拿大	意大利	中国	印度	俄罗斯
μ	0.0334 ** (0.0135)	0.0109 (0.0141)	0.0078 (0.0110)	-0.0033 (0.0159)	0.0353 *** (0.0087)	0.0273 (0.0171)	-0.0453 (0.0547)	0.0596 *** (0.0170)	0.1082 *** (0.0408)
α	0.0199 *** (0.0053)	0.0059 (0.0043)	0.0120 * (0.0064)	0.0348 *** (0.0047)	0.0330 *** (0.0069)	0.0053 (0.0067)	0.1696 ** (0.0827)	0.0796 *** (0.0115)	0.0645 *** (0.0234)
β	0.8992 *** (0.0063)	0.9162 *** (0.0056)	0.9145 *** (0.0103)	0.8874 *** (0.0071)	0.9111 *** (0.0077)	0.9291 *** (0.0085)	0.8879 *** (0.0331)	0.8814 *** (0.0154)	0.9264 *** (0.0193)
γ	0.1274 *** (0.0087)	0.1220 *** (0.0083)	0.1254 *** (0.0168)	0.1157 *** (0.0077)	0.0822 *** (0.0109)	0.1089 *** (0.0127)	-0.0352 (0.0553)	0.0622 *** (0.0178)	0.0350 ** (0.0141)

变量	德国	法国	英国	日本	加拿大	意大利	中国	印度	俄罗斯
m	0.5757 *** (0.1040)	0.5474 *** (0.1006)	0.2601 (0.3326)	0.9083 *** (0.0990)	− 0.3830 *** (0.1246)	0.0388 (0.1852)	− 3.8920 *** (0.7589)	1.5406 ** (0.7585)	− 0.9417 (0.7106)
θ^{US}	− 0.0457 ** (0.0210)	− 2.4068 ** (1.0076)	− 1.4014 * (0.7413)	− 3.8528 ** (1.8270)	− 0.6428 * (0.3774)	− 0.8811 * (0.4929)	− 0.8627 (0.7258)	− 4.7407 (4.1082)	− 12.8630 *** (4.4786)
ω_1	1.4497 ** (0.6465)	2.6070 ** (1.0828)	4.4428 *** (1.6103)	5.2922 *** (1.9544)	20.5611 *** (2.9268)	64.1002 *** (9.4764)	34.2678 *** (5.2410)	1.5902 (1.0691)	2.3196 (1.5743)
ω_2	5.5607 (4.3216)	12.6706 (7.7068)	25.4418 ** (10.7831)	10.1854 ** (4.3418)	157.8200 *** (21.8093)	271.1095 *** (39.4555)	127.7152 *** (2.6497)	4.6367 ** (2.1755)	3.3674 * (1.9208)
θ^{G}	− 0.0161 * (0.0088)	− 2.7203 *** (0.8069)	− 1.5470 * (0.9380)	0.4292 (0.4482)	− 1.1669 *** (0.4368)	− 3.4030 ** (1.3270)	− 1.1632 (0.7975)	− 0.7269 (0.5703)	− 1.0588 (1.0909)
ω_3	4.4427 * (2.3503)	2.9066 *** (0.9508)	5.1671 * (2.7269)	17.9543 *** (5.5906)	9.2505 ** (5.3524)	2.8288 * (1.4598)	259.2815 *** (7.2094)	17.7635 *** (2.2731)	12.3853 ** (5.6585)
ω_4	14.8025 (9.3061)	10.0925 ** (4.6030)	19.1888 * (10.0313)	158.0007 *** (3.5747)	43.7418 *** (25.4832)	8.8808 * (4.9585)	507.6744 *** (10.3406)	65.3104 *** (3.7190)	36.4882 *** (13.7155)
LLF	− 10254.66	− 10342.07	− 8596.60	− 10696.33	− 7602.18	− 4853.76	− 11923.02	− 10854.11	− 10331.01

注: *** 、 ** 、 * 分别表示在 1% 、 5% 和 10% 水平下显著。LLF 表示极大似然函数值。括号中的数字为标准误。

NVIX 的原始数据来自华尔街日报，捕捉的是投资者或大众对未来不确定性的预期。但需要注意的是，并非只有美国投资者能获取该杂志上的信息，它还是其他国家投资者了解世界和美国新闻以及相关评论的重要渠道。鉴于此，NVIX 对代表性股票市场波动的溢出效应可以用投资者行为的"结构性差异"解释：（1）美国本土投资者：若预期到未来不确定性，由于安全资产转移效应的存在，会考虑向其他国家进行资产转移以规避风险，造成美国股票市场下行和波动提升。高 NVIX 对应美国高市场波动，这一结论已经得到苏等（2017）的印证。（2）非美国投资者：若拥有美国资产，势必会考虑美国经济和金融市场的整体信息，因此也会作出与美国本土投资者相似的行为，即将美国资产向他国或本国转移，导致了市场上行和波动下降。本章提供了与方等（2018）完全相反的结论，方等（2018）认为 NVIX 指数越高，发达市场股市波动越高，即不存在投资者行为的"结构性差异"。本章给出了具有理论依据的解释，估计结果相比方等（2018）更具可信性。

对新兴市场来说，NVIX 指数越高，股票市场波动越小，这也可以用投资者行为的"结构性差异"来解释。当然，本章也希望给出其他可能的解释。例如对中国来说，NVIX 溢出对中国股票市场波动的影响并不显著，可能在于以下原因：（1）中国投资者多以散户为主，专业性和成熟性不足，具有较高的盲目性，获取市场信息的途径有限，不会专门通过国外媒体杂志获取市场信息，而且散户投资者也不一定会持有外国资产。（2）对机构投资者，可能会根据华尔街日报获取美国市场信息，并进行资产调整，这仍然可由投资者行为的"结构性差异"来解释，当然对部分机构投资者，华尔街日报可能仅仅是一种获取美国新闻的途径，并非资产调整的依据。（3）本章还考虑了一种与经济学、金融学毫无关联的潜在解释，即语系的差异，欧洲国家多有自己的语言，但一般与英语极为相似，因此欧洲各国英语水平较高，据统计托福考试平均分最高的国家为德国。对中文而言，无论是语法、词汇还是思维，与英语完全是天差地别。在这种背景下，美国新闻媒体隐含的信息可能并不会被中国投资者获得，因此 NVIX 指数也不能对中国股票市场波动具有显著的溢出效应。具体理论解释框架见图 5 - 1。

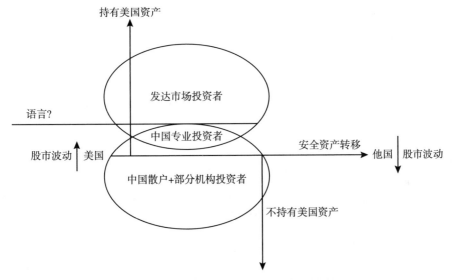

图 5 - 1　NVIX 溢出对股市波动影响的理论解释

5.6　子样本分析与稳健性检验

上述美国广义经济不确定性和有限关注不确定性的溢出效应分析，是基于全部样本的分析。而较多文献认为，在实证分析中还应考虑子样本分析，且将金融危机时期剔除掉，以更好地观测外生变量的影响作用。基于此，本章继续考虑剔除金融危机时期的子样本实证分析。参考美国经济研究局（NBER）对美国经济周期的分类，将全样本划分为危机前子样本和危机后子样本，其中危机前子样本为 2007 年 12 月以前，危机后子样本为 2009 年 6 月以后，剔除的样本为 2008 年 1 月至 2009 年 5 月。

为更好对比危机前和危机后不确定性溢出的影响，本章仅提供了 θ^{US} 的参数估计，具体结果见表 5 - 5。从估计结果来看，NVIX 溢出对 G7 集团国家的股票市场波动的影响在危机后更大（除加拿大以外），危机之后，NVIX 溢出对 G7 集团集团股票市场波动具有显著的负向影响，而在危机之前，G7 集团中仅日本受到显著的溢出冲击。麦克林和潘蒂夫（Mclean and Pontiff, 2016）认为资产定价因子的揭示降低了因子对收益的预测能力，苏等（2017）从美国市场波动层面印证了这一理论。但从不确定性溢出对市场波动影响的角度，本章提供了相反的证据，当然苏等（2017）研究的是不确定性对美国市场的影响，并未考虑溢出影响，与本章研究视角不同，这可能是本章得到相反结果的一个原因，而另一个原因可能是，非美国本土的投资者在金融危机后，更关注美国经济和金融市场的不确定性，因此投资者关注增强了美国不确定性的溢出效应。

表 5 - 5　　　　　　　美国不确定性溢出的子样本分析

节点		德国	法国	英国	日本	加拿大	意大利	中国	印度	俄罗斯
EPU	危机前	- 0.0088 (0.0162)	0.9316** (0.4185)	- 0.2098 (0.2159)	- 1.4055 (0.9046)	- 6.4835* (3.7508)	- 1.5342* (0.8919)	- 10.2857 (7.5631)	- 0.7824 (0.6053)	- 1.4235 (0.8794)
	危机后	0.0085 (0.0066)	2.1516 (2.5361)	14.5416*** (3.1498)	- 5.0190* (2.8616)	- 1.5311 (0.9564)	1.5623 (1.2511)	0.7294 (3.4750)	- 0.8918 (0.8780)	- 0.9291 (0.8082)
NVIX	危机前	0.0195 (0.0228)	- 0.7369 (0.7033)	- 0.7480 (0.6851)	- 7.8692** (3.1096)	- 1.6849 (1.3959)	- 1.7793 (1.4675)	- 0.0773 (0.6676)	- 0.5911 (1.4032)	- 3.7707 (4.4160)
	危机后	- 0.0832* (0.0438)	- 2.1328** (1.0184)	- 4.2730 (2.8386)	- 2.7510*** (1.0090)	- 2.0511*** (0.7958)	2.5560* (1.3548)	12.3125 (8.3721)	- 8.8498** (3.4659)	1.0865 (1.4135)

注：***、**、*分别代表在1%、5%和10%水平下显著。括号内的数字为标准误。

5.7　本章小结

本章从不确定性溢出的角度探讨了不确定性与资产价格波动的关系，以期为该领域研究提供一定补充，选取了 G7 集团国家（除美国）和三个新兴市场国家作为研究对象，着重探讨了美国广义经济不确定性（EPU）和有限关注不确定性（NVIX）对这九个国家股票市场波动的溢出效应。为更好地刻画美国不确定性的边际溢出，本章将 GARCH – MIDAS 模型扩展为两因素模型，并加入奥兹特克和盛（2017）构建的全球不确定性作为控制变量，美国不确定性作为关键解释变量。本章研究有利于政策制定者和投资者更深入理解不确定性溢出效应，特别是世界第一大经济体美国的不确定性溢出对各国股票市场的影响，进而可以从宏观经济运行和投资者行为层面，制定相应的规避或防范不确定性溢出的政策措施。

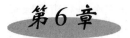

第6章

不确定性对股票市场波动的
溢出效应：中国视角

在基于美国视角探究不确定性对资产价格波动的溢出效应后，本章将以中国股票市场为视角，研究全球各国不确定性对中国股票市场波动的溢出效应，揭示最重要以及潜在的不确定性冲击来源，为政府和相关部门制定针对性政策提供参考和依据。本章从中国视角研究不确定性对资产价格波动的溢出效应，为实现研究目标，还将变量选择方法引入 GARCH – MIDAS 模型，通过变量选择确定对中国股票市场波动影响最为显著的不确定性指标。本章内容亦是对混频数据计量模型的丰富和扩展。基于此，本章首先对变量选择方法和 GARCH – MIDAS – VS 模型进行描述，然后实证探究不确定性溢出对中国股票市场波动的影响①。

6.1　变量选择方法综述

在线性回归模型中，存在一系列解释变量对被解释变量具有潜在影响，但在模型中包含过多变量，容易造成估计偏误，导致解释变量对被解释变量的影响方向和规模出现偏差，也不能准确发现对被解释变量影响最大的解释变量。后来，提布施兰尼（Tibshirani，1996）提出了一种变量选择的方法：套索方法（least absolute shrinkage and selection operator，LASSO）。这种方法是在损失函数的基础上，施加一个具有 L_1 范数形式的惩罚项，从而能将部分变量的参数收缩到 0，起

---

① 本章与第 5 章分别从中国和美国两个市场进行实证分析，两章内容是平行关系。

到变量选择的作用。例如线性模型式（6.1）：

$$y_i = X_i\beta + \varepsilon_i \tag{6.1}$$

其中 $X_i = (x_{1i}, x_{2i}, \cdots, x_{pi})$ 为解释变量，$\beta = (\beta_1, \beta_2, \cdots, \beta_p)'$ 为待估参数，ε_i 为误差项。待估参数的最小二乘估计为式（6.2）：

$$\hat{\beta} = \mathrm{argmin}\left\{ \sum_{i=1}^{n} (y_i - X_i\beta)^2 \right\} \tag{6.2}$$

提布施兰尼（1996）在上述最小化问题上施加了惩罚项，将式（6.2）变为式（6.3）：

$$\hat{\beta} = \mathrm{argmin}\left\{ \sum_{i=1}^{n} (y_i - X_i\beta)^2 \right\}, \text{ subject to } \sum |\beta_j| \leq t \tag{6.3}$$

其中参数 t 控制待估参数的收缩程度，t 越小，β 被收缩到 0 的个数越多。式（6.3）等价于问题式（6.4）：

$$\hat{\beta} = \mathrm{argmin}\left\{ \sum_{i=1}^{n} (y_i - X_i\beta)^2 + \lambda \sum |\beta_j| \right\} \tag{6.4}$$

其中 λ 被称作调节参数（Tuning parameter），控制的是待估参数的收缩程度，λ 越大，说明惩罚项的权重越大，β 被收缩到 0 的个数越多。

LASSO 被提出之后，很多统计学者对 LASSO 进行了深入研究和扩展。范和李（Fan and Li，2001）提出了平滑修剪绝对偏差方法（smoothly clipped absolute deviation，SCAD）。邹和哈斯蒂（Zou and Hastie，2005）提出了弹性网（Elastic Net）方法，即在式（6.4）的基础上加入岭回归的 L_2 范数惩罚项，得到式（6.5）：

$$\hat{\beta} = \mathrm{argmin}\left\{ \sum_{i=1}^{n} (y_i - X_i\beta)^2 + \lambda_1 \sum |\beta_j| + \lambda_2 \sum \beta_j^2 \right\} \tag{6.5}$$

在提出弹性网方法之后，邹（2006）进一步提出了自适应 LASSO（Adaptive - LASSO）方法。该方法将自适应权重引入式（6.4），即有式（6.6）：

$$\hat{\beta} = \mathrm{argmin}\left\{ \sum_{i=1}^{n} (y_i - X_i\beta)^2 + \lambda \sum \hat{w}_j |\beta_j| \right\} \tag{6.6}$$

其中 $\hat{w}_j = 1/|\hat{\beta}_j^*|^\eta$，$\hat{\beta}_j^*$ 为是预先估计得到的，可以是最小二乘估计值，也可以是岭回归估计值。关于 η 值的确定，邹（2006）通过数值模拟发现，$\eta = 2$ 时，选出最优的变量或得到最正确的模型的概率最高。变量选择方法被迅速用于经济金融、医学和生物等领域。

实际上，变量选择方法中，最重要的是惩罚项的设定。上述提到的研究，均是基于线性回归模型，也有部分文献将惩罚项与其他模型结合在一起，例如吴和德哈尼（Wu and Dhaene，2016）将惩罚项与多元 GARCH 模型的似然函数结合起来，将多元 GARCH 模型的部分参数值缩减至 0，以降低计算量。受吴和德哈尼（2016）研究启发，本章也将惩罚项与 GARCH – MIDAS 模型的似然函数结合，构造包含变量选择的 GARCH – MIDAS 模型（GARCH – MIDAS – VS 模型）。

6.2　GARCH – MIDAS – VS 模型构建与估计

GARCH – MIDAS 模型已成为研究低频宏观经济和金融变量对高频波动率的主流模型之一。但大部分研究均是考虑单个变量对金融市场长期波动的影响（Asgharian et al.，2013；Conrad and Loch，2015；Su et al.，2017）。仅有恩格尔等（2013）和博费利等（2017）将更多的变量纳入 GARCH – MIDAS 模型中。恩格尔等（2013）在提出 GARCH – MIDAS 模型后，将工业产值的水平值和波动值，PPI 的水平值和波动值，即四个变量同时纳入 GARCH – MIDAS 模型的长期波动成分，博费利等（2017）将三个变量的水平值和波动值（共六个变量）纳入 GARCH – MIDAS 模型。

考虑到大量的宏观经济、金融市场和不确定性变量均被认为是市场波动的来源，因此有必要将这些变量放在一起，探讨这些变量对市场波动的联合影响。针对本章研究内容，将其他国家和市场的不确定性纳入一个 GARCH – MIDAS 模型，讨论这些不确定性指标溢出对中国市场的联合影响。若将一系列变量同时纳入 GARCH – MIDAS 模型的长期波动成分并估计这些指标对长期波动的影响，由于变量间的相关性导致模型偏误，不能明确地探究不确定性溢出对股票市场的真实影响，也不能判断哪种不确定性溢出在影响中国股票市场中的作用最大。因此，本章首先将单因素 GARCH – MIDAS 模型扩展至多因素 GARCH – MIDAS 模型，然后讨论如何对多因素模型进行变量选择。第 5 章给出了单因素和两因素 GARCH – MIDAS 模型，为保持模型构建的连贯性，本章重新对 GARCH – MIDAS 模型进行描述：

考虑月度（或季度等）$t = 1, 2, 3, \cdots, T$ 中的交易日 $i = 1, 2, 3, \cdots, N_t$ 对应的股市收益 $r_{i,t}$，服从如式（6.7）的过程：

$$r_{i,t} = \mu + \sqrt{g_{i,t}\tau_t}\varepsilon_{i,t} \tag{6.7}$$

其中 μ 为日度期望收益，$\varepsilon_{i,t} \mid \Phi_{i-1,t} \sim N(0, 1)$ 且 $\Phi_{i-1,t}$ 表示历史信息。短期波动成分服从均值回归的非对称 GARCH（1，1）过程，如式（6.8）所示：

$$g_{i,t} = (1 - \alpha - \beta - \gamma/2) + \left(\alpha + \gamma \cdot 1_{\{r_{i-1,t} - \mu < 0\}}\right)\frac{(r_{i-1,t} - \mu)^2}{\tau_t} + \beta g_{i-1,t} \tag{6.8}$$

且有 $\alpha > 0$，$\beta > 0$ 和 $\alpha + \beta + \gamma/2 < 1$。

长期波动成分可表示为式（6.9）：

$$\log(\tau_t) = m + \theta \sum_{k=1}^{K} \varphi_k(\omega_1,\ \omega_2) X_{t-k} \tag{6.9}$$

其中 θ 刻画了不确定性指标 X 对长期波动成分的影响，K 为外生变量的滞后期，由 AIC 准则决定。$\varphi_k(\omega_1,\ \omega_2)$ 为 Beta 权重函数，仅由 ω_1 和 ω_2 两个参数决定。虽然还有其他类型的权重函数（Ghysels，2007；苏治等，2018），大多数文献直接使用 Beta 权重函数（Conrad and Loch，2015；Asgharian et al.，2015；Su et al.，2017；Su et al.，2019；et al.）。

Beta 权重函数如式（6.10）所示：

$$\varphi_k(\omega_1,\ \omega_2) = \frac{(k/K)^{\omega_1-1} \cdot (1-k/K)^{\omega_2-1}}{\sum_{j=1}^{K} (j/K)^{\omega_1-1} \cdot (1-j/K)^{\omega_2-1}} \tag{6.10}$$

式（6.7）、式（6.8）、式（6.9）和式（6.10）构成了基本的 GARCH - MIDAS 模型。

在 GARCH - MIDAS 模型基础上，本章将多种国外不确定性指标纳入长期波动成分，如式（6.11）所示：

$$\log(\tau_t) = m + \sum_{j=1}^{J} \theta_j \sum_{k=1}^{K} \varphi_k(\omega_{j,1},\ \omega_{j,2}) X_{j,t-k} \tag{6.11}$$

其中 J 为长期波动成分中不确定性指标的个数。式（6.7）、式（6.8）、式（6.10）和式（6.11）即为本章构建的多因素 GARCH - MIDAS 模型，该模型的似然函数为式（6.12）：

$$LLF(\Phi) = -\frac{1}{2} \sum_{t=1}^{T} \sum_{i=1}^{N_t} \left[\log(2\pi) + \log(g_{i,t}(\Phi)\tau_t(\Phi)) + \frac{(r_{i,t}-\mu)}{g_{i,t}(\Phi)\tau_t(\Phi)} \right]$$

$$\tag{6.12}$$

其中 Φ 表示参数空间，用 $\hat{\Phi}$ 表示估计参数值。

参考吴和德哈尼（2016），通过在似然函数中加入惩罚项的形式，将变量选择方法引入多因素 GARCH - MIDAS 模型。由于自适应 LASSO 比 LASSO 具有更好的统计性质，在似然函数中引入自适应 LASSO 的惩罚项，如式（6.13）所示：

$$PLLF_\lambda(\Phi) = -\frac{1}{2} \sum_{t=1}^{T} \sum_{i=1}^{N_t} \left[\log(2\pi) + \log(g_{i,t}(\Phi)\tau_t(\Phi)) + \frac{(r_{i,t}-\mu)}{g_{i,t}(\Phi)\tau_t(\Phi)} \right]$$

$$- \lambda \sum_{j=1}^{J} \hat{w}_j |\theta_j| \tag{6.13}$$

其中 $PLLF_\lambda(\Phi)$ 表示给定 λ 的惩罚似然函数（penalized log-likelihood function, PLLF），$\hat{w}_j = 1/|\hat{\theta}_j|^\eta$ 且 $\hat{\theta}_j \in \hat{\Phi}$，即由式（6.12）得到的参数估计。参考邹（2006），令 $\eta = 2$。本书使用 $\hat{\Phi}_\lambda$ 表示给定 λ 的参数估计值，参数估计值由包含不等式约束的最优化问题式（6.14）得到：

$$\text{maximum} \quad -\frac{1}{2}\sum_{t=1}^{T}\sum_{i=1}^{N_t}\left[\log(2\pi) + \log(g_{i,t}(\Phi)\tau_t(\Phi)) + \frac{(r_{i,t} - \mu)}{g_{i,t}(\Phi)\tau_t(\Phi)}\right]$$
$$-\lambda\sum_{j=1}^{J}\hat{w}_j|\theta_j| \tag{6.14}$$

subject to $\alpha > 0$，$\beta > 0$，$\alpha + \beta + 1/\gamma < 1$

一般使用拟牛顿算法（BFGS）求解上述最优化问题。

在使用 GARCH-MIDAS 模型时，还存在 Beta 权重函数形式的选择问题。式（6.10）的权重函数形式，一般被称为"无约束型权重函数"，这种权重函数可以根据 ω_1 和 ω_2 的不同取值，生成"衰减型""驼峰型""U型"等权重分布形式（苏治等，2018；Conrad and Loch，2015）。还有一种权重函数，被称为"约束型权重函数"，即在式（6.10）上面施加约束 $\omega_1 = 1$，这种权重函数仅生成"衰减型"权重分布，具体形式如式（6.15）所示：

$$\varphi_k(\omega_2) = \frac{(1 - k/K)^{\omega_2 - 1}}{\sum_{j=1}^{K}(1 - j/K)^{\omega_2 - 1}} \tag{6.15}$$

无约束型权重函数可以根据数据生成多种权重分布，而约束型权重函数生成的权重分布相对单调。若生成驼峰型权重分布，滞后一定期限的变量的重要性最高，若生成衰减型权重分布，距今时间越近，变量的重要性越高。那么在 GARCH-MIDAS-VS 模型中，选择何种 Beta 权重函数也是重要的议题。在方等（2018）以及苏治等（2018）的研究中，均直接使用无约束型权重函数，因无约束型权重函数能生成更多样的权重分布，本章同样使用无约束型权重函数。

如何确定调节参数 λ 的最优取值也是变量选择过程中的关键问题。在统计学领域中，一般使用交叉验证（Cross-Validation）选择 λ 的最优取值（Zou and Hastie，2005；Zou，2006；Wang et al.，2007；et al.）。对时间序列数据，往往采用样本外预测判断 λ 的最优取值，即针对不同的 λ 取值，选择使得样本外预测精度最高的 λ 作为最优取值。但是方等（2018）指出，使用样本外预测精度判断 λ 的最优取值存在若干问题，一是样本外预测精度受样本外子样本影响较大，二是 λ 的最优取值也与样本量有关。因此，交叉验证并不适合本章构建的 GARCH-MIDAS-VS 模型。除了交叉验证，还可以通过信息准则（例如 AIC 和

BIC）判断 λ 的最优取值（Wang et al.，2007）。信息准则包含两部分，一个是模型拟合度，一个是模型复杂度，两者通过调节参数联系起来（Nishii，1984）：模型拟合度 + 调节参数 × 模型复杂度，AIC 和 BIC 均是广义信息准则的特例。基于尼施伊（1984）的广义信息准则，范和唐（Fan and Tang，2012）提出了惩罚似然函数中的调节参数的取值标准，即通过广义信息准则（Generalized Information Criterio，简称 GIC）判断调节参数的最优取值，即使得 GIC 最小的调节参数取值即为最优取值。

范和唐（2012）给出 GIC 的具体形式为式（6.16）：

$$GIC_\lambda = \frac{1}{N_0} \left\{ 2 \left[LLF(\hat{\Phi}) - PLLF_\lambda(\hat{\Phi}_\lambda) \right] + a(N_0, J) |\hat{\theta}_\lambda| \right\} \qquad (6.16)$$

其中 $LLF(\hat{\Phi})$ 为不使用变量选择的极大似然函数值，$PLLF_\lambda(\hat{\Phi}_\lambda)$ 为给定 λ 取值下的极大惩罚似然函数值。$LLF(\hat{\Phi}) - PLLF_\lambda(\hat{\Phi}_\lambda)$ 度量的是模型拟合度。$|\hat{\theta}_\lambda|$ 表示在给定 λ 取值下非零 θ 值的个数，度量的是模型复杂度。$a(N_0, J)$ 为信息准则中的调节参数，与 $N_0 = \sum N_t$ 和 J 有关。范和唐（2012）给出调节参数的一种可行的取值即 $a(N_0, J) = \log(\log(N_0)) \cdot \log(J)$。

选择 λ 最优参数值的具体步骤为：

步骤一：确定 λ 的取值范围 $[\lambda_{min}, \lambda_{max}]$，以及步长 l，即每隔 l 取一个 λ 值，构造一系列 λ 取值；

步骤二：对每一个 λ，在长期波动成分中，考虑约束型权重函数，使用 BFGS 算法估计式（6.14）的最优化问题，得到参数估计值；

步骤三：对每一个 λ，计算 $LLF(\hat{\Phi})$ 和 $PLLF_\lambda(\hat{\Phi}_\lambda)$ 以及 $|\hat{\theta}_\lambda|$，根据样本量和参数个数计算 $a(N_0, J)$；

步骤四：对每一个 λ，计算 GIC_λ；

步骤五：使得 GIC_λ 最小的 λ 即为最优取值。

6.3　数据来源与描述性统计

本章尽可能选择足够多的不确定性指标并将这些指标纳入 GARCH – MIDAS 模型的长期波动成分，并对变量进行选择，揭示对中国股票市场长期波动影响最大的不确定性指标。在选择不确定性指标时，还综合考虑数据可得性及时间覆盖范围，以确定最终的样本期时间长度。

中国股票市场数据使用上海证券交易所综合指数（上证综指）日度收盘价，并取对数差分转换为日度对数收益率。数据来自国泰安 CSMAR 数据库[①]。

贝克等（2016）提出的 EPU 是目前使用最广泛的不确定性指标，在其网站上也提供了主要国家的 EPU 指数，以 EPU 为不确定性指标研究溢出性最具有可行性。第 3 章指出 EPU 指数是一种广义经济不确定性指标，因此本章还纳入了美国有限关注不确定性指标 NVIX，具体见图 6 - 1。具体考虑 12 种不确定性指标，分别为美国 EPU、美国 NVIX、德国 EPU、英国 EPU、法国 EPU、意大利 EPU、加拿大 EPU、日本 EPU、澳大利亚 EPU、韩国 EPU、俄罗斯 EPU、巴西 EPU。本书还将中国 EPU 纳入长期波动成分，以比较中国 EPU 与其他国家 EPU 影响，并检验其他 EPU 溢出作用能否超过中国 EPU。所有 EPU 指数均取对数差分以保持平稳性。不确定性指标均为日度数据，数据来源为经济政策不确定性网站[②]。

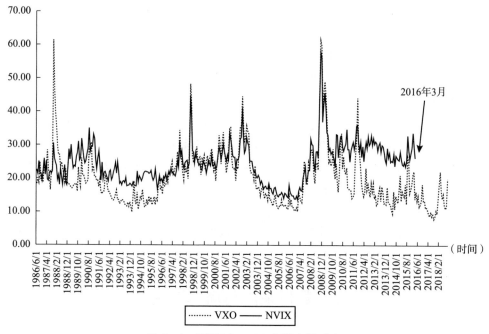

图 6 - 1　NVIX 与 VXO 指数走势对比

---

　　①　NVIX 指数来自马尼拉个人主页：http：//apps. olin. wustl. edu/faculty/manela/index. html。VXO 指数来自美联储圣路易斯分行经济数据库：fred. stlouisfed. org。

　　②　经济政策不确定性网站：policyuncertainty. com。

马尼拉和莫雷拉（2017）构建的 NVIX 指数仅更新到 2016 年 3 月。考虑到 NVIX 指数是通过新闻数据估计的 VXO 指数，因此 2016 年 4 月～2018 年 10 月的 NVIX 数据可用 VXO 指数代替。另外，芝加哥期货交易所（CBOE）仅将 VXO 月度数据更新到 2018 年 6 月，2018 年 7 月～2018 年 10 月的 VXO 日度数据可从 FRED 数据库获得，通过月度平均的方法将日度数据转化为月度数据。

综合考虑所有数据的可得性和样本范围，样本期选取为 1998 年 1 月～2018 年 10 月（共 250 月）。描述性统计见表 6－1。

表 6－1 不确定性对中国股票市场溢出分析的描述性统计

不确定性指标数据

不确定性	样本量	最小值	最大值	均值	标准差	偏度	峰度	J－B 统计量
美国 EPU	250	－0.2793	0.3485	0.0004	0.0770	0.7918	6.0414	122.4806 ***
美国 NVIX	250	－0.1835	0.2881	0.0004	0.0577	1.2845	8.2127	351.7947 ***
德国 EPU	250	－0.4290	0.5383	0.0014	0.1722	0.2381	3.1104	2.4890
英国 EPU	250	－0.3961	0.3313	0.0027	0.1335	－0.0873	2.9782	0.3228
法国 EPU	250	－0.4707	0.5633	0.0027	0.1795	0.3156	3.6467	8.5057 **
意大利 EPU	250	－0.3893	0.4669	0.0008	0.1445	0.0334	3.7581	6.0328 **
加拿大 EPU	250	－0.2852	0.2421	－0.0015	0.0848	－0.2490	3.7135	7.8877 **
日本 EPU	250	－0.3512	0.4201	0.0022	0.1258	0.1882	3.3573	2.8060
澳大利亚 EPU	250	－0.7243	0.5438	－0.0003	0.1704	－0.0801	3.9815	10.3026 ***
韩国 EPU	250	－0.3632	0.5471	－0.0004	0.1556	0.4019	3.7682	12.8768 ***
俄罗斯 EPU	250	－0.9058	0.7611	0.0040	0.2935	－0.2299	3.3056	3.1743
巴西 EPU	250	－0.5778	0.6185	0.0003	0.2122	0.0064	3.0395	0.0180
中国 EPU	250	－0.7674	0.8454	0.0060	0.2430	0.0320	3.8645	7.8279 **

中国股票市场数据

市场	样本量	最小值	最大值	均值	标准差	偏度	峰度	J－B 统计量
上证综指	5045	－4.0199	4.0827	0.0067	0.6864	－0.3231	7.7999	4930.81 ***

注：***、**、*分别表示在 1%、5% 和 10% 水平下显著。

6.4 基于 GARCH – MIDAS – VS 的实证分析

基于 GARCH – MIDAS – VS 模型对不确定性指标进行变量选择，发现对中国股票市场波动影响效应最强的不确定性指标。首先确定调节参数 λ 的取值范围并根据 GIC 准则确定最优的调节参数取值。当 $\lambda > 12$ 时，仅剩中国 EPU 这一个指标，因此确定 λ 的取值范围为 $[0, 12]$。在此取值范围内，当 λ 取值为 9.4 时，GIC 指标最小，此即为 λ 的最优取值。在此最优取值下，模型选择了 3 个不确定性指标，分别为：德国 EPU、法国 EPU 和中国 EPU，即在 λ 的最优取值下，有两个国家的 EPU 对中国股票市场长期波动有较强的溢出作用。具体 GIC 与 λ 取值的关系如图 6 – 2 所示。

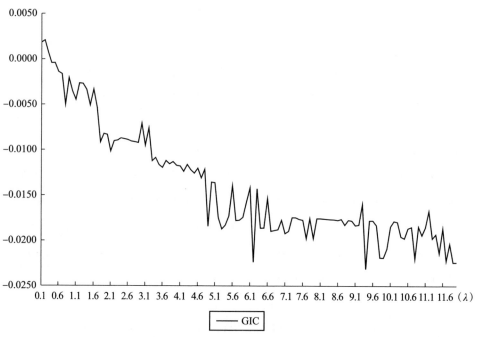

图 6 – 2 GIC 关于调节参数的取值

根据图 6 – 2 所示，GIC 是关于 λ 的函数，且随着 λ 增大而逐渐减小，在 λ 大于 6.6 之后趋于平稳（没有明显下降趋势，但存在波动），在 λ 等于 9.4 时

GIC 达到最小。根据本书模型设定，各不确定性对应的参数也是关于 λ 的函数，这些参数随 λ 增大而逐渐缩减至 0。估计参数值的具体变动如图 6 - 3 所示，横轴为 λ，纵轴为参数估计值。由于在 λ 取值范围内，中国 EPU 对应的参数值始终不为 0，因此本章并未画出该参数随 λ 的走势图。

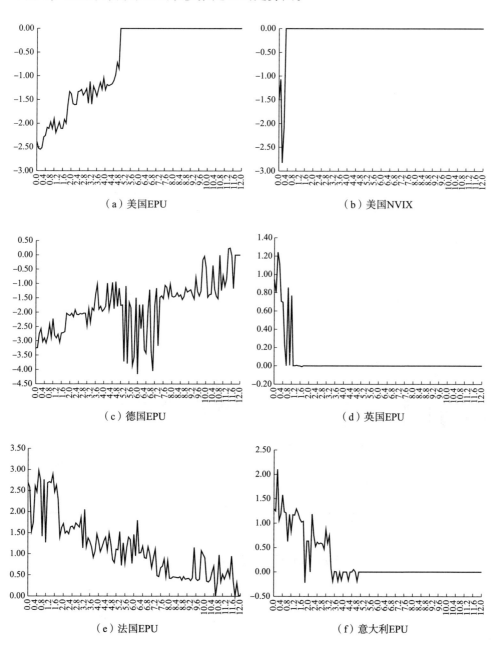

（a）美国EPU

（b）美国NVIX

（c）德国EPU

（d）英国EPU

（e）法国EPU

（f）意大利EPU

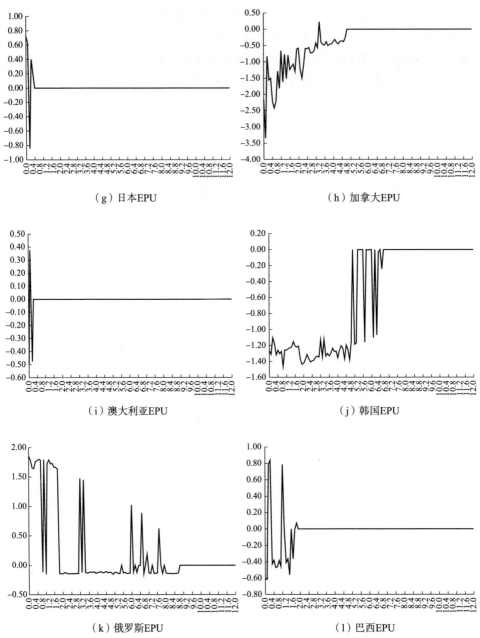

（g）日本EPU　　　　　　　　　　　（h）加拿大EPU

（i）澳大利亚EPU　　　　　　　　　　（j）韩国EPU

（k）俄罗斯EPU　　　　　　　　　　（l）巴西EPU

图6-3　各不确定性对应参数估计值关于调节参数的变化

图6-3还明确呈现出不确定性参数被逐渐缩减至0的过程。根据参数收缩速度可以分为三类：（1）第一类：美国 NVIX 指数、英国 EPU、日本 EPU、澳大

利亚 EPU 和巴西 EPU，这类不确定性指标对应的参数很快收缩至 0，说明这类不确定性对中国股票市场波动的影响程度最小，在预测长期波动中的作用最小。第 5 章发现，美国 NVIX 指数对中国股票市场波动的影响不显著，图 6 - 3（b）与第 5 章的结论就有一致性。（2）第二类：美国 EPU、意大利 EPU、加拿大 EPU、韩国 EPU 和俄罗斯 EPU，这类不确定性指标对应的参数缩减至 0 的速度相对较慢。（3）第三类：德国 EPU 和法国 EPU，这类不确定性对应的参数基本没有收缩到 0。说明，德国 EPU 和法国 EPU 在预测和影响中国股票市场长期波动中的作用最大、重要程度越高。

根据变量选择结果可以得到如下结论：

第一，欧盟地区的不确定性溢出对中国股票市场波动的影响最大。例如德国 EPU 和法国 EPU，可能原因在于德国和法国是欧盟经济实力最强的国家，加之欧盟与中国有密切的经济往来，中国第一大贸易伙伴为欧盟，其次为美国。2017 年，中国连续第二年成为德国最大的贸易伙伴。[①] 欧盟地区不确定性对中国股票市场具有最强的溢出效应是有现实依据的。

第二，北美地区的不确定性溢出对中国股票市场波动的影响被高估。美国是世界第一经济体，美元也是国际储备货币，美联储货币政策和美国政府财政政策均广泛而深刻地影响世界经济发展。但从变量选择结果来看，美国经济政策不确定性对中国股票市场波动的溢出效应并不强，可能与大众预期不符。主要原因可能在于，美国是中国在经济、金融、文化和政治等领域最大的竞争对手，美国经济政策变动的一举一动受到中国政府和大众的密切关注，为防范来自美国的潜在风险，中国政府也进行了全面的管控措施。虽然大众都密切关注美国经济运行，但实际上美国经济溢出效应对中国股票市场的影响并不强。这也说明大众预期与现实形势之间存在偏差。

第三，中国自身的不确定性仍然占主导地位。即便欧盟地区的经济政策不确定性溢出对中国股票市场波动更为重要，中国自身的经济政策不确定性在影响股票市场波动起决定性作用。当其他国家不确定性对应的参数被收缩至 0 之后，中国 EPU 的参数仍然显著非 0，不能忽视中国内在的经济政策不确定性。

以上即变量选择过程得到的主要结论。需要注意的是，最优化问题式（6.14）使用 BFGS 模型求解，涉及计算机数字精度的问题，参数实际上是逐渐缩减到一个很小的数值，而非完全为 0，本书根据每个参数序列的具体数值，人

[①] 资料来源：http：//www.mofcom.gov.cn/article/i/jyjl/m/201802/20180202716424.shtml，中华人民共和国商务部。

为地将数值极小的参数值（数量级为 10^{-7} 及以下）修正为 0。

变量选择仅是一个参数值估计过程，并不会得到参数标准误及显著性。在线性模型中，一般先进行变量选择，即 LASSO 过程，然后将选择的变量纳入线性模型进行 OLS 估计，即 post – LASSO 过程。Post – LASSO 过程使用"朴素"方法（Naïve way，例如 OLS）估计，但却忽视了模型是通过变量选择后得到的。忽视这一前提或条件，将导致朴素估计方法得到的标准误和置信区间并不严谨（Berk et al.，2013；Leeb et al.，2015）。不过，利布等（Leeb et al.，2015）证明了使用朴素方法得到的标准误和置信区间仅与考虑变量选择的统计推断方法得到标准误和置信区间存在轻微偏离，即说明朴素方法仍然适用。因此在变量选择后，仍使用朴素方法（准极大似然估计）对模型进行估计。

需要估计的模型为包含德国 EPU、法国 EPU 和中国 EPU 的 GARCH – MIDAS 模型，该模型的长期波动成分为式（6.17）：

$$\log(\tau_t) = m + \theta^{GER} \sum_{k=1}^{K} \varphi_k(\omega_{11}, \omega_{12}) + \theta^{FRA} \sum_{k=1}^{K} \varphi_k(\omega_{21}, \omega_{22}) + \theta^{CHN} \sum_{k=1}^{K} \varphi_k(\omega_{31}, \omega_{32})$$

$$(6.17)$$

估计结果如表 6 – 2 所示。重点关注参数 θ 的估计结果。根据表 6 – 2，德国 EPU、法国 EPU 和中国 EPU 对应的参数值均为正，表明经济政策不确定性越高，股市长期波动越大，而且 EPU 对股票市场长期波动的影响均为显著的。表 6 – 2 的结果与常识基本相符。

表 6 – 2　　　　　　　　　　变量选择后模型估计结果

μ	α		θ^{GER}	ω_{11}	ω_{12}
0.0062	0.0582 ***	德国	0.0305 *	– 14.8700	6.8607
(0.0078)	(0.0064)		(0.0151)	(25.0756)	(31.5945)
β	γ		θ^{FRA}	ω_{21}	ω_{22}
0.9251 ***	0.0243 **	法国	0.3496 **	9.8216 ***	22.2040 ***
(0.0066)	(0.0080)		(0.1636)	(3.7522)	(8.4458)
m			θ^{CHN}	ω_{31}	ω_{32}
– 0.4068		中国	0.4637 **	4.0748 **	14.8106 **
(0.3016)			(0.2087)	(1.6011)	(6.0808)

注：***、**、* 分别表示在 1%、5% 和 10% 水平下显著。括号中的数字为标准误。

本章还根据估计的 ω 值计算了 Beta 权重分布，具体如图 6 – 4 所示。

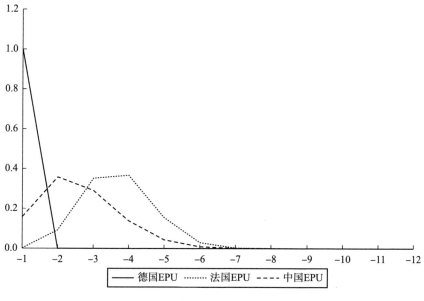

图 6 - 4   估计的 Beta 权重分布

将估计的参数代入 Beta 权重函数式（6.10），得到的估计 Beta 权重分布如图 6 - 4 所示。对德国 EPU 而言，滞后一期的权重最大，几乎为 0.99，说明滞后一期的德国 EPU 在预测中国股票市场长期波动中的作用最大。对法国 EPU 而言，滞后三和四期的权重相对较高，体现法国 EPU 对中国股票市场的影响稍显滞后。对中国 EPU 而言，权重最高的 EPU 集中于滞后二期上，但影响比德国 EPU 和法国 EPU 更具有持续性。

6.5   基于中国视角的不确定性溢出效应的扩展分析

本章旨在从中国角度探究不确定性溢出对资产价格波动的溢出效应。既然是中国视角，那么应包含两个层面，一个是对中国股票市场的溢出效应，即上述实证分析，另一个是中国不确定性对其他市场的溢出效应。因此，本章进一步分析中国经济政策不确定性的溢出效应。

常识认为，发达国家经济实力强，对发展中国家的经济外溢效应较强，在分析溢出效应时，常常将发达国家作为溢出国，将发展中国家作为被溢出国。若遵循这种思路，探究中国不确定性的溢出效应，即应针对那些经济实力不如中国的发展中国家，例如俄罗斯、巴西、印度等。此外，本章还尝试给出中国不确定性对发达市场的溢出效应，作为中国对发展中国家的溢出效应对比。

具体考虑三个新兴市场：俄罗斯（RTS 指数）、巴西（圣保罗指数）和印度（SENSEX30 指数），五个发达市场：美国（S&P500）、德国（DAX 指数）、英国（FTSE100 指数）、法国（CAC40 指数）和日本（N225 指数）。对印度数据，时间跨度为 2003 年 1 月 ~ 2018 年 10 月，对其他市场数据，时间跨度为 1998 年 1 月 ~ 2018 年 10 月。股市收益率为日度数据，中国 EPU 数据为月度数据。描述性统计如表 6 - 3 所示。为更好地刻画中国不确定性对上述代表性市场的溢出效应，使用第 5 章提出的两因素 GARCH - MIDAS 模型，并将各国 EPU 作为控制变量纳入模型中①。

表 6 - 3　　　　　　　中国不确定性溢出分析的数据描述性统计

股票市场收益							
市场	样本量	最小值	最大值	均值	标准差	偏度	峰度	J - B 统计量
美国	5243	- 0.0411	0.0476	0.0001	0.0052	- 0.2356	11.0716	14281.23 ***
德国	5290	- 0.0887	0.1080	0.0002	0.0150	- 0.0934	7.1637	3829.01 ***
英国	5265	- 0.0927	0.0938	0.0001	0.0118	- 0.1463	8.7255	7210.08 ***
法国	5320	- 0.0947	0.1059	0.0001	0.0143	- 0.0546	7.7599	5024.83 ***
日本	5117	- 0.1211	0.1323	0.0001	0.0151	- 0.3461	8.8990	7521.51 ***
俄罗斯	5210	0.2120	0.2020	0.0002	0.0243	- 0.4037	11.2815	15029.83 ***
巴西	5157	- 0.1722	0.2882	0.0004	0.0198	0.4778	17.0667	42714.92 ***
印度	3942	- 0.1181	0.1599	0.0006	0.0141	- 0.1043	12.9033	16116.11 ***

不确定性							
变量	样本量	最小值	最大值	均值	标准差	偏度	峰度	J - B 统计量
中国 EPU	250	9.0667	694.8494	152.0854	121.9379	1.9812	7.4058	365.7373 ***

注：*** 、 ** 、 * 分别表示在 1% 、 5% 和 10% 水平下显著。

---

①　在第 5 章检验美国不确定性溢出效应时，使用了奥兹特克和盛（2017）提出的全球不确定性作为控制变量，以剔除全球不确定性对美国不确定性溢出的影响。在本章检验中国不确定性溢出效应时，采用各国不确定性作为控制变量。本书采取不同控制变量，主要是考虑到美国经济溢出较为强劲，各国自身不确定性并不会过多影响美国不确定性溢出方向，可能仅会影响溢出规模。而对中国而言，中国作为世界最大的发展中国家，对周边国家的政策溢出效应较强，对主要发达国家和发展中国的政策溢出效应不那么明显，剔除各国自身的不确定性比剔除世界不确定性的影响更为重要。

两因素 GARCH – MIDAS 模型的长期波动成分为式（6.18）：

$$\log(\tau_t) = m + \theta^{CN}\sum_{k=1}^{K=12}\varphi_k(\omega_1, \omega_2)CNU_{t-k} + \theta^{C}\sum_{k=1}^{K=12}\varphi_k(\omega_3, \omega_4)CU_{t-k} \qquad (6.18)$$

其中 CNU 表示中国 EPU，CU 表示其他国家 EPU。θ^{CN} 衡量了中国 EPU 对其他市场波动的溢出效应。

中国 EPU 对主要代表性市场波动的溢出效应如表 6 – 4 所示。就溢出的影响方向来看，除印度外，中国 EPU 对这些市场的波动均为负向影响，即中国 EPU 越高，代表性市场的波动越低。这一结果，体现了中国与其他市场之间的竞争关系，即中国 EPU 越高，代表中国经济政策不确定性程度越大，这对中国而言是负面消息，中国的负面消息反而是中国竞争对手的正面消息，因此这一结果容易理解。特别是对德国和法国而言，德国 EPU 和法国 EPU 对中国股票市场波动存在正向影响，中国 EPU 对德国和法国为负向影响。从经济发展程度和贸易角度来看，首先，德国和法国为 G7 集团成员国，代表世界发达的工业国，综合经济实力在中国之上，但中国的崛起使得发达国家感受到中国的威胁，"中国威胁论"持续存在，因此中国的负面信息对这些国家为正面消息。其次，中国经济增长的"三驾马车"为投资、消费和出口，出口依赖于进口国的经济发展水平和政策环境，欧盟是中国最大的贸易伙伴，中国也是德国最大的贸易伙伴，欧盟地区的经济政策不确定性对中国出口造成冲击，导致股票市场波动加剧。最后，中国 EPU 溢出仅对法国、日本、俄罗斯和巴西具有显著影响，从显著性角度来看，中国经济政策的影响力已开始冲击到部分发达国家。

表 6 – 4　　　　　　　　中国 EPU 对股市市场溢出效应的模型估计结果

变量	美国	德国	英国	法国	日本	俄罗斯	巴西	印度
μ	0.0012 (0.0060)	0.0227 (0.0148)	− 0.0065 (0.0166)	0.0072 (0.0140)	0.0251 (0.0174)	0.0817 *** (0.0241)	0.0614 *** (0.0160)	0.0353 (0.0220)
α	− 0.0149 * (0.0083)	0.0094 (0.0076)	− 0.0075 (0.0074)	0.0019 (0.0085)	0.0433 *** (0.0066)	0.0600 *** (0.0084)	0.0358 *** (0.0074)	0.0192 ** (0.0084)
β	0.8980 *** (0.0128)	0.9093 *** (0.0092)	0.9082 *** (0.0111)	0.9066 *** (0.0106)	0.8667 *** (0.0091)	0.8896 *** (0.0098)	0.9014 *** (0.0090)	0.8949 *** (0.0202)
γ	0.2120 *** (0.0296)	0.1340 *** (0.0188)	0.1699 *** (0.0205)	0.1581 *** (0.0201)	0.1251 *** (0.0100)	0.0628 *** (0.0107)	0.1008 *** (0.0147)	0.1056 *** (0.0248)
m	− 1.0866 * (0.6344)	0.6076 *** (0.2003)	0.1753 (0.2105)	0.6601 *** (0.2316)	0.7441 *** (0.0986)	1.4890 *** (0.1328)	0.5347 ** (0.2078)	1.0980 *** (0.0974)

变量	美国	德国	英国	法国	日本	俄罗斯	巴西	印度
θ^{CN}	- 0.9372 (0.8316)	- 0.5505 (1.4050)	- 2.1181 (1.8413)	- 2.2669 * (1.3587)	- 1.5397 ** (0.7155)	- 0.2303 ** (0.1094)	- 1.4750 * (0.8384)	0.4788 (0.3721)
ω_1	3.0249 ** (1.4217)	1.5751 (2.6533)	1.6989 * (0.9934)	2.1450 *** (0.6985)	7.0755 ** (2.9778)	- 18.4988 (21.7676)	7.4302 ** (3.3269)	29.9271 *** (7.7161)
ω_2	14.0201 ** (6.0448)	6.3802 (3.9728)	4.8143 ** (1.9476)	7.4957 *** (2.7979)	17.6660 ** (8.7614)	7.1209 (21.3490)	26.1411 * (13.5793)	43.0649 *** (6.0461)
θ^C	- 1.8989 (1.9088)	- 1.4097 (1.2665)	- 1.3989 *** (0.5336)	0.7804 * (0.4312)	0.9169 (1.6963)	- 2.3988 * (1.3180)	- 1.0079 *** (0.3230)	5.9518 * (3.0688)
ω_3	4.2379 (3.9181)	1.7807 (1.2355)	6.9601 *** (1.0832)	27.5116 *** (4.7310)	15.2085 (33.7358)	1.8114 *** (0.5801)	31.1910 *** (3.4996)	2.1613 *** (0.3840)
ω_4	23.9330 (29.5616)	8.3917 (8.4945)	50.6922 *** (7.8248)	62.3399 *** (9.8249)	26.2204 (59.8361)	5.4715 * (2.7954)	234.9100 *** (27.2766)	3.4497 *** (1.1320)
LLF	- 2595.77	- 8160.57	- 6837.55	- 8038.38	- 8227.22	- 10177.91	- 5697.22	- 9308.92

注：*** 、** 、* 分别表示在 1% 、5% 和 10% 水平下显著。LLF 表示极大似然函数值。括号中的数字为标准误。

6.6　本章小结

本章从中国视角探究了不确定性对资产价格波动的溢出效应。从"中国视角"分析，包括两方面研究目标，一是各国不确定性对中国股票市场波动的溢出效应，二是中国 EPU 对各国股票市场的溢出效应。

为实现第一个研究目标，将 GARCH - MIDAS 模型扩展为多因素模型，并创新性地将邹（2006）提出的自适应 LASSO 与多因素 GARCH - MIDAS 模型的似然函数结合起来，即构造了 GARCH - MIDAS - VS 模型。包含惩罚项的似然函数可以通过 BFGS 算法求解，其中惩罚项中的调节参数通过广义信息准则确定。GARCH - MIDAS - VS 模型可以实现变量选择的目的，能够揭示对中国股票市场波动影响最大的不确定性来源。研究发现，德国 EPU 和法国 EPU 是对中国股票市场影响最大的不确定性指标，北美地区特别是美国的不确定性对中国市场的影响反而被高估。中国自身的不确定性仍然是最强劲的影响因素。本章还从经贸往来层面给出了上述结果的经济学解释。

为实现第二个研究目标，使用第 5 章的两因素 GARCH - MIDAS 模型，探究了中国 EPU 对主要代表性市场波动的影响，并将各国自身 EPU 作为控制变量纳入模型中。研究发现，中国 EPU 对大多数市场均为负向影响。中国 EPU 的负向影响，表明中国经济政策不确定性越高，各国市场波动越小，这暗示了中国与其他国家间的竞争关系，这与中国崛起是密不可分的。从影响的显著性来看，中国 EPU 对法国、日本、俄罗斯和巴西的影响较为显著，间接体现了中国经济政策已经开始对发达市场产生了一定冲击。

　　本章研究创新主要体现在两个方面：一是视角创新，从中国视角探究了对中国的溢出和中国的对外溢出；二是构建了一个包含变量选择的 GARCH - MIDAS 模型，亦是对混频数据模型的贡献。本章研究有利于加深对不确定性溢出的认识，特别是明确对中国影响最为深刻的不确定性来源，以便更好地应对不确定性冲击。

第 7 章

关于不确定性对股票市场波动
溢出效应的新方法[*]

在第 6 章探讨不确定性对股票市场波动的溢出效应时，本书提出了一种基于变量选择的混频 GARCH 模型方法，能够揭示对中国股市波动影响最显著的不确定性指标。但是该方法在参数估计上也存在诸多问题，影响参数选择路径的稳定性。对此，本章针对第 6 章的研究方法进行进一步扩展和改进，并进行实证应用。

7.1 研究背景

如何准确度量金融波动是学界和业界长期关注的重要问题。恩格尔（1982）首次提出自回归条件异方差模型（ARCH），将条件方差（conditional variance）视为波动度量指标，由资产收益率扰动项平方及其滞后项决定，能较好刻画金融波动所具有的聚集性特征。波勒斯勒夫（1986）提出广义自回归条件异方差模型（GARCH），解决了 ARCH 模型存在的滞后阶数设定较大、无法刻画"微弱且长久的记忆性"的问题，是估计金融波动方面的主流模型。后续研究基于 GARCH 模型进行了诸多扩展，例如 IGARCH、EGARCH、TGARCH 和 FIGARCH 等。上述 GARCH 模型的扩展均基于单成分条件方差，而丁和格兰杰（1996）扩展了传统 GARCH 模型并提出成分 GARCH 模型（Component GARCH）。在成分 GARCH

---

　　* 本章内容来自笔者论文《一种基于 LASSO 的多变量混频 GARCH 模型设计与优化算法研究》，发表于《数量经济技术经济研究》2021 年第 12 期。

模型中，条件方差由两部分组成，其中 IGARCH 过程刻画长记忆成分，GARCH 过程刻画短期波动成分。恩格尔和朗格尔（2008）提出 Spline - GARCH 模型，该模型将条件方差分解为两个成分，其中短期成分为标准 GARCH 过程，长期成分通过指数二次型过程反映宏观经济信息。在 Spline - GARCH 的基础上，恩格尔等（2013）提出了混频 GARCH 模型（GARCH - MIDAS），条件方差由长短期两个成分相乘得到，短期成分服从标准 GARCH（1，1）过程，长期成分由低频宏观经济变量的加权平均决定。康拉德和科林（Conrad and Kleen，2020）印证了混频 GARCH 模型优于传统 GARCH 模型。混频 GARCH 模型真正实现了低频宏观经济变量与金融波动率的结合，为分析低频解释变量对长短期金融波动的预测效果提供了基本框架。

在使用混频 GARCH 模型实证探讨低频解释变量对金融波动的影响时，已有研究往往考虑单个或少量低频变量对金融波动的影响，忽视了多个变量对金融波动的联合预测效果。若将对金融波动具有潜在影响的所有低频变量纳入混频 GARCH 的长期波动成分中，由于宏观经济变量之间存在严重多重共线性，又使得模型无法给出符合经济学理论的参数估计。方等（2020）将单变量混频 GARCH 模型扩展为多变量形式并引入变量选择，即在似然函数中施加自适应 LASSO 惩罚项后构建惩罚似然函数后通过极大似然估计得到变量选择结果。但是基于自适应 LASSO 的多变量混频 GARCH 模型的变量选择过程还存在如下问题：第一，模型并非对某个低频变量进行选择，而是对低频变量滞后期的加权平均（即某个新变量）进行选择，而标准化后的低频解释变量在加权平均后并非仍然为标准化变量，导致变量选择的参数路径不可比较，也不能直接判断低频变量某个滞后期的重要性；第二，存在参数跳跃问题，即被收缩至 0 的参数在后续变量选择过程中重新变为非零参数，影响变量选择结果的判断；第三，当某个低频变量参数收缩至 0 时，对应的权重参数有多种取值组合，即权重参数存在不可识别问题；第四，使用 BFGS 算法进行最优化以获得参数估计，但 BFGS 算法可能计算效率较低，难以满足变量选择的较大计算量；第五，在似然函数中引入自适应 LASSO 惩罚项，需要提前对模型部分参数进行估计以计算自适应权重，提高了模型估计的复杂程度，而且变量选择结果也受到自适应权重中的部分参数取值的影响。

有鉴于此，本章放宽常见的 Beta 权重函数约束，在混频 GARCH 模型中提出一种基于线性波动率预测模型的长期波动成分。在考虑无权重函数约束的长期波动成分下，在似然函数中引入提布施兰尼（1996）提出的 LASSO 惩罚项，通过线性约束极大似然估计直接进行变量选择。本章还借助单纯形法、启发式算法、集群智能算法和 Jaya 算法等，对线性约束惩罚似然函数进行估计，探讨除 BFGS 算法之外是否存在合适精确的优化算法。通过性质证明和数值模拟，本章对方等（2020）的模型中变量非标准化、参数跳跃和权重参数不可识别性问题进行了检验，为无权重函数约束的混频模型变量选择在统计性质和估计效率方面的优势提供依据，还评估了多种算法的变量选择能力和精度。基于宏观经济和金融市场数据进行实证检验，为金融波动预测因素的讨论提供了新证据。

本章可能存在的贡献如下：首先，针对包含 Beta 权重函数约束的多变量混频 GARCH 模型变量选择存在的变量非标准化、参数跳跃和不可识别性进行了细致探讨和简要证明，并基于线性预测模型提出无权重函数约束的多变量混频 GARCH 模型设定及惩罚似然函数形式。其次，引入包括单纯形法、遗传算法和集群智能算法等多种数值优化算法对惩罚似然函数进行估计，通过数值模拟检验不同优化算法的变量选择效率和精度，探讨了算法适用性。最后，尝试回答宏观经济和金融变量以及不确定性信息能否预测股市波动，为金融波动率预测研究提供了新证据。

7.2　基于 LASSO 的多变量混频 GARCH 模型设定

7.2.1　多变量混频 GARCH 模型

混频 GARCH 模型将波动分解为长期成分和短期成分，其中短期成分服从 GARCH（1，1）过程，长期成分由低频宏观经济信息决定。股票市场在第 $t=1$，2，$\cdots$，T 个时段（月、季或年）内的第 $i=1$，2，$\cdots$，N_t 个交易日的日度收益率服从如式（7.1）的过程：

$$r_{i,t} - E[r_{i,t}|\Phi_{i-1,t}] = \sqrt{g_{i,t}\tau_t}\varepsilon_{i,t} \tag{7.1}$$

其中 $E(\cdot)$ 表示条件期望，$\varepsilon_{i,t}|\Phi_{i-1,t} \sim N(0,1)$，$\Phi_{i-1,t}$ 表示第 t 个时段内第 $i-1$ 个交易日的信息集合。股票预期收益率为常数 μ。式（7.1）等号右侧表示随时间变化的波动率被分解为两个成分，短期波动成分 $g_{i,t}$ 和长期波动成分 τ_t，收益冲击 $\sqrt{g_{i,t}\tau_t}\varepsilon_{i,t}|\Phi_{i-1,t} \sim N(0, g_{i,t}\tau_t)$。短期波动成分服从线性约束 $\alpha > 0$，$\beta > 0$ 和 $\alpha + \beta < 1$ 下的高频（日度）GARCH（1，1）过程，如式（7.2）所示：

$$g_{i,t} = (1 - \alpha - \beta) + \alpha \frac{(r_{i-1,t} - \mu)^2}{\tau_t} + \beta g_{i-1,t} \qquad (7.2)$$

长期波动成分 τ_t 由低频宏观经济信息决定，包含单变量的长期波动成分设定为式 (7.3)：

$$\log(\tau_t) = m + \theta \sum_{k=1}^{K} \varphi_k(\omega_1, \omega_2) X_{t-k} \qquad (7.3)$$

其中 X_{t-k} 为滞后低频宏观经济变量，K 为滞后期，一般由 AIC 准则或经验决定[①]。$\varphi_k(\omega_1, \omega_2)$ 为无约束 Beta 权重函数[②]，该权重函数由两个参数 ω_1 和 ω_2 决定，且有 $\varphi_k \geqslant 0$ 和 $\sum \varphi_k = 1$。无约束 Beta 权重函数的具体设定为式 (7.4)：

$$\varphi_k(\omega_1, \omega_2) = \frac{[k/(K+1)]^{\omega_1-1} \cdot [1 - k/(K+1)]^{\omega_2-1}}{\sum_{l=1}^{K} [l/(K+1)]^{\omega_1-1} \cdot [1 - l/(K+1)]^{\omega_2-1}} \qquad (7.4)$$

式 (7.1)~式 (7.4) 及线性约束构成了单变量混频 GARCH 模型，模型参数可由极大似然估计法或准极大似然估计法得到。假设单变量模型的参数空间为 Θ。已有研究揭示了诸多低频宏观经济和金融市场变量以及历史波动信息能显著预测长期波动成分，但在实证模型设计中往往采用单变量或双变量的长期波动成分建模（Engle et al., 2013；郑挺国和尚玉皇，2014；Conrad and Loch，2015；Boffelli et al., 2017）。为准确识别不同低频变量对股票市场长期波动的影响方向和效果，方等（2020）将已有文献中出现的潜在低频波动预测因素同时纳入长期波动成分中，从而将单变量模型扩展为包含 J 个变量的多变量模型，如式 (7.5) 所示：

$$\log(\tau_t) = m + \sum_{j=1}^{J} \theta_j \sum_{k=1}^{K} \varphi_k(\omega_{j,1}, \omega_{j,2}) X_{j,t-k} \qquad (7.5)$$

式 (7.1)、式 (7.2)、式 (7.4)、式 (7.5) 和线性约束组成了多变量混频 GARCH 模型。设多变量混频 GARCH 的参数空间为 $\Theta_M = \{\mu, \alpha, \beta, m, \theta_j, \omega_{j,1}, \omega_{j,2}\}$，对数似然函数为式 (7.6)：

$$LLF(\Theta_M) = -\frac{1}{2} \sum_{t=1}^{T} \sum_{i=1}^{N_t} \left[\log(2\pi) + \log[g_{i,t}(\Theta_M)\tau_t(\Theta_M)] + \frac{(r_{i,t} - \mu)^2}{g_{i,t}(\Theta_M)\tau_t(\Theta_M)} \right]$$

$$(7.6)$$

---

① 例如低频变量为季度数据，则 $K = 12$ 对应 3 年滞后数据（Engle et al., 2013；Conrad and Loch, 2015）。

② 若使 $\omega_1 = 1$，则无约束 Beta 权重函数变为约束权重函数。苏治等（2018）指出 Beta 权重函数由于其他权重函数。

7.2.2　基于 LASSO 的多变量混频 GARCH 模型

虽然多变量混频 GARCH 模型尽可能将长期波动的潜在影响因素考虑进来，但也存在诸多问题：首先是严重多重共线性，宏观经济和金融市场变量间具有高度相关性，若直接估计多变量混频 GARCH 模型，严重多重共线性会导致估计参数不能反映变量对长期波动成分的影响，估计的变量符号也不符合经济理论（Tibshirani，1996）；其次为估计效率低，若在混频 GARCH 模型中增加 1 个低频变量，将导致参数空间相应增加 3 个待估参数，包含 J 个低频变量的模型共有 $3J+4$ 个待估参数[①]，待估参数越多，估计效率越低。为解决上述问题，将提布施兰尼（1996）提出的 LASSO 引入多变量混频 GARCH 模型估计中，通过对参数 $\theta_j | j = 1$，2，$\cdots$，J 施加 L_1 范数惩罚函数以达到选择对长期波动成分预测效果最优的低频变量。将式（7.6）改写为惩罚对数似然函数，如式（7.7）所示：

$$PLLF_\lambda(\Theta_M) = -\frac{1}{2} \sum_{t=1}^{T} \sum_{i=1}^{N_t} \left[\log(2\pi) + \log[g_{i,t}(\Theta_M)\tau_t(\Theta_M)] + \frac{(r_{i,t} - \mu)^2}{g_{i,t}(\Theta_M)\tau_t(\Theta_M)} \right]$$
$$- \lambda \sum_{j=1}^{J} |\theta_j| \tag{7.7}$$

上式中 λ 为变量选择中的调节参数，用于调节对数似然函数和惩罚项 $\sum |\theta_j|$ 的关系，λ 越大，收缩到 0 的 θ_j 数量越多，当 λ 足够大或取某个特定值时，非零 θ_j 对应的低频变量即为被选出的变量。方等（2020）在对数似然函数中加入邹（2006）提出的自适应 LASSO 惩罚项 $\sum w_j |\theta_j|$，其中 $\hat{w}_j = 1 / |\hat{\theta}_j|^\eta$。方等（2020）通过估计包含所有潜在低频解释变量的混频 GARCH 模型，使用参数估计 $\hat{\theta}_j$ 构造惩罚项权重。本章直接使用提布施兰尼（1996）提出的 LASSO 以实现多变量混频 GARCH 模型的变量选择，相比于自适应 LASSO 而言，基于 LASSO 的混频 GARCH 模型选择优势在于：（1）为了估计自适应 LASSO 惩罚项权重需首先估计包含所有潜在解释变量的模型，增加了模型估计的复杂程度；（2）参数 η 的选择也决定了变量选择结果，邹（2006）证明变量选择得到的模型接近真实模型的概率在 $\eta = 2$ 时最高，但这限于线性回归，并非适用于非线性模型，而使用 LASSO 惩罚项并不受制于此问题。

根据式（7.4）和式（7.5）可知，在考虑 Beta 权重函数时进行变量选择，

[①]　均值方程和短期波动成分包含 3 个参数，长期波动成分包含 $3J+1$ 个参数。

是对滞后低频变量的加权平均值对应的参数进行惩罚，而非直接对各个滞后期低频变量的参数进行惩罚。

第一，这导致变量选择选出对长期波动成分影响最大的低频变量组合 $\{X_{j,t-k}|j=1,2,\cdots,K\}$，并非直接对低频变量及其滞后项进行选择。虽然 Beta 权重函数降低了待估参数空间 Θ_M 的维度，但不能对低频变量的不同滞后期进行选择。

第二，提布施兰尼（1996）和邹（2006）针对包含标准化解释变量的线性模型进行变量选择，但在多变量混频 GARCH 模型的对数似然函数中引入惩罚项时，由于低频变量的自相关性，Beta 权重函数导致低频变量的加权平均非标准化，变量参数路径 θ_λ 在某一 λ 取值下不可比[①]。

性质 1（非标准化）：假设低频变量 X_j 为标准化变量，基于 Beta 权重函数的加权平均变量 $\overline{X}_j = \sum \varphi_k(\omega_1, \omega_2)X_{j,t-k}$ 为非标准化变量。

证明：假设 $E(X_{j,t})=0$ 且 $\mathrm{var}(X_j)=1$，则有 $E(\overline{X}_j)=0$。当 $E(|X_{j,t-m}X_{j,t-n}||m\neq n)\neq 0$ 时，有 $\mathrm{var}(\overline{X}_j)=1+\sum \mathrm{cov}(X_{j,t-p}, X_{j,t-q})$，其中 $p\neq q$。当且仅当 $E(X_{j,t-m}X_{j,t-n}|m\neq n)=0$ 时，$\overline{X}_j$ 为标准化变量。

第三，低频变量的 Beta 权重分布在不同 λ 取值下出现差异，导致各低频变量的 $\theta_{i,\lambda}$ 路径随着 λ 变化而跳跃或波动，若参数路径收缩至 0 后再发生跳跃，导致参数非零，无法准确判断收缩至 0 的 λ 取值，亦无法判断对因变量是否被选择[②]。最后，使用 Beta 权重函数存在参数识别问题，即当第 j 个低频变量的参数 θ_j 随着调节参数 λ 的增加而收缩为 0 时，对应的 Beta 权重参数中的 $\omega_{j,1}$ 和 $\omega_{j,2}$ 无法被识别。

性质 2（参数跳跃）：假设低频变量 X_i 在 $\lambda=\lambda_m$ 时的长期成分参数估计值为 $\{\hat{\theta}_{i,m}, \hat{\omega}_{i,1,m}, \hat{\omega}_{i,2,m}|\lambda_m\}$，在 $\lambda=\lambda_n>\lambda_m$ 时的参数估计为 $\{\hat{\theta}_{i,n}, \hat{\omega}_{i,1,n}, \hat{\omega}_{i,2,n}|\lambda_n\}$。若 $\varphi_k(\omega_{i,1,n}, \omega_{i,2,n})\approx\varphi_k(\omega_{i,1,m}, \omega_{i,2,m})$，即权重分布相似，则应有 $\hat{\theta}_{i,n}<\hat{\theta}_{i,m}$。若权重分布发生改变，存在参数估计 $\{\hat{\theta}_{i,n}^*, \hat{\omega}_{i,1,n}, \hat{\omega}_{i,2,n}|\lambda_n\}$ 使得 $\hat{\theta}_{i,n}>\hat{\theta}_{i,m}$，特别是若 $\hat{\theta}_{i,m}=0$，参数估计收缩至 0 后将再跳跃至非零参数值，无法确定该变量是否被选择。

证明：令 $\lambda\in[0, \lambda_{\max}]$，假设权重参数在 $\lambda\in[0, \lambda^*)$ 时保持不变，在 $\lambda\in[\lambda^*, \lambda_{\max}]$ 时发生改变。惩罚似然函数为：$PLLF_\lambda(\Theta_M)=LLF(\Theta_M)-\lambda\sum|\theta_j|$。

---

① 低频变量的参数是的 λ 函数，也被称为模型参数路径。

② 见方等（Fang et al., 2020）中的表 2 的参数路径。

假设低频变量 X_i 在 $\lambda = \lambda_m < \lambda^*$ 时 $\hat{\theta}_{i,m}$ 收缩至 0。根据变量选择 LASSO 的性质，若权重参数不变，对任意 $\lambda > \lambda_m$，有 $\hat{\theta}_{i,m} = 0$。由于权重参数在 $\lambda \in [\lambda^*, \lambda_{max}]$ 时改变，导致权重分布和 $LLF(\Theta_M)$ 取值改变，此时相当于对一个新的低频变量对应的参数施加惩罚。若新的低频变量的参数在 $\lambda_n \in [\lambda^*, \lambda_{max}]$ 收缩至 0，则会出现参数跳跃，即在 $\lambda \in [\lambda_m, \lambda^*]$ 时，$\hat{\theta}_i = 0$，在 $\lambda \in [\lambda^*, \lambda_n]$ 时，$\hat{\theta}_i \neq 0$。

性质 3（不可识别）：假设低频变量 X_i 在 $\lambda = \lambda_m$ 时的长期成分参数估计为 $\{\hat{\theta}_{i,m}, \hat{\omega}_{i,1,m}, \hat{\omega}_{i,2,m} \mid \lambda_m\}$，$\hat{\theta}_{i,m} = 0$，权重参数 $\omega_{i,1}$ 和 $\omega_{i,2}$ 的任何取值均不影响变量选择结果[①]。

因此，本章考虑一种新的无权重函数约束的线性长期波动成分，该成分基于传统收益和波动率线性预测模型，即收益和波动直接由滞后预测因子决定，具体如式（7.8）所示（Paye，2012）。若多变量混频 GARCH 模型的长期波动成分服从式（7.8），基于变量选择可以决定某个低频变量的哪个滞后期在预测长期波动成分的重要性最高，无须考虑参数识别和参数路径问题。由于惩罚似然函数不涉及新的惩罚项，极大似然估计量仍然满足相合性，因此相合性无须证明（Geer，2016）。

$$\log(\tau_t) = m + \sum_{j=1}^{J} \sum_{k=1}^{K} \theta_{j,k} X_{j,t-k} \tag{7.8}$$

式（7.1）、式（7.2）、式（7.8）和线性约束构成了多变量混频 GARCH 模型，对数似然函数形式仍然同式（7.7）所示，仅参数空间发生变化。对应的惩罚似然函数为式（7.9）：

$$PLLF_\lambda(\Theta_M) = -\frac{1}{2} \sum_{t=1}^{T} \sum_{i=1}^{N_t} \left[\log(2\pi) + \log[g_{i,t}(\Theta_M)\tau_t(\Theta_M)] + \frac{(r_{i,t} - \mu)^2}{g_{i,t}(\Theta_M)\tau_t(\Theta_M)} \right] - \lambda \sum_{j,k} |\theta_{j,k}| \tag{7.9}$$

在变量选择过程中，调节参数 λ 的取值至关重要，直接决定了变量选择的最终结果。参考范和唐（2013），使用广义信息准则（generalized information criterion，GIC）确定调节参数 λ 的取值，在某个 λ 取值下的 GIC 计算方法如式（7.10）所示：

$$GIC_\lambda = \frac{1}{\sum N_t} \left\{ 2[LLF(\hat{\Theta}_M) - PLLF_\lambda(\hat{\Theta}_M)] + \log\left[\log\left(\sum N_t\right)\right] \cdot \log(3J+5) |\hat{\theta}_\lambda| \right\} \tag{7.10}$$

[①] 该性质易于证明。根据式（5），若某个变量参数收缩到 0，在某个调节参数区间内，若根据性质 2，权重参数取值不影响权重分布时，仍然是对同一个变量参数进行收缩，此时任何权重参数取值也就不影响惩罚似然函数值。

其中 $|\hat{\theta}_\lambda|$ 表示在 λ 取值下非零估计参数 $\hat{\theta}_{j,k}$ 的个数。选定调节参数 λ 的取值集合 $\{\lambda_n\}$，计算各个 λ_n 取值下的对数似然函数，使得 GIC 最小的 λ_n 值即为最优取值。秦磊和谢邦昌（2016）使用相似的 BIC 信息准则决定 λ 的最优取值。除了使用 GIC，还可以选取足够大的 λ，通过低频变量对应的参数收缩至 0 的顺序判断各变量在预测长期波动成分中的重要性。

7.3　数值优化算法与数值模拟

7.3.1　数值优化算法

在不同调节参数的取值和在线性约束下，对基于 LASSO 的多变量混频 GARCH 模型变量选择的参数进行估计，对应包含线性约束条件下的最优化问题，如式（7.11）所示：

$$\underset{\Theta_M}{\arg\max} PLLF_\lambda(\Theta_M),\ \lambda \in \{\lambda_n\}$$

$$\text{s.t.}\ \alpha>0,\ \beta>0,\ \alpha+\beta<1 \tag{7.11}$$

对于 $\lambda \in \{\lambda_n\}$，使得 GIC 最小的 λ 即为最优调节参数。在最优调节参数下，非零 $\hat{\theta}_{j,k}$ 对应的变量即为变量选择得到的变量。上述最优化问题需要数值优化算法进行估计。已有研究多使用 BFGS 算法求解上述最优化问题。但是 BFGS 算法在估计高维数据中仍然存在收敛速度低的问题，极大限制了多变量混频 GARCH 模型变量选择的估计效率。

本章尝试在估计基于 LASSO 的多变量无权重函数约束的混频 GARCH 模型时引入其他优化算法，探究各算法的运算（收敛）效率并比较各算法的估计精度。主要算法简介如下：单纯形法（nelder-mead，NM）。尼尔德和米德（Nelder and Mead，1965）提出的 NM 单纯形法是优化算法中较为重要的算法之一，能够应对线性和非线性目标函数最优化问题，而且不需要任何梯度运算。遗传算法（genetic algorithm，GA）。霍兰德（Holland，1975）在其专著《自然和人工系统的自适应性》（*Adaption in Natural and Artificial Systems*）系统性论述了遗传算法。遗传算法是模仿自然界生物进化机制发展的随机全局搜索和优化方法，具有自适应性，能在搜索过程中自动获取和积累有关搜索空间的知识，并自适应控制搜索过程以求得最优解，主要用于解决大型复杂优化问题

（岳嵚和冯珊，2009）。粒子群优化算法（particle swarm optimization，PSO）[①]。由肯尼迪和艾伯哈特（Kennedy and Eberhart，1995）提出的粒子群优化算法是一种集群智能算法，源于复杂适应系统，受鸟群捕食行为的启发，通过模拟鸟群飞行集体觅食协作使群体达到最优的过程，实现全局最优化（陈晋音等，2020）。贾亚算法。劳（Rao，2016）提出了贾亚（Jaya）算法[②]。相比于进化算法和集群智能算法，该算法不需要计算梯度，也不需要设定各种算法参数，因而更加灵活。

本章将使用上述算法和 BFGS 算法对式（7.11）中包含线性不等式约束的机制问题进行估计，对比不同算法的估计效率和估计精度。

7.3.2 数值模拟结果分析

使用数据生成过程（data generating process，DGP）构造三个数据集进行数值模拟。三个数据集具有部分相同的数据和参数如下：假设每季度有 $N_t = 60$ 个交易日；低频解释变量服从联合标准正态分布，X_i 和 X_j 的相关系数为 $0.5^{|i-j|}$，滞后期 $K = 1$；预期收益率、GARCH 模型参数和长期波动成分截距参数设定为 $\{\mu, \alpha, \beta, m\} = \{0.005, 0.050, 0.900, -0.045\}$；$\varepsilon_{i,t} \sim N(0, 1)$ 即生成正态分布随机数。数据生成过程如式（7.12）~式（7.14）所示[③]：

$$r_{i,t} - 0.005 = \sqrt{g_{i,t}\tau_t}\varepsilon_{i,t} \tag{7.12}$$

$$g_{i,t} = 0.050 + 0.050 \times \frac{(r_{i-1,t} - 0.005)^2}{\tau_t} + 0.900 \times g_{i-1,t} \tag{7.13}$$

$$\log(\tau_t) = -0.045 + \sum_{j=1}^{8} \theta_j X_{j,t-1} \tag{7.14}$$

模拟数据集一的样本数量为 24 个季度（共 1440 个日度观测）；模拟数据集二的样本数量为 24 个季度（共 1440 个日度观测）；模拟数据集三的样本数量为 36 个季度（共 2160 个日度观测）。低频变量参数设定如下：

数据集一：$\{\theta_j\} = \{0, 0, 0.3, 0.2, 0, 0.1, 0, 0\}$

---

① 粒子群算法属于集群智能算法的一种，集群智能算法还包括人工群蜂算法（artificial bee colony，ABC）、生物地理学算法（biogeography - based optimization，BBO）等，以粒子群优化算法为例，其他算法估计结果相似所以不再赘述。

② Jaya 在梵文中意为"胜利"，具体算法原理见劳（2016）。

③ 该数据生成过程的式（14）可以认为是单个变量的多个滞后期，也可以理解为多个变量的滞后 1 期。

数据集二：$\{\theta_j\} = \{0, 0, 0.7, 0.9, 0, 1.1, 0, 0\}$

数据集三：$\{\theta_j\} = \{0, 0, 0.7, 0.9, 0, 1.1, 0, 0, 0.5, 0.2, 0, 0\}$

通过上述 DGP 过程生成三个模拟数据集后，使用基于 LASSO 的多变量混频 GARCH 模型进行变量选择。使用数据集一和二模拟时的调节参数取值范围为 $\lambda \in [0, 120]$，取值间隔为 1；使用数据集三模拟时的调节参数取值范围为 $\lambda \in [0, 500]$，取值间隔为 5。在估计线性约束下的惩罚似然函数时，分别使用 BFGS、NM 单纯形算法、遗传算法、粒子群优化算法和贾亚算法。每个数据集模拟 50 次，用识别正确和错误变量的平均个数衡量估计精度，每次模拟得到识别正确和错误的变量个数，对识别正确（错误）的变量个数加总后除以模拟次数 50 次，得到识别正确（错误）变量的平均个数，同时将识别正确（错误）变量的平均个数除以对应数据集中真实非零变量的个数，得到识别正确率和错误率。本章还探讨了当所有低频变量的参数收缩至 0 时 λ 的平均取值 $\lambda^{average}$，以检验不同算法对调节参数 λ 取值区间的敏感度。

基于数据集一的数值模拟结果如表 7-1 所示。单纯形算法平均选出 2.680 个正确变量，优于 BFGS 算法（2.460 个）。单纯形算法平均选出 0.580 个错误变量，也低于 BFGS 算法（0.660 个），比 BFGS 算法能更好地避免错误变量。虽然遗传算法具有较低的选择错误变量个数的能力（0.400 和 0.540 个），但不能很准确地选择正确变量。对集群智能算法和贾亚算法，参数路径存在不收敛问题，导致 8 个变量均被选择，因此并不适合多变量混频 GARCH 模型的变量选择。通过查看每次模拟结果，BFGS 和单纯形算法的变量选择精度存在差异的原因，主要在于单纯形算法具有更好的较小参数的识别能力。例如，对数据集一中的非零参数，BFGS 算法往往将 θ_5 收缩至 0，而单纯形算法能较为准确地识别出较小参数。对于所有低频变量参数收缩至 0 时的最大 λ 的平均值，BFGS、单纯形和遗传算法差别不大。

表 7-1　　　　　　　　　　数值模拟结果（数据集一）

算法	算法参数	正确变量平均个数	错误变量平均个数	$\lambda^{average}$
BFGS	—	2.460（82.0%）	0.660（22.0%）	92.960
NM	—	2.680（89.3%）	0.580（19.3%）	97.440
GA	Pop = 500；Gen = 50	1.840（61.3%）	0.400（13.3%）	90.720
	Pop = 100；Gen = 50	2.100（70.0%）	0.540（18.0%）	84.840

算法	算法参数	正确变量平均个数	错误变量平均个数	$\lambda^{average}$
PSO	ParNum = 100	3.000（100%）	5.000（166.7%）	120.000
	ParNum = 500	3.000（100%）	5.000（166.7%）	120.000
Jaya	—	3.000（100%）	5.000（166.7%）	120.000

　　基于数据集二的数值模拟结果如表 7 - 2 所示。单纯形算法仍然具有最优的变量选择能力，识别的正确的变量个数为 2.940 个，稍优于 BFGS 算法（2.920个）。BFGS 算法的变量选择能力大幅提升的原因在于数据集二的参数取值较大，避免了 BFGS 算法对较小取值参数不敏感的问题。相比 BFGS 算法（0.340 个），单纯形算法选择了较多的错误变量（0.440 个）。由于变量参数取值较大，遗传算法选择正确变量的能力也大大提升，但是仍然无法避免大概率选出错误变量的问题，集群智能算法和贾亚算法仍然存在参数路径不收敛的问题。基于数据三的数值模拟结果如表 7 - 3 所示，结论与表 7 - 1 和表 7 - 2 类似，在此不再赘述。

表 7 - 2　　　　　　　　　　　数值模拟结果（数据集二）

算法	算法参数	正确变量平均个数	错误变量平均个数	$\lambda^{average}$
BFGS	—	2.920（97.3%）	0.340（11.3%）	115.020
NM	—	2.940（98.0%）	0.440（14.7%）	117.680
GA	Pop = 500；Gen = 50	2.760（92.0%）	0.980（32.7%）	120.000
	Pop = 100；Gen = 50	2.420（80.7%）	1.060（35.3%）	120.000
PSO	ParNum = 100	3.000（100%）	5.000（166.7%）	120.000
	ParNum = 500	3.000（100%）	5.000（166.7%）	120.000
Jaya	—	3.000（100%）	5.000（166.7%）	120.000

表 7 - 3　　　　　　　　　　　数值模拟结果（数据集三）

算法	算法参数	正确变量平均个数	错误变量平均个数	$\lambda^{average}$
BFGS	—	4.620（92.4%）	0.420（8.4%）	357.000
NM	—	4.440（88.8%）	0.600（12.0%）	403.600
GA	Pop = 500；Gen = 50	4.350（87.0%）	0.450（9.0%）	450.000
	Pop = 100；Gen = 50	3.150（63.0%）	1.300（26.0%）	435.250

算法	算法参数	正确变量平均个数	错误变量平均个数	$\lambda^{average}$
PSO	ParNum = 100	3.000（60.0%）	5.000（100%）	500.000
	ParNum = 500	3.000（60.0%）	5.000（100%）	500.000
Jaya	—	3.000（60.0%）	5.000（100%）	500.000

　　综合三个数据集的模拟结果来看，在样本较小和变量较少时，单纯形算法具有较好的变量选择精度，能够较好地选择正确变量，避免大概率选出错误变量；在样本量较大和变量较多时，BFGS 算法的变量选择能力较优。BFGS 和单纯形算法整体性能优于遗传算法、集群智能算法和贾亚算法等。单纯形算法可被视为BFGS 在样本量和变量数量较小时的替代算法。

7.3.3　模型数值模拟对比

　　使用数值模拟为性质 2 描述的参数跳跃问题提供模拟证据并印证无权重函数约束的线性长期波动成分设定的优势。仍然假设每季度有 $N_t = 60$ 个交易日，24 个季度；低频解释变量为 8 个，服从联合标准正态分布，X_i 和 X_j 的相关系数为 $0.5^{|i-j|}$；其余参数设定为 $\{\mu, \alpha, \beta, m\} = \{0.005, 0.050, 0.900, -0.045\}$；$\varepsilon_{i,t} \sim N(0, 1)$ 即生成正态分布随机数。每个变量考虑 $K = 12$ 个滞后期，权重参数为 $\{\omega_1, \omega_2\} = \{2, 5\}$，低频变量参数设定同数据集一，具体如式（7.15）~式（7.17）所示：

$$r_{i,t} - 0.005 = \sqrt{g_{i,t}\tau_t}\varepsilon_{i,t} \tag{7.15}$$

$$g_{i,t} = 0.050 + 0.050 \times \frac{(r_{i-1,t} - 0.005)^2}{\tau_t} + 0.900 \times g_{i-1,t} \tag{7.16}$$

$$\log(\tau_t) = -0.045 + \sum_{j=1}^{8}\theta_j\sum_{k=1}^{12}\varphi_k(2, 5)X_{j,t-k} \tag{7.17}$$

　　使用 BFGS 和 NM 算法对多变量混频 GARCH 模型进行估计。考虑到模拟次数较多，限于篇幅原因，对每种算法仅展示随机选取的 5 次模拟结果。模拟参数路径如图 7 - 1 所示。第 1 行的 5 个子图表示在权重函数约束下的参数路径，第 8、第 25 和第 30 次模拟的参数跳跃问题尤其明显。第 2 行的子图表示在无权重函数约束下基于 BFGS 算法估计的参数路径，第 3 行的子图表示在无权重函数约束下的基于 NM 算法估计的参数路径，各参数路径相对平缓，而且基本没有出现参数持续性跳跃。从图 7 - 1 的模拟参数路径对比来看，使用式（7.8）的长期波动成分设定能够解决性质 2 描述的参数跳跃性质，更有利于判断参数收缩路径、选择的变量和收缩至 0 时的调节参数取值。

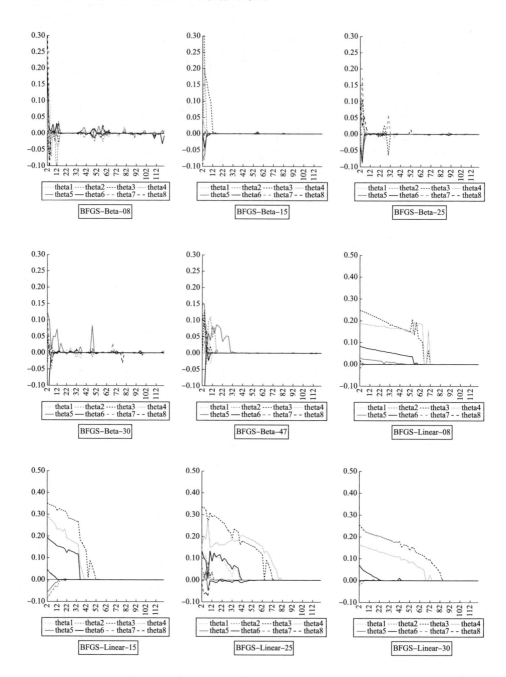

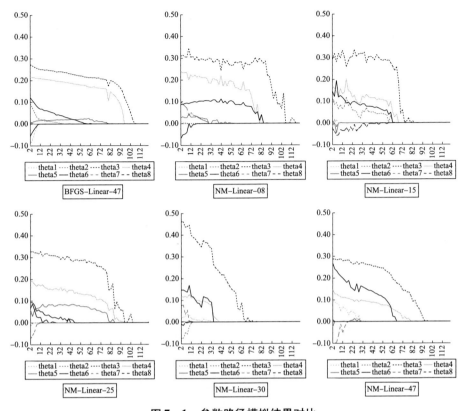

图 7 − 1　参数路径模拟结果对比

注：图中横轴为调节参数取值，纵轴为 θ 参数取值。每个子图的图示表示使用的估计算法、权重函数和模拟序号，例如"BFGS − Linear − 08"代表在无权重函数约束下使用 BFGS 算法的第 8 次模拟结果。第 1 行为包含权重函数约束的模拟参数路径，第 2 行为不包含权重函数约束时基于 BFGS 算法的模拟参数路径，第 3 行为不包含权重函数约束时基于 NM 算法的模拟参数路径。

7.4　实 证 应 用

　　使用新模型探讨世界主要国家和地区经济不确定性信息对（沪市）波动的溢出效应，旨在筛选出对中国股票市场影响最强的不确定性信息，既能扩展不确定性信息溢出对股市波动的影响研究，亦能为中国股票市场波动风险防范提供依据。近年来，大量研究探讨不确定性信息对金融波动的影响，根据金融波动的"反周期"特征，经济衰退或不确定性较高的时期，金融波动越剧烈（Engle et al.，2013）。例如阿斯加里安等（2013）指出宏观经济不确定性越高，美国股市波动越剧烈；雷立坤等（2018）、夏婷和闻岳春（2018）分别研究了中国经济政策不确定性对股市波动的影响效应。然而，关于中国以外的不确定性信息对中国股市波动的溢出效应研究不足。面对诸多不确定性信息，投资者和政策制定者及监管者如何更好应对外部不确定性冲击。本部分将对此问题进行探讨。

考虑的不确定性度量指标如下：美国、德国、意大利、英国、法国、加拿大、日本、俄罗斯、巴西、新加坡、韩国和澳大利亚的经济政策不确定性指标（economic policy uncertainty，EPU），以及美国的宏观不确定性（macro uncertainty，MU）和金融不确定性（financial uncertainty，FU）。考虑到中国香港市场与内地市场之间的密切关联，还纳入了中国香港 EPU 和中国内地 EPU。股市收益率为上证综指日度对数收益率，不确定性指标为月度数据，时间跨度为 2003 年 1 月至 2020 年 12 月。上证综指来自 WIND 数据库，各国家和地区的 EPU 数据来自贝克等（2016）创建的经济政策不确定性网站，美国 FU 和 MU 数据来自路德维格松的个人网站[①]。EPU 主要基于各地媒体报纸中出现不确定性相关字词的频率构建。其中，中国内地 EPU 基于中国内地主要媒体报纸中出现经济、政策和不确定性相关词组的频率构建，中国香港 EPU 则基于中国香港主流报纸媒体数据构建[②]。变量描述性统计如表 7 - 4 所示。

表 7 - 4　　　　　　　　　描述性统计：经济不确定性溢出效应

变量	观测数	最小值	最大值	均值	标准差	偏度	峰度
日度收益率变量							
上证综指收益率	4373	-9.26	9.03	0.02	1.57	-0.52	7.66
月度经济不确定性变量							
中国 EPU	216	-1.21	1.14	0.01	0.38	0.06	0.35
美国 EPU	216	-0.64	0.68	0.00	0.19	0.25	1.75
德国 EPU	216	-0.89	1.24	0.00	0.39	0.31	0.06
意大利 EPU	216	-0.90	1.06	0.00	0.32	0.08	0.91
英国 EPU	216	-0.91	0.76	0.00	0.29	-0.08	0.05
法国 EPU	216	-1.08	1.13	0.00	0.37	0.12	0.74
加拿大 EPU	216	-0.67	0.74	0.01	0.27	0.27	0.13

---

①　经济政策不确定性网站为 policyuncertainty.com。路德维格松的个人网站为 sydneyludvigson.com。

②　构建中国大陆 EPU 所使用的关键词包含三个层面：（1）不确定性层面：不确定/不明确/不明朗/未明/难料/难以预计/难以估计/难以预测/难以预料/未知；（2）经济层面：经济/商业；（3）政策层面：财政/货币/中国证监会/国家金融监督管理总局/财政部/人民银行/国家发改委/开放/改革/商务部/法律/法规/税收/国债/政府债务/央行/外经贸部/关税/政府赤字。构建中国香港 EPU 所使用的关键词与上述关键词类似。

续表

变量	观测数	最小值	最大值	均值	标准差	偏度	峰度
月度经济不确定性变量							
日本 EPU	216	− 0.64	0.64	0.00	0.20	− 0.15	0.93
俄罗斯 EPU	216	− 1.53	1.45	0.01	0.57	− 0.03	0.04
巴西 EPU	216	− 1.33	1.42	0.00	0.50	− 0.03	0.12
中国香港 EPU	216	− 1.35	1.51	0.00	0.48	0.17	0.23
新加坡 EPU	216	− 0.57	0.64	0.00	0.18	0.24	0.46
韩国 EPU	216	− 0.80	1.16	0.00	0.32	0.25	0.83
澳大利亚 EPU	216	− 1.67	1.25	0.00	0.39	− 0.08	1.21
美国 FU	216	0.54	1.11	0.67	0.11	1.95	3.75
美国 MU	216	0.64	1.55	0.88	0.17	1.45	2.43

考虑滞后 12 期经济不确定性的变量选择结果如图 7 - 2 所示。首先，中国内地 EPU 是最主要的股市波动驱动因素，且各滞后期均具有较大的影响规模（图 7 - 2 第 1 子图）。其次，包括美国、德国、意大利、加拿大在内的发达市场 EPU 对中国股市波动具有较强的溢出效应。美国是世界第一大经济体，经济政策对全球经济具有不可忽视的影响，例如金融危机后实施的量化宽松政策给全球经济带来了深刻影响；德国和意大利是欧盟的发达工业国，与中国大陆之间存在密切的贸易往来，使得德国和意大利 EPU 与中国股市波动具有较强的关联，体现了崔维诺（Trevino，2020）提出的信息溢出的基本面渠道。再次，中国香港 EPU 对内地股市波动具有较强的溢出效应，且强于主要发达市场 EPU，中国香港是亚洲地区最重要的金融市场之一，对内地市场存在较强的溢出效应。最后，基于美国宏观和金融基本面的不确定性 MU 和 FU 对中国股市波动的溢出效应并不明显。

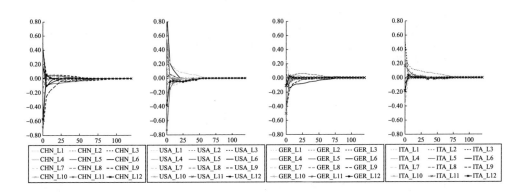

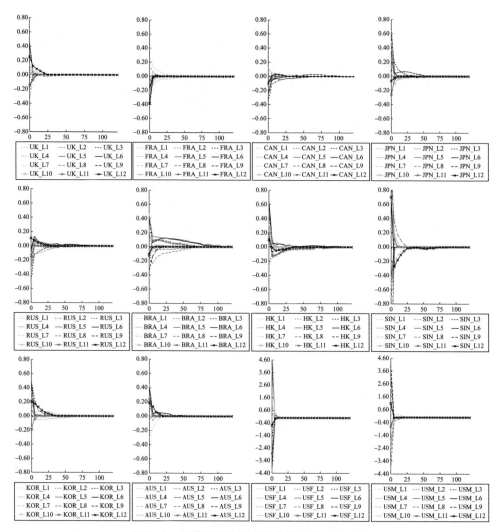

图 7 - 2　经济不确定性变量参数路径（$K=12$）

注：本图展示了当 $K=12$ 时的经济不确定性变量参数路径，横轴表示调节参数取值，纵轴为 θ 参数取值。每个子图代表某个低频变量的 12 个滞后期期，"L1" 表示变量滞后 1 期。考虑到变量个数较多，将各变量放在 16 个子图中，每个子图中包含 12 条线，代表该变量的 12 个滞后期期在变量选择中的参数路径。设定相同的坐标轴取值范围以使得不同子图中的参数收缩路径可以相互比较（除最后两个子图）。USF 和 USM 分别代表美国 FU 和 MU。

对投资者而言，除了关注中国内地和中国香港的经济政策不确定性外，还应关注美国、德国、意大利和加拿大等国家的政策变动情况，以便未雨绸缪并及时对投资进行调整，避免股市波动风险带来的损失；对政策制定者和监管者而言，应加深对信息溢出的基本面渠道的理解，在应对不确定性信息外溢时，监测美国、德国、意大利和加拿大等发达经济体的政策不确定性，以防范政策外溢给中国股市带来的异常冲击。

7.5　本　章　小　结

本章放宽传统混频 GARCH 模型的 Beta 权重函数约束，基于线性预测模型设定，在混频 GARCH 模型中提出一种无权重函数约束的长期波动成分，并引入提布施兰尼（1996）的 LASSO 惩罚函数进行低频变量选择，以确定对长期波动成分预测能力最强的低频变量。通过证明和数值模拟发现，无权重函数约束的混频 GARCH 模型的参数路径克服了变量非标准化和参数跳跃问题，避免了参数不可识别性，能更好揭示低频变量不同滞后期的影响。本章还对比了单纯形法、BFGS 算法、遗传算法、集群智能算法和 Jaya 算法在估计惩罚似然函数中的精度和有效性，数值模拟发现，在较小样本和变量数量时，单纯形法具有更高的变量选择精度，可被视为 BFGS 的替代算法。本章使用实际数据对无权重函数约束的混频 GARCH 模型进行了实证应用。未来研究可以考虑基于双子自适应 LASSO、弹性网和图结构约束等构建不同的惩罚似然函数，亦可使用诸如坐标下降算法、随机梯度算法等估计惩罚似然函数，以期探究能否进一步提升估计精度和效率。

第 8 章

不确定性与股票市场的
非线性关联

考虑到不确定性与资产价格关系研究多从线性关联展开，特别是在探究不确定性的收益预测能力时，线性模型是最为常见且可信的研究方法，由于线性关系研究成果较多，因此本章从不确定性与资产价格的非线性关联入手，具体考虑了世界 16 个主要市场，涵盖了美洲、欧洲、亚洲和大洋洲的发达市场和新兴市场，从而给出一个较为全面系统的研究。本章采用非线性格兰杰因果检验探究各个市场与对应不确定性的非线性关系。对于实证研究，一方面探究各市场收益与不确定性的非线性关联，另一方面探究各市场已实现波动率与不确定性的非线性关联。

8.1　非线性格兰杰因果关系检验

格兰杰因果关系检验常被用于检验两个变量之间的因果关系，确切而言，是两个变量的相互预测关系。在金融学领域，格兰杰因果关系检验是检验资产价格或资产价格波动与资产定价因子之间相互关系的重要方法，例如"量价关系"等。格兰杰因果关系检验包括线性和非线性检验两种形式，本书第 4 章默认使用线性格兰杰因果关系检验。为进一步探讨不确定性与资产价格的关系，本章使用非线性格兰杰因果关系检验。

西姆斯特拉和琼斯（Hiemstra and Jones，1994）使用线性和非线性格兰杰因果关系检验，探讨了股票价格和交易量之间的线性和非线性关联。他们对拜科和布洛克（Baek and Brock，1992）给出的非线性格兰杰因果关系检验进行了调整。假设 $\{X_t\}$ 和 $\{Y_t\}$，$t=1$，2，…表示两个强平稳且弱相关的时间序列，X_{t-Lx}^{Lx} 和 Y_{t-Ly}^{Ly} 则分别表示 X_t 和 Y_t 的滞后 Lx 和 Ly 期的变量组成的向量，即有如式（8.1）

的符号表示：

$$X_t^m \equiv (X_t,\ X_{t+1},\ \cdots,\ X_{t+m-1}),\ m=1,\ 2,\ \cdots,\ t=1,\ 2,\ \cdots$$

$$X_{t-Lx}^{Lx} \equiv (X_{t-Lx},\ X_{t-Lx+1},\ \cdots,\ X_{t-1}),\ Lx=1,\ 2,\ \cdots,\ t=Lx+1,\ Lx+2,\ \cdots$$

$$Y_{t-Lx}^{Lx} \equiv (Y_{t-Lx},\ Y_{t-Lx+1},\ \cdots,\ Y_{t-1}),\ Lx=1,\ 2,\ \cdots,\ t=Lx+1,\ Lx+2,\ \cdots$$

$$(8.1)$$

对于给定的 m，Lx，$Ly>1$ 和 $e>0$。Y 不是 X 的格兰杰因，当式（8.2）成立：

$$\Pr(\|X_t^m - X_s^m\| < e \mid \|X_{t-Lx}^{Lx} - X_{s-Lx}^{Lx}\| < e,\ \ \|Y_{t-Lx}^{Lx} - Y_{s-Lx}^{Lx}\| < e)$$
$$= \Pr(\|X_t^m - X_s^m\| < e \mid \|X_{t-Lx}^{Lx} - X_{s-Lx}^{Lx}\| < e) \tag{8.2}$$

其中 $\Pr(\cdot)$ 表示概率，$\|\cdot\|$ 表示极大值范数，即对向量 $Z \equiv (Z_1,\ \cdots,\ Z_K)$，$\|Z\| = \max(Z_i)$。式（8.2）表示，两个向量差值的极大值范数小于 e 的条件概率与 Y 的两个向量差值的极大值范数小于 e 无关。

假设式（8.2）等号左侧对应的联合概率分布比为 $C1(m+Lx,\ Ly,\ e)/C2(Lx,\ Ly,\ e)$，等号右侧对应的联合概率分布比为 $C3(m+Lx,\ e)/C4(Lx,\ e)$。其中上述符号分别为式（8.3）：

$$C1(m+Lx,\ Ly,\ e) \equiv \Pr(\|X_{t-Lx}^{m+Lx} - X_{s-Lx}^{m+Lx}\| < e,\ \ \|Y_{t-Lx}^{m+Lx} - Y_{s-Lx}^{m+Lx}\| < e),$$

$$C2(Lx,\ Ly,\ e) \equiv \Pr(\|X_{t-Lx}^{Lx} - X_{s-Lx}^{Lx}\| < e,\ \ \|Y_{t-Lx}^{Lx} - Y_{s-Lx}^{Lx}\| < e),$$

$$C3(m+Lx,\ e) \equiv \Pr(\|X_{t-Lx}^{m+Lx} - X_{s-Lx}^{m+Lx}\| < e), \tag{8.3}$$

$$C4(Lx,\ e) \equiv \Pr(\|X_{t-Lx}^{Lx} - X_{s-Lx}^{Lx}\| < e)$$

那么式（8.2）可写为式（8.4）：

$$\frac{C1(m+Lx,\ Ly,\ e)}{C2(Lx,\ Ly,\ e)} = \frac{C3(m+Lx,\ e)}{C4(Lx,\ e)} \tag{8.4}$$

式（8.3）对应的联合概率估计值为式（8.5）：

$$C1(m+Lx,\ Ly,\ e,\ n) \equiv \frac{2}{n(n-1)} \sum_{t<s} \sum I(x_{t-Lx}^{m+Lx},\ x_{s-Lx}^{m+Lx},\ e)$$
$$\cdot I(y_{t-Ly}^{Ly},\ y_{s-Ly}^{Ly},\ e),$$

$$C2(Lx,\ Ly,\ e,\ n) \equiv \frac{2}{n(n-1)} \sum_{t<s} \sum I(x_{t-Lx}^{Lx},\ x_{s-Lx}^{Lx},\ e)$$
$$\cdot I(y_{t-Lx}^{Ly},\ y_{s-Lx}^{Ly},\ e), \tag{8.5}$$

$$C3(m+Lx,\ e,\ n) \equiv \frac{2}{n(n-1)} \sum_{t<s} \sum I(x_{t-Lx}^{m+Lx},\ x_{s-Lx}^{m+Lx},\ e),$$

$$C4(Lx,\ e,\ n) \equiv \frac{2}{n(n-1)} \sum_{t<s} \sum I(x_{t-Lx}^{Lx},\ x_{s-Lx}^{Lx},\ e)$$

其中 t，$s = \max(Lx, Ly) + 1$，$\cdots$，$T - m + 1$，$n = T + 1 - m - \max(Lx, Ly)$。$X$ 和 Y 的实际时间序列为 $\{x_t\}$ 和 $\{y_t\}$。$I(Z_1, Z_2, e)$ 表示关于两个向量和极值范数距离 e 的示性函数，若两个向量的极值范数距离小于 e，$I(\cdot) = 1$，否则为 0。由式（8.5）的估计值，式（8.2）可被检验，如果原假设为：$\{Y_t\}$ 不是 $\{X_t\}$ 的格兰杰因，则有统计量 TVAL 服从渐进正态分布，如式（8.6）所示：

$$\sqrt{n}\left(\frac{C1(m+Lx, Ly, e, n)}{C2(Lx, Ly, e, n)} - \frac{C3(m+Lx, e, n)}{C4(Lx, e, n)}\right) \overset{a}{\sim} N(0, \sigma^2(m, Lx, Ly, e))$$

$$(8.6)$$

但是迪克斯和潘晨科（Diks and Panchenko，2006）指出，西姆斯特拉和琼斯（1994）提出的非线性格兰杰因果检验存在"过度拒绝"问题，因此他们提出了改进的统计量 T_n，如式（8.7）所示：

$$T_n = \frac{n-1}{n(n-2)} \sum_i (\hat{f}_{X,Y,Z}(X_i, Y_i, Z_i)\hat{f}_Y(Y_i) - \hat{f}_{X,Y}(X_i, Y_i)\hat{f}_{Y,Z}(Y_i, Z_i))$$

$$(8.7)$$

其中 $\hat{f}_Z(Z)$ 表示随机向量的局部密度估计。迪克斯和潘晨科（2006）指出，在一定条件下，T_n 统计量服从正态分布，如式（8.8）所示：

$$\sqrt{n}\frac{(T_n - q)}{S_n} \overset{d}{\rightarrow} N(0, 1)$$

$$(8.8)$$

其中 S_n 是统计量 T_n 的渐进方差 σ^2 的估计值。非线性格兰杰因果关系检验将格兰杰因果关系检验扩展到非线性层面，迪克斯和潘晨科（2006）提出的 T_n 统计量修正了西姆斯特拉和琼斯（1994）给出的 TVAL 统计量存在的"过度拒绝"问题，不过较多实证分析还是同时进行这两种检验，本章也提供这两种检验的结果（方意，2015；苏治等，2017）。

8.2 数据来源与描述性统计

选取 16 个国家或市场的股票指数和经济政策不确定性，以探究股市收益和波动与不确定性的非线性关联。考虑 EPU 作为不确定性的代理变量，是因为 EPU 是最常见的不确定性指标，且数据最为齐全，能使本书尽可能纳入更多的国家或市场。由于 EPU 为月度数据，因此股市对数收益率也为月度数据。对股票市场波动而言，使用已实现波动率（realized volatility，RV）作为月度波动率的代理变量。具体计算公式为式（8.9）：

$$RV_t = \sum_{i=1}^{N_t} r_{i,t}^2 \tag{8.9}$$

其中 RV_t 为第 t 个月的已实现波动率，$r_{i,t}$ 是第 t 个月第 i 个交易日的日度收益率，N_t 为第 t 个月的交易天数。为了使已实现波动率与 EPU 和股市收益率的数量量纲匹配，本章取 $\sqrt{RV_t}$。

考虑的 16 个国家或市场的股票指数分别为：S&P500（美国）、DAX 指数（德国）、CAC40 指数（法国）、FTSE100 指数（英国）、N225 指数（日本）、GSPTSE 指数（加拿大）、AEX 指数（荷兰）、ITLMS 指数（意大利）、ASE 指数（希腊）、RTS 指数（俄罗斯）、STI 指数（新加坡）、AS51 指数（澳大利亚）、KS11 指数（韩国）、SENSEX30 指数（印度）、IBOVESPA 指数（巴西）、上证综指（中国）。数据来源为万得资讯。

上述国家或市场的股票指数数据与对应不确定性数据之间还存在时间跨度匹配问题，即两类数据的时间跨度要完全对应，否则无法进行非线性格兰杰因果检验。因此每个国家或市场数据的时间跨度不同。具体的时间跨度如下：美国（1985 年 1 月～2018 年 10 月）、德国（1993 年 1 月～2018 年 10 月）、法国（1988 年 1 月～2018 年 10 月）、英国（1997 年 1 月～2018 年 10 月）、日本（1987 年 1 月～2018 年 10 月）、加拿大（1985 年 1 月～2018 年 10 月）、荷兰（2003 年 3 月～2018 年 10 月）、意大利（2003 年 1 月～2018 年 10 月）、希腊（1998 年 1 月～2018 年 10 月）、俄罗斯（1996 年 1 月～2018 年 10 月）、新加坡（2003 年 1 月～2018 年 10 月）、澳大利亚（1998 年 1 月～2018 年 10 月）、韩国（1990 年 1 月～2018 年 10 月）、印度（2003 年 1 月～2018 年 10 月）、巴西（1992 年 1 月～2018 年 10 月）、中国（1995 年 1 月～2018 年 10 月）。

表 8－1 为收益率数据的描述性统计，从 J－B 统计量看，所有国家或市场的收益率拒绝了正态分布的原假设，且存在金融收益率的"尖峰后尾"现象。从表 8－1 的描述性统计来看，新兴市场或发展中国家的股票市场波动率更大，体现出新兴市场风险较高，市场机制不够完善的特点。

表 8－1　　　　　　　　　非线性关联描述性统计：股市收益率

国家	样本量	最小值	最大值	均值	标准差	偏度	峰度	J－B 统计量
美国	406	－0.1066	0.0538	0.0030	0.0187	－1.0830	6.7900	322.35 ***
德国	310	－0.2933	0.1937	0.0065	0.0606	－0.8509	5.7782	137.11 ***
法国	370	－0.1923	0.2189	0.0044	0.0548	－0.3344	3.7614	15.84 ***

续表

国家	样本量	最小值	最大值	均值	标准差	偏度	峰度	J-B 统计量
英国	262	-0.1395	0.0849	0.0021	0.0401	-0.6637	3.7163	24.83***
日本	382	-0.2722	0.1828	0.0004	0.0605	-0.5765	4.1599	42.57***
加拿大	406	-0.2566	0.1119	0.0045	0.0419	-1.4897	9.6143	890.25***
荷兰	188	-0.2196	0.1285	0.0035	0.0498	-1.1580	6.6935	148.88***
意大利	190	-0.1704	0.1752	-0.0006	0.0555	-0.4073	3.4997	7.2301**
希腊	249	-0.3267	0.3459	-0.0034	0.0934	-0.2357	4.2392	18.2381***
俄罗斯	274	-0.8246	0.4446	0.0095	0.1349	-1.1121	9.1091	482.55***
新加坡	190	-0.2736	0.1930	0.0044	0.0487	-1.0746	9.4367	354.57***
澳大利亚	250	-0.1354	0.0721	0.0033	0.0363	-0.8087	3.7933	33.81***
韩国	346	-0.3181	0.4106	0.0023	0.0774	0.2410	6.3486	165.00***
印度	190	-0.2730	0.2489	0.0122	0.0648	-0.5410	5.5621	61.23***
巴西	322	-0.5034	0.6793	0.0369	0.1309	1.2050	7.8930	399.15***
中国	286	-0.2828	0.2781	0.0049	0.0811	-0.1435	4.4375	25.26***

注：***、**、*分别表示在1%、5%和10%水平下显著。

表8-2为已实现波动率的描述性统计，由于已实现波动率恒为正，从平均值来看，新兴市场或发展中国家的已实现波动率水平较高，与表8-1得出的关于市场波动的结论相似。

表8-2　　　　　　　　非线性关联描述性统计：已实现波动率

国家	样本量	最小值	最大值	均值	标准差	偏度	峰度	J-B 统计量
美国	406	0.0122	0.2853	0.0437	0.0275	3.7557	26.0170	9916.59***
德国	310	0.0183	0.2327	0.0579	0.0305	1.9911	8.4509	588.62***
法国	370	0.0195	0.2443	0.0556	0.0273	2.2324	11.0073	1295.78***
英国	262	0.0120	0.2289	0.0472	0.0260	2.4567	13.3608	1435.39***
日本	382	0.0161	0.3164	0.0600	0.0300	2.6345	18.1991	4118.84***
加拿大	406	0.0124	0.2350	0.0367	0.0243	3.5197	21.8480	6847.84***
荷兰	188	0.0165	0.2559	0.0510	0.0317	2.7726	14.2922	1239.72***
意大利	190	0.0187	0.2342	0.0577	0.0309	1.9530	9.0813	413.55***
希腊	249	0.0008	0.1019	0.0080	0.0102	4.5480	34.6686	11263.49***

续表

国家	样本量	最小值	最大值	均值	标准差	偏度	峰度	J - B 统计量
俄罗斯	274	0.0277	0.4335	0.0985	0.0591	2.0149	8.6123	544.99 ***
新加坡	190	0.0135	0.2157	0.0427	0.0250	2.6710	15.1151	1387.89 ***
澳大利亚	250	0.0142	0.1793	0.0398	0.0207	2.6160	14.0319	1552.90 ***
韩国	346	0.0170	0.2506	0.0646	0.0372	1.5248	5.8374	250.15 ***
印度	190	0.0152	0.2344	0.0553	0.0324	2.3840	10.3305	605.38 ***
巴西	322	0.0326	0.6264	0.0969	0.0692	3.6156	22.7784	5949.93 ***
中国	286	0.0126	0.3590	0.0686	0.0390	2.3447	13.9674	1695.45 ***

注：*** 、** 、* 分别表示在 1% 、5% 和 10% 水平下显著。

表 8 - 3 为 EPU 的描述性统计，经过对数差分后，部分 EPU 指数服从正态分布，但其他统计性质各异。

表 8 - 3　　　　　　　　　非线性关联描述性统计：EPU

国家	样本量	最小值	最大值	均值	标准差	偏度	峰度	J - B 统计量
美国	406	- 0.6430	0.8025	- 0.0003	0.1633	0.7325	6.1676	206.04 ***
德国	310	- 0.9879	1.2394	0.0003	0.3997	0.1967	2.9956	1.99
法国	370	- 1.0837	1.2970	0.0031	0.3916	0.3181	3.7155	14.13 ***
英国	262	- 0.9120	0.8401	0.0056	0.3113	- 0.0317	3.0003	0.04
日本	382	- 0.6568	0.5573	0.0009	0.1865	- 0.1637	3.8014	11.93 ***
加拿大	406	- 0.8087	1.1522	0.0025	0.3111	0.2692	3.3905	7.48 **
荷兰	188	- 1.1186	1.0488	- 0.0031	0.3617	- 0.0297	3.2023	0.34
意大利	190	- 0.8963	1.0566	0.0006	0.3271	0.0413	3.8680	6.02 **
希腊	249	- 0.9954	1.1048	0.0004	0.3713	0.1699	3.2724	1.97
俄罗斯	274	- 2.0856	1.7526	0.0001	0.6656	- 0.2239	3.2931	3.27
新加坡	190	- 0.6588	0.6788	0.0037	0.2057	0.1208	3.5156	2.57
澳大利亚	250	- 1.6678	1.2520	- 0.0007	0.3924	- 0.0801	3.9815	10.30 ***
韩国	346	- 0.9673	1.4736	0.0005	0.3893	0.4160	3.8409	20.17 ***
印度	190	- 1.5565	1.1331	0.0015	0.4007	- 0.1858	4.0628	10.03 ***
巴西	322	- 1.7840	1.6009	0.0029	0.5198	0.0866	3.8250	9.53 ***
中国	286	- 1.7901	1.9466	0.0043	0.5627	- 0.0572	3.9033	9.88 ***

注：*** 、** 、* 分别表示在 1% 、5% 和 10% 水平下显著。

8.3 不确定性与股票市场收益的非线性关系检验

在进行不确定性与股票市场收益的非线性关系检验前，首先对各个序列进行非线性检验。根据迪克斯和潘晨科（2006）的检验思路，首先对需要检验的变量构建 VAR（2）模型以过滤掉线性成分，然后对残差项进行非线性检验，以确定是否存在非线性关联。对于不确定性与股票市场收益的非线性关系检验，构建如式（8.10）所示的 VAR 模型：

$$\begin{bmatrix} R_t \\ U_t \end{bmatrix} = A\begin{bmatrix} R_{t-1} \\ U_{t-1} \end{bmatrix} + B\begin{bmatrix} R_{t-2} \\ U_{t-2} \end{bmatrix} + \begin{bmatrix} \varepsilon_t^R \\ \varepsilon_t^U \end{bmatrix} \tag{8.10}$$

其中 R_t 表示收益率，U_t 表示不确定性，A 和 B 均为 2×2 维的系数矩阵，ε_t 为残差项。对式（8.10）估计得到 $\hat{A}$ 和 $\hat{B}$ 后，计算得到 $\hat{\varepsilon}_t^R$ 和 $\hat{\varepsilon}_t^U$ 并进行非线性检验。

关于非线性检验方法，选取 BDS 和麦克里德—李（McLeod - Li）检验。具体检验结果如表 8 - 4 所示。对收益残差而言，BDS 和 McLeod - Li 统计量基本都在 1% 水平下显著，表明根据这两种检验，收益残差包含显著的非线性成分。对 EPU 残差而言，仅少数国家的 EPU 能够通过 BDS 和麦克里德—李检验。需要注意的是，EPU 指数的构造方式本身就与股票市场价格生成方式存在显著差异，根据 EPU 指数的构造形式，必然包含非线性成分，本书通过 BDS 和麦克里德—李检验重点是检验收益残差的非线性成分，对 EPU 残差的检验仅供参考。另外，意大利的收益残差均不能通过 BDS 和麦克里德—李检验，为实证分析的前后连贯性，仍在非线性格兰杰因果检验中考虑意大利。

表 8 - 4　　　　　　　　　收益层面的残差非线性检验

	检验	收益残差	EPU 残差		检验	收益残差	EPU 残差
美	BDS 检验	6. 3881 ***	0. 5357	德	BDS 检验	5. 5624 ***	- 1. 3825
	McLeod - Li 检验	58. 1137 ***	8. 3456		McLeod - Li 检验	19. 9237 ***	3. 3249
法	BDS 检验	8. 3142 ***	1. 7102 *	英	BDS 检验	6. 1526 ***	1. 8166 *
	McLeod - Li 检验	37. 0169 ***	3. 6006		McLeod - Li 检验	41. 3150 ***	4. 9213
日	BDS 检验	3. 2712 ***	2. 4931 **	加	BDS 检验	7. 9613 ***	- 0. 3418
	McLeod - Li 检验	25. 7464 ***	5. 6303		McLeod - Li 检验	28. 0161 ***	7. 5376

续表

	检验	收益残差	EPU 残差		检验	收益残差	EPU 残差
荷	BDS 检验	4.0994 ***	− 2.3459 **	意	BDS 检验	1.4486	0.2802
	McLeod – Li 检验	17.4903 ***	1.9124		McLeod – Li 检验	1.1007	3.5230
希	BDS 检验	2.0836 **	− 0.5397	俄	BDS 检验	3.9456 ***	− 0.8924
	McLeod – Li 检验	11.4778 **	7.6094		McLeod – Li 检验	34.2793 ***	4.6389
新	BDS 检验	4.6727 ***	0.0684	澳	BDS 检验	7.4540 ***	0.9991
	McLeod – Li 检验	12.8780 **	3.8015		McLeod – Li 检验	25.8001 ***	4.5447
韩	BDS 检验	9.5447 ***	2.8443 ***	印	BDS 检验	6.7211 ***	0.1089
	McLeod – Li 检验	67.0341 ***	10.3649		McLeod – Li 检验	15.2424 ***	11.8976
巴	BDS 检验	4.7410 ***	1.2461	中	BDS 检验	2.1967 **	1.4113
	McLeod – Li 检验	16.4121 ***	1.4764		McLeod – Li 检验	8.6112	2.3302

注：*** 、** 、* 分别表示在 1% 、5% 和 10% 水平下显著。

股市收益和 EPU 的非线性格兰杰因果检验结果如表 8 – 5 所示。

表 8 – 5　　　股市收益与不确定性的非线性格兰杰因果检验

$Lx = Ly$		Return！→EPU		EPU！→Return	
		TVAL	T_n	TVAL	T_n
美国	1	1.9780 **	1.7335 **	1.6124 *	1.4259 *
	2	0.6204	0.4503	1.5399 *	1.1098
	3	1.1031	1.1456	0.8131	0.1968
	4	0.8787	1.0467	0.4612	0.1912
	5	1.9437	1.5684	0.3720	− 0.3022
德国	1	1.8375 **	1.5798 *	0.2304	0.1858
	2	0.1559	− 0.3149	0.3081	− 0.1468
	3	0.2867	0.1252	− 0.7735	− 0.4598
	4	1.5066 *	1.4823 *	− 1.5491	− 1.0541
	5	0.8469	0.7668	− 0.5073	− 0.2933
法国	1	0.2715	0.2914	− 1.2929	− 1.1049
	2	− 0.7026	− 0.6209	− 1.1967	− 0.7027
	3	− 1.1594	− 1.0243	− 1.7759	− 1.2783
	4	− 1.0364	− 1.0891	− 1.3015	− 1.2672
	5	− 0.3070	0.0453	− 0.0947	− 0.0017

$Lx = Ly$		Return！→EPU		EPU！→Return	
		TVAL	T_n	TVAL	T_n
英国	1	0.2838	− 0.2080	− 1.4198	− 0.8414
	2	0.3095	0.0554	− 0.2076	0.0580
	3	0.4231	− 0.2153	0.4166	0.4548
	4	1.3047 *	0.6372	0.4980	0.3006
	5	1.4374 *	0.9752	− 0.0557	− 0.2264
日本	1	− 0.8485	− 1.4487	0.4199	0.0641
	2	− 1.1666	− 1.0355	0.7221	0.3738
	3	− 0.9136	− 0.6755	0.1703	− 0.2710
	4	− 1.0723	− 0.7737	1.1707	0.7167
	5	0.0196	0.5248	0.3572	− 0.1559
加拿大	1	− 2.5175	− 2.7315	− 1.5397	− 0.9426
	2	− 1.8089	− 1.4391	− 1.4907	− 0.7009
	3	− 0.6921	0.3594	− 1.9564	− 1.1107
	4	− 0.9682	− 0.5809	− 1.9792	− 1.6483
	5	− 0.8561	− 0.9290	− 2.2159	− 1.6707
荷兰	1	− 1.1426	− 0.9508	− 0.1780	− 0.1353
	2	0.0467	− 0.2318	− 0.0895	0.1471
	3	0.4756	0.3214	− 0.1487	− 0.3092
	4	− 0.0900	0.0944	− 0.1509	− 0.2618
	5	0.0474	0.0678	0.5026	0.1036
意大利	1	0.8478	0.3606	0.0215	0.0989
	2	− 0.4190	− 1.0071	0.0917	0.0647
	3	− 1.5054	− 1.8140	0.1516	− 0.4984
	4	− 0.5794	− 0.5968	0.3137	− 0.2932
	5	− 0.5767	− 0.5294	1.3667	0.4965
希腊	1	0.5820	0.5229	2.2823 **	1.5540 *
	2	0.9054	0.4517	2.9668 ***	2.2398
	3	0.0184	− 0.2149	2.9257 ***	2.1135
	4	− 0.1553	− 0.1217	2.4316 ***	1.7968 **
	5	− 0.4783	− 0.5424	2.4980 ***	1.7528 **

续表

$Lx = Ly$		Return!→EPU		EPU!→Return	
		TVAL	T_n	TVAL	T_n
俄罗斯	1	− 1. 5040	− 1. 3174	− 0. 5463	− 0. 2221
	2	− 1. 8444	− 1. 3116	− 0. 6845	− 0. 2575
	3	− 0. 8747	− 0. 3114	− 0. 9608	− 0. 7679
	4	− 1. 0318	− 0. 2876	− 1. 4280	− 1. 2457
	5	− 1. 0730	− 0. 6289	− 1. 2571	− 0. 8176
新加坡	1	− 0. 4622	− 0. 8682	− 1. 6794	− 1. 5789
	2	− 0. 2816	− 0. 3997	− 1. 9868	− 1. 8670
	3	1. 0059	0. 6867	− 1. 7471	− 1. 8788
	4	− 0. 2965	− 0. 3271	− 1. 7593	− 1. 7243
	5	0. 0201	0. 4079	− 2. 1033	− 1. 6588
澳大利亚	1	0. 3304	0. 3422	0. 2669	0. 5104
	2	1. 3594	1. 2014	0. 1269	− 0. 0108
	3	2. 1772 **	1. 6462 **	− 0. 1028	0. 0304
	4	2. 1998 **	1. 4829 *	0. 0138	0. 0077
	5	0. 4268	0. 0603	− 0. 2062	− 0. 1562
韩国	1	0. 8797	0. 8933	− 0. 0247	− 0. 3253
	2	− 0. 5165	− 0. 7240	0. 3624	0. 0806
	3	− 0. 0951	− 0. 3318	1. 5575 *	1. 3622 *
	4	0. 5088	0. 8461	0. 1166	0. 0885
	5	0. 2829	0. 2706	− 0. 2331	− 0. 2648
印度	1	− 0. 7826	− 0. 8220	0. 6500	0. 8725
	2	− 0. 0467	− 0. 2315	− 0. 5339	− 0. 2961
	3	0. 4288	0. 3278	− 0. 2659	0. 0701
	4	0. 5186	0. 5244	− 0. 6081	− 0. 3148
	5	0. 4271	0. 6741	− 1. 2900	− 0. 9757
巴西	1	− 1. 2865	− 1. 6065	− 1. 1814	− 0. 8709
	2	− 1. 1802	− 1. 1186	0. 3720	0. 3265
	3	0. 0229	0. 3363	0. 3416	0. 4082
	4	− 0. 2416	0. 1838	0. 6014	− 0. 2568
	5	− 0. 3999	− 0. 3144	0. 7824	− 0. 7802

$Lx = Ly$		Return!→EPU		EPU!→Return	
		TVAL	T_n	TVAL	T_n
中国	1	0.3974	0.6825	− 0.2080	− 0.0916
	2	0.2340	0.6020	− 1.1428	− 0.9243
	3	− 0.1416	0.0793	− 1.4722	− 1.2068
	4	− 0.6532	− 0.5406	− 1.4202	− 1.2780
	5	− 0.7523	− 0.6095	− 0.6910	− 0.7696

注：*** 、** 、* 分别表示在 1% 、5% 和 10% 水平下显著。

对于股票市场收益和 EPU 的非线性关系，实证分析发现，对大多数国家而言，股票市场收益和 EPU 之间基本不存在非线性关系，间接说明两者关系仅局限于线性层面。仅美国、德国、英国、希腊和澳大利亚的不确定性与股市收益存在关联。其中美国存在双向因果关系，德国、英国和澳大利亚的股票市场收益为 EPU 的格兰杰因，间接说明了 EPU 的内生性，对希腊而言，EPU 是股票市场收益的格兰杰因。

8.4 不确定性与股票市场波动的非线性关系检验

本章继续从波动层面探究市场与不确定性之间的非线性关联。参考上一部分的实证分析，首先构造如式（8.11）所示的 VAR 模型：

$$\begin{bmatrix} V_t \\ U_t \end{bmatrix} = A \begin{bmatrix} V_{t-1} \\ U_{t-1} \end{bmatrix} + B \begin{bmatrix} V_{t-2} \\ U_{t-2} \end{bmatrix} + \begin{bmatrix} \varepsilon_t^V \\ \varepsilon_t^U \end{bmatrix} \tag{8.11}$$

其中 V_t 表示收益率，U_t 表示不确定性，A 和 B 均为 2×2 维的系数矩阵，ε_t 为残差项。对式（8.11）估计得到 $\hat{A}$ 和 $\hat{B}$ 后，计算得到 $\hat{\varepsilon}_t^V$ 和 $\hat{\varepsilon}_t^U$ 并进行非线性检验。因构建的 VAR 模型不同，估计得到的残差序列也不同。

仍使用 BDS 检验和麦克里德—李检验对 $\hat{\varepsilon}_t^V$ 和 $\hat{\varepsilon}_t^U$ 进行非线性检验，以解释残差序列是否存在非线性成分。如表 8 - 6 所示，对波动残差而言，BDS 和麦克里德—李统计量基本都在 5% 水平下显著，表明根据这两种检验，波动残差包含显著的非线性成分。对 EPU 残差而言，仅少数国家的 EPU 能通过 BDS 和麦克里德—李检验。不过通过式（8.11）过滤线性成分后得到的残差相比式（8.10）

过滤线性成分后得到的残差有更显著的非线性成分。

表 8 - 6　　　　　　　　　　波动层面的残差非线性检验

国家	检验	波动残差	EPU 残差	国家	检验	波动残差	EPU 残差
美	BDS 检验	6. 5203 ***	1. 7312 *	德	BDS 检验	4. 0156 ***	1. 1151
	McLeod – Li 检验	37. 8915 ***	8. 4975		McLeod – Li 检验	1. 4646	2. 2108
法	BDS 检验	4. 8593 ***	0. 5731	英	BDS 检验	6. 2817 ***	2. 6231 ***
	McLeod – Li 检验	20. 8346 ***	3. 2200		McLeod – Li 检验	17. 9240 ***	5. 0180
日	BDS 检验	1. 6731 *	1. 4965	加	BDS 检验	3. 2890 ***	- 0. 4288
	McLeod – Li 检验	0. 2256	3. 7011		McLeod – Li 检验	41. 9889 ***	9. 3133 *
荷	BDS 检验	3. 2890 ***	1. 1607	意	BDS 检验	6. 3010 ***	- 1. 2994
	McLeod – Li 检验	22. 3022 ***	1. 3424		McLeod – Li 检验	10. 9373 **	2. 5978
希	BDS 检验	4. 2912 ***	0. 2004	俄	BDS 检验	4. 5450 ***	- 0. 2346
	McLeod – Li 检验	0. 0568	8. 0866		McLeod – Li 检验	29. 0114 ***	5. 0526
新	BDS 检验	2. 3735 **	3. 6331 ***	澳	BDS 检验	4. 8647 ***	1. 9517 *
	McLeod – Li 检验	6. 0498	4. 3754		McLeod – Li 检验	10. 9203 *	1. 7091
韩	BDS 检验	5. 7300 ***	0. 7161	印	BDS 检验	3. 9935 ***	1. 2190
	McLeod – Li 检验	10. 1108 *	15. 1652 ***		McLeod – Li 检验	21. 6902 ***	8. 3119
巴	BDS 检验	4. 8784 ***	1. 9267 *	中	BDS 检验	8. 8131 ***	- 0. 2072
	McLeod – Li 检验	53. 3479 ***	3. 6491		McLeod – Li 检验	31. 6274 ***	2. 6958

注：***、**、*分别表示在 1%、5% 和 10% 水平下显著。

　　股市波动与不确定性的非线性格兰杰因果关系检验如表 8 - 7 所示。诸如法国、英国和澳大利亚，不确定性是股市波动的格兰杰因，即不确定性能够显著引起股市波动变动。对德国和荷兰，股市波动先行于不确定性，即股市波动导致了不确定性。对美国和希腊而言，股市波动与不确定性存在双向因果关系。与表 8 - 5 的结果对比来看，股市波动更容易受到不确定性的影响。相比市场收益，金融市场波动与金融系统风险具有紧密联系，剧烈波动往往引起金融系统风险剧增。经济政策不确定性也会导致投资者对未来市场预期的不确定性，导致市场波动增加。股票市场波动对不确定性较为敏感，实际上也从不确定性视角为规避金融系统风险提供了一种思路。

表 8 - 7   股市波动与不确定性的非线性格兰杰因果检验

$Lx = Ly$		Volatility！→EPU		EPU！→Volatility	
		TVAL	T_n	TVAL	T_n
美国	1	1.9780 **	1.7335 *	1.6124 *	1.4259 *
	2	0.6204	0.4503	1.5399 *	1.1098
	3	1.1030	1.1456	0.8131	0.1968
	4	0.8787	1.0467	0.4612	- 0.1913
	5	1.9437 **	1.5684 *	0.3720	- 0.3022
德国	1	0.4684	0.5260	1.6709 **	1.0877
	2	0.5668	1.0370	0.3502	- 0.0995
	3	0.2252	0.5267	0.1920	0.2077
	4	0.1054	0.3904	- 0.6649	- 0.7469
	5	0.5205	0.5175	0.0111	- 0.2920
法国	1	0.3454	0.2005	0.2283	0.0646
	2	0.9698	0.5455	0.0872	- 0.0307
	3	0.7698	0.4556	0.2733	0.3452
	4	1.0179	1.1026	0.1264	0.4759
	5	1.5325 *	1.5229 *	0.0356	0.5523
英国	1	0.7790	0.8260	- 0.5248	- 1.1440
	2	1.4939 *	1.5147 *	- 0.3689	- 0.7765
	3	1.8831 **	1.7517 **	- 1.3940	- 1.2525
	4	1.6574 **	1.4136 *	- 0.2497	- 0.1489
	5	1.5343 *	1.3352 *	0.2956	0.2750
日本	1	0.8497	0.7942	0.8381	0.7229
	2	0.9716	0.8041	0.4422	- 0.0083
	3	0.2903	0.1346	- 0.5890	- 0.7888
	4	0.1947	- 0.2540	- 0.3688	- 1.0032
	5	0.5747	- 0.1427	- 0.5425	- 0.6965
加拿大	1	- 0.9398	- 0.7890	- 0.9818	- 0.4350
	2	- 0.3983	- 0.6241	- 0.4208	0.0227
	3	0.0086	- 0.3256	- 1.0221	- 0.3344
	4	- 0.1017	- 0.0024	- 1.6929	- 0.6810
	5	0.1022	0.1816	- 1.1846	- 0.3264

续表

$Lx = Ly$		Volatility！→EPU		EPU！→Volatility	
		TVAL	T_n	TVAL	T_n
荷兰	1	− 0. 2770	− 0. 0107	1. 9537 **	0. 8501
	2	− 0. 0475	0. 2335	1. 7593 **	0. 5411
	3	− 0. 3485	− 0. 3018	0. 8349	− 0. 0687
	4	0. 5873	0. 7411	0. 2368	− 0. 1576
	5	0. 3606	0. 4731	− 0. 1417	− 0. 7231
意大利	1	0. 0964	− 0. 1950	− 0. 8394	− 0. 5956
	2	− 0. 2134	− 1. 0142	− 0. 4344	− 0. 3584
	3	0. 2950	− 0. 5316	0. 5236	0. 4149
	4	− 0. 4492	− 0. 7156	0. 1623	0. 2939
	5	− 0. 5160	− 0. 6876	− 0. 3743	− 0. 5154
希腊	1	1. 5544 *	1. 2332	4. 4601 ***	3. 8622 ***
	2	1. 4342 *	1. 1623	5. 9458 ***	4. 2833 ***
	3	2. 0127 **	1. 7970 **	5. 9326 ***	3. 6148 ***
	4	1. 7439 **	1. 0728	5. 5435 ***	3. 1238 ***
	5	1. 4997 *	0. 6387	3. 8877 ***	2. 4246 ***
俄罗斯	1	− 1. 3215	− 1. 5726	0. 6494	0. 3900
	2	− 1. 4065	− 0. 6102	0. 5058	0. 8962
	3	− 1. 8223	− 1. 1569	0. 3143	0. 6517
	4	− 2. 2544	− 1. 6152	− 0. 3010	0. 1139
	5	− 1. 1019	− 0. 5143	− 0. 6623	− 0. 3731
新加坡	1	0. 5337	0. 6097	0. 9758	0. 6310
	2	0. 8697	0. 4988	0. 9337	0. 4497
	3	0. 0091	0. 0686	0. 4568	0. 2101
	4	− 0. 0085	− 0. 0382	0. 1262	0. 0491
	5	0. 7186	0. 6855	− 0. 7071	− 0. 8257
澳大利亚	1	0. 2154	− 0. 4325	0. 9346	1. 0676
	2	1. 6659 **	0. 8581	0. 7049	0. 7126
	3	1. 4916 *	0. 7858	0. 5929	0. 4284
	4	1. 8861 **	0. 7149	0. 6554	0. 9827
	5	1. 1891	0. 2815	0. 8160	0. 8511

$Lx = Ly$		Volatility！→EPU		EPU！→Volatility	
		TVAL	T_n	TVAL	T_n
韩国	1	0.1029	− 0.1036	0.1922	− 0.5521
	2	− 0.4764	− 0.5902	0.5975	0.3999
	3	0.8165	0.3345	0.5954	0.5637
	4	− 0.6014	− 1.1376	− 0.0407	− 0.0546
	5	− 0.5023	− 0.3245	− 0.2287	− 0.0840
印度	1	− 0.5427	− 0.0945	− 0.2991	− 0.4387
	2	0.4826	0.4124	0.6338	0.9885
	3	0.6587	0.5180	0.4202	0.9574
	4	1.1796	0.9714	0.4904	0.9819
	5	1.1764	0.9170	− 0.0063	0.3691
巴西	1	0.9193	0.8322	0.2427	− 0.0672
	2	− 0.6466	− 0.6161	0.2279	− 0.2418
	3	− 0.2851	− 0.5934	0.1518	− 0.1115
	4	− 0.3797	− 0.3828	− 0.0365	− 0.2224
	5	0.1869	0.1317	− 0.1720	− 0.4303
中国	1	− 0.7242	− 0.4349	− 0.4430	− 0.1068
	2	− 1.0503	− 0.7654	− 0.5790	− 0.1788
	3	− 1.0371	− 0.2973	− 0.4700	− 0.2438
	4	− 1.6632	− 0.9239	− 0.1925	− 0.1677
	5	− 1.4621	− 1.0452	− 0.9252	− 0.6324

注：***、**、*分别表示在1%、5%和10%水平下显著。

对中国而言，不确定性与股市波动不存在非线性格兰杰因果关系。当然这并不否定了中国的"政策市"特征，只能说明在非线性层面股市波动并不受到政策不确定性影响。

从不确定性与股市收益（波动）的格兰杰因果关系来看，经济政策不确定性从总样本期来看，仍然是影响部分国家股市收益（波动）的外生因素。路德维格松等（2018）提出的金融不确定性被认为是完全外生的因素，即金融不确定性不是内生自经济波动。这也为金融与实体经济的关系，抑或是虚拟经济与实体经济关系提供了依据，印证了当前经济发展中出现的"脱实向虚"或"虚实背离"特征。

8.5　非线性关系的结构性检验

不确定性与股市收益（波动）的非线性格兰杰因果关系并不显著存在，至少对大部分国家或市场是如此。但需要注意的是，上述结论基于全样本分析，而不同时段不确定性高低状态也会对结果产生影响。例如，西格尔等（2015）即将不确定性进行了"好"和"坏"之分。本章认为目前得到的非格兰杰因果关系检验结论还与不确定性的高低状态有关系，往往在极端情形下，不确定性对股票市场的影响更显著，而在低不确定性状态下，不确定性对股票市场的影响有限。因此，对非线性关系进行结构性检验，根据不确定性将全样本划分为多个子样本，并对子样本进行非线性格兰杰因果关系检验。

采用白和裴隆（Bai and Perron，2003）提出的方法进行结构突变点检验，并将修剪参数（Trimming）设定为 0.15，结构突变点的最大个数为 5。对各国 EPU 的原始序列进行突变点检验。具体检验的结果如表 8 - 8 所示。

表 8 - 8　　　　　　　　　结构突变点检验及突变时间

国家	突变点个数	0	1	2	3	4
美国	F 统计量 （BP 临界值）	14.3542 (8.58)	29.4862 (10.13)	20.0964 (11.14)	3.7764 (11.83)	—
美国	突变点	1993M10/2008M9/2013M11				
德国	F 统计量 （BP 临界值）	42.2840 (8.58)	8.7826 (10.13)	—	—	—
德国	突变点	2011M6				
法国	F 统计量 （BP 临界值）	117.6744 (8.58)	13.1108 (10.13)	36.1329 (11.14)	0.0000 (11.83)	—
法国	突变点	1996M1/2002M6/2010M5				
英国	F 统计量 （BP 临界值）	30.6006 (8.58)	11.2407 (10.13)	5.6784 (11.14)	—	—
英国	突变点	2010M3/2015M8				
日本	F 统计量 （BP 临界值）	13.7532 (8.58)	5.7809 (10.13)	—	—	—
日本	突变点	1997M8				

国家	突变点个数	0	1	2	3	4
加拿大	F统计量 (BP临界值)	60.6298 (8.58)	11.9302 (10.13)	5.6785 (11.14)	—	—
	突变点			1990M3/2010M9		
荷兰	F统计量 (BP临界值)	10.1447 (8.58)	23.9628 (10.13)	5.8352 (11.14)	—	—
	突变点			2008M9/2014M10		
意大利	F统计量 (BP临界值)	17.9004 (8.58)	11.9259 (10.13)	8.6749 (11.14)	—	—
	突变点			2005M10/2010M4		
希腊	F统计量 (BP临界值)	6.3279 (8.58)	—	—	—	—
	突变点					
俄罗斯	F统计量 (BP临界值)	68.0058 (8.58)	2.4708 (10.13)	—	—	—
	突变点			2011M7		
新加坡	F统计量 (BP临界值)	12.1326 (8.58)	18.5790 (10.13)	3.2132 (11.14)	—	—
	突变点			2008M1/2016M1		
澳大利亚	F统计量 (BP临界值)	8.5711 (8.58)	12.9430 (10.13)	6.7781 (11.14)	—	—
	突变点			2008M1/2013M10		
韩国	F统计量 (BP临界值)	38.2995 (8.58)	4.4530 (10.13)	—	—	—
	突变点			2000M11		
印度	F统计量 (BP临界值)	23.9339 (8.58)	29.5321 (10.13)	15.5805 (11.14)	6.2441 (11.83)	—
	突变点			2008M1/2011M6/2013M10		
巴西	F统计量 (BP临界值)	16.9560 (8.58)	39.6681 (10.31)	3.8445 (11.14)	—	—
	突变点			2001M7/2014M11		
中国	F统计量 (BP临界值)	18.2714 (8.58)	12.8911 (10.13)	4.7222 (11.14)	—	—
	突变点			2008M1/2015M5		

从结构突变点检验结果来看，大部分国家或市场均有至少 1 个突变点，部分国家具有 3 个突变点，希腊的 EPU 则没有结构突变点。由于本章基于 EPU 的原始数据进行了结构突变点检验，可以认为突变点是对高 EPU 状态和低 EPU 状态的一个划分。因此下面的子样本非线性格兰杰因果检验也是高 EPU 和低 EPU 两个状态的因果检验。

美国收益层面的子样本非线性格兰杰因果检验结果如表 8 - 9A 所示。在 1993 年 10 月之前，股票市场收益与 EPU 之间不存在相互的因果关系，而在 2008 年 10 月之后也存在类似的关系。两者非线性格兰杰因果关系主要集中于 1993 年 11 月 ~ 2008 年 9 月，即经济衰退和危机爆发之前。在这一阶段，股票市场收益与 EPU 的关系与全样本的关系几乎一致。说明在危机期间或 EPU 高的状态时，两者格兰杰因果关系更显著。当然，整体而言，股市收益与 EPU 的非线性关系并不强。

表 8 - 9A　　　　　　子样本非线性格兰杰因果检验（美国收益层面）

子样本	$Lx = Ly$	Return!→EPU		EPU!→Return	
		TVAL	T_n	TVAL	T_n
1985 年 1 月 ~ 1993 年 10 月	1	− 0.3369	− 0.1172	0.9335	1.0936
	2	− 0.1117	0.1878	0.1616	− 0.0060
	3	− 0.3336	− 0.1435	0.8430	0.8954
	4	0.1085	0.1467	0.4985	0.8142
	5	1.2265	0.9852	− 0.1801	0.0356
1993 年 11 月 ~ 2008 年 9 月	1	− 0.1924	0.1712	0.2238	0.1735
	2	0.7232	1.0016	− 0.2769	− 0.6744
	3	1.4393 *	1.2652	− 0.3976	− 0.6550
	4	1.7758 **	1.5214 *	− 0.0392	− 0.5327
	5	1.2077	0.7053	2.1364 **	1.2224
2008 年 10 月 ~ 2018 年 10 月	1	− 0.1853	− 0.3439	− 0.8066	− 0.8704
	2	− 1.2754	− 1.8292	− 0.4232	− 0.6730
	3	− 0.1960	− 0.2375	0.5966	0.3180
	4	0.0202	0.3991	0.3360	− 0.1681
	5	− 0.6123	− 0.6272	− 0.3002	− 0.1671

注：*** 、** 、*分别表示在 1%、5% 和 10% 水平下显著。

波动层面的美国股票市场与 EPU 的非线性格兰杰因果检验如表 8 – 9B 所示。在 1985 年 1 月 ~ 1993 年 10 月的子样本中，股市波动与 EPU 之间存在微弱的双向非线性格兰杰因果关系，但主要体现为 EPU 对股市波动的先导性，而在经济高涨或危机爆发前的子样本期内，EPU 是股市波动的非线性格兰杰因，即在这一时期内，EPU 能显著引起股票市场波动。而在危机后的子样本期内，股市波动与 EPU 之间不存在双向因果关系，在经济复苏阶段，EPU 反而不会对股市波动造成非线性影响。

表 8 –9B 　　　　　　　　子样本非线性格兰杰因果检验（美国波动层面）

子样本	$Lx = Ly$	Volatility！→EPU		EPU！→Volatility	
		TVAL	T_n	TVAL	T_n
1985 年 1 月 ~ 1993 年 10 月	1	1.0823	0.8671	1.3804 *	1.4751 *
	2	0.8884	0.3175	0.7234	0.5579
	3	1.4258 *	0.7552	1.4387 *	1.1508
	4	1.2198	0.2536	0.8642	0.4250
	5	1.2442	0.5070	1.4206 *	1.0117
1993 年 11 月 ~ 2008 年 9 月	1	− 0.1540	− 0.0067	1.1926	0.8257
	2	− 0.5935	− 0.4518	2.3430 ***	1.6621 **
	3	0.2600	0.4666	2.0011 **	1.3512 *
	4	− 0.3785	− 0.4363	1.4385 *	1.1522
	5	− 1.0696	− 1.2581	0.7545	0.6440
2008 年 10 月 ~ 2018 年 10 月	1	− 0.5831	− 0.6639	− 0.2640	− 0.9712
	2	0.0486	0.2786	− 0.3373	− 0.9042
	3	− 0.1620	0.0825	0.3135	− 0.5164
	4	− 0.7848	− 0.2853	0.0613	− 0.5950
	5	− 0.0692	0.0255	− 0.6551	− 1.0095

注：*** 、** 、* 分别表示在 1%、5% 和 10% 水平下显著。

德国股票市场收益与 EPU 的非线性格兰杰因果检验的子样本分析结果如表 8 – 10A 所示。根据结果可知，收益对 EPU 有微弱的先导性，而在 2011 年 7 月之后的子样本中，收益和 EPU 之间并不存在显著的非线性格兰杰因果关系，这与美国的收益层面的结果相似。而波动层面的检验结果如表 8 – 10B 所示，在 2011 年 6 月之前，不确定性能够引起股票市场波动，两者关系也仅为单向因果关系。在 2011 年 6 月之后，不确定性与股市波动之间不存在显著的格兰杰因果关系，这也与美国股票市场波动的结果一致。

表 8 - 10A　　　子样本非线性格兰杰因果检验（德国收益层面）

子样本	$Lx = Ly$	Return！→EPU		EPU！→Return	
		TVAL	T_n	TVAL	T_n
1993 年 1 月~2011 年 6 月	1	1.5408 *	1.2249	0.3547	0.0532
	2	-0.1363	-0.5472	-0.8730	-0.7683
	3	0.3520	0.3910	-1.5059	-1.1670
	4	0.4138	0.5300	-1.7142	-1.5730
	5	1.0626	0.9174	-1.1237	-1.3322
2011 年 7 月~2018 年 10 月	1	-0.1464	-0.2692	-0.3335	-0.3075
	2	-0.0812	0.1821	-0.6166	-0.4951
	3	0.1089	0.3923	1.1592	-0.7399
	4	0.4341	0.8455	-0.1467	0.1922
	5	1.1153	1.2874 *	0.4183	0.7417

注：*** 、** 、 * 分别表示在 1% 、5% 和 10% 水平下显著。

表 8 - 10B　　　子样本非线性格兰杰因果检验（德国波动层面）

子样本	$Lx = Ly$	Volatility！→EPU		EPU！→Volatility	
		TVAL	T_n	TVAL	T_n
1993 年 1 月~2011 年 6 月	1	1.1920	1.1353	1.8271 **	1.1591
	2	-0.1221	-0.2141	0.8264	0.3550
	3	0.3032	0.2253	0.5929	0.6415
	4	0.1415	0.1848	0.2042	0.4344
	5	0.6744	0.6348	0.2807	0.4306
2011 年 7 月~2018 年 10 月	1	-0.1486	-0.3089	-0.2232	-0.8856
	2	-1.6527	-1.4381	-1.5272	-1.5635
	3	-0.4559	-0.4031	-0.6589	-0.5843
	4	0.5630	0.8595	-0.6130	-0.8877
	5	1.1555	1.1381	0.5683	0.0770

注：*** 、** 、 * 分别表示在 1% 、5% 和 10% 水平下显著。

对法国而言，收益层面的股市与 EPU 之间，无论对哪个子样本，均不能发现 EPU 与股市收益的非线性格兰杰因果关系。在表 8 – 11A 中，全样本内的法国股市收益与 EPU 之间也没有显著的非线性格兰杰因果关系。在表 8 – 11B 中，对于法国的波动层面的股市与 EPU 的关系，同样是在危机前，EPU 是股市波动的格兰杰因，而股市波动不是 EPU 的格兰杰因，对其他子样本，两者不存在显著的相关性。

表 8 – 11A   子样本非线性格兰杰因果检验（法国收益层面）

子样本	$Lx = Ly$	Return！→EPU		EPU！→Return	
		TVAL	T_n	TVAL	T_n
1988 年 1 月 ~ 1996 年 1 月	1	− 0. 3923	− 0. 3856	0. 5943	0. 4947
	2	0. 3272	0. 5343	− 0. 0063	0. 0417
	3	− 1. 1523	− 0. 7961	− 0. 7841	− 0. 7186
	4	0. 4985	0. 1862	− 1. 3529	− 1. 1847
	5	− 0. 9792	− 1. 1943	− 0. 6202	− 0. 7189
1996 年 2 月 ~ 2002 年 6 月	1	− 1. 6998	− 2. 2713	− 0. 5071	− 0. 7747
	2	− 0. 6321	− 0. 7226	− 0. 1830	− 0. 5066
	3	− 1. 5618	− 1. 2389	− 0. 5203	− 0. 7360
	4	− 2. 5352	− 1. 8330	− 0. 7914	− 1. 0201
	5	− 1. 1935	− 0. 7481	− 0. 5736	− 0. 5059
2002 年 7 月 ~ 2010 年 5 月	1	0. 0431	0. 1721	− 0. 8706	− 1. 0341
	2	0. 3618	0. 5187	0. 1393	− 0. 1872
	3	− 0. 5400	− 0. 2435	0. 1101	0. 0964
	4	− 0. 7644	− 0. 5672	− 0. 2360	0. 0127
	5	− 0. 4205	− 0. 2272	− 0. 4311	0. 5378
2010 年 6 月 ~ 2018 年 10 月	1	0. 0713	− 0. 2664	0. 6459	1. 0307
	2	− 0. 0549	− 0. 7750	0. 3870	0. 7053
	3	0. 0379	− 0. 2021	0. 7211	1. 0507
	4	− 0. 7591	− 0. 6653	1. 7767	1. 9978
	5	− 0. 6615	− 0. 2616	1. 4297	1. 3832

注：*** 、** 、* 分别表示在 1%、5% 和 10% 水平下显著。

表 8 - 11B　　　　　　子样本非线性格兰杰因果检验（法国波动层面）

子样本	$Lx = Ly$	Volatility！→EPU		EPU！→Volatility	
		TVAL	T_n	TVAL	T_n
1988 年 1 月 ~ 1996 年 1 月	1	- 0.2627	- 0.3786	0.3963	0.5690
	2	0.0096	0.0544	1.7280 **	1.5889 *
	3	- 0.0098	0.0941	0.2218	0.1177
	4	1.5425	1.3677	- 0.3023	- 0.6341
	5	0.7188	0.6542	- 0.4066	- 0.6260
1996 年 2 月 ~ 2002 年 6 月	1	- 0.7655	- 0.3045	- 0.9568	- 1.2473
	2	0.4863	0.7912	0.4887	0.3559
	3	0.6145	0.7479	0.5081	0.5246
	4	0.5329	0.9715	0.3433	0.1159
	5	1.5624 *	0.8377	0.5043	1.0004
2002 年 7 月 ~ 2010 年 5 月	1	0.4706	0.1971	- 0.1101	- 0.3622
	2	0.9738	0.5757	1.2945 *	1.0638
	3	- 0.3735	- 0.1297	1.3930 *	0.9455
	4	0.0477	- 0.2139	1.0429	0.7136
	5	1.1269	1.4422 *	0.7928	0.8828
2010 年 6 月 ~ 2018 年 10 月	1	0.5697	0.0744	0.1594	0.3677
	2	0.4268	0.1498	- 0.1880	- 0.6245
	3	- 0.4913	- 0.9085	- 0.2093	- 0.2980
	4	0.9101	0.6230	- 0.5715	- 1.1510
	5	0.6390	0.7022	- 1.5692	- 1.4863

注：***、**、* 分别表示在 1%、5% 和 10% 水平下显著。

对英国而言，收益层面和波动层面的子样本非线性格兰杰因果关系检验如表 8 - 12A 和表 8 - 12B 所示。由于子样本三的数据太少，无法估计得到非线性成分，因此仅能提供前两个子样本的检验结果。

表 8 – 12A   子样本非线性格兰杰因果检验（英国收益层面）

子样本	$Lx = Ly$	Return！→EPU		EPU！→Return	
		TVAL	T_n	TVAL	T_n
1993 年 1 月 ~ 2010 年 3 月	1	− 0. 9432	− 1. 0781	0. 0262	0. 3099
	2	− 0. 2983	− 0. 8750	− 0. 5152	− 0. 6130
	3	0. 2024	− 0. 1501	0. 1503	0. 0136
	4	0. 4223	− 0. 1397	1. 2756	1. 2480
	5	− 0. 2015	− 0. 8367	1. 6465 **	1. 5791 *
2010 年 4 月 ~ 2015 年 8 月	1	0. 4163	0. 3240	0. 8220	0. 9158
	2	0. 1736	0. 0920	0. 8830	0. 7595
	3	− 0. 1676	0. 0000	− 0. 1812	0. 3355
	4	− 0. 2077	0. 1814	− 0. 8861	− 0. 8737
	5	2. 1237 **	0. 5675	− 3. 6047	− 0. 6255

注：***、**、* 分别表示在 1%、5% 和 10% 水平下显著。

表 8 – 12B   子样本非线性格兰杰因果检验（英国波动层面）

子样本	$Lx = Ly$	Volatility！→EPU		EPU！→Volatility	
		TVAL	T_n	TVAL	T_n
1993 年 1 月 ~ 2010 年 3 月	1	1. 1273	0. 7379	− 0. 7510	− 1. 5473
	2	2. 5424 ***	1. 7147 **	− 1. 3792	− 1. 8458
	3	1. 7213 **	1. 1660	− 1. 4326	− 1. 3541
	4	1. 6156 *	1. 0158	− 1. 4596	− 1. 0281
	5	1. 1548	0. 8784	− 1. 0279	− 0. 7211
2010 年 4 月 ~ 2015 年 8 月	1	− 0. 6226	− 0. 5269	0. 7487	0. 4192
	2	− 1. 3397	− 1. 2783	0. 3106	0. 0649
	3	− 0. 9687	− 1. 0450	0. 1860	− 0. 2191
	4	− 2. 4336	− 1. 6602	− 0. 9685	− 1. 0382
	5	− 4. 2992	− 1. 1162	− 0. 3477	− 0. 2564

注：***、**、* 分别表示在 1%、5% 和 10% 水平下显著。

从表 8 – 12A 的结果来看，对 1993 年 1 月 ~ 2010 年 3 月而言，仅在滞后 5 期时，EPU 对股市收益具有显著的先导性，即 EPU 是股市收益的格兰杰因。对

2010 年 4 月～2015 年 8 月而言，仅在滞后 5 期时，股市收益是 EPU 的格兰杰因。从表 8 - 12B 的结果来看，对 1993 年 1 月～2010 年 3 月而言，股市波动是 EPU 的格兰杰因，即股市波动引起 EPU 的增加，间接说明英国 EPU 具有内生性。而对 2010 年 4 月～2015 年 8 月而言，股市波动与 EPU 不存在显著的非线性格兰杰因果关系。英国的结果与美德法的结果稍显不同，但在危机后的表现上具有一致性。

　　本章对主要发达市场进行了基于子样本的非线性格兰杰因果检验，对于其他发达市场有相似的结论，因而不再赘述。接下来将从代表性新兴市场的角度提供子样本的非线性格兰杰因果关系检验。具体而言，基于全样本的检验结果，选择俄罗斯和中国作为代表性新兴市场。选择俄罗斯与中国为代表性新兴市场的原因在于，新兴市场的数据样本跨度较小，但由于经济或市场的成熟度不足，经济决策连续性不高，导致经济政策时常出现显著变化，因此经济政策不确定性突变点较多，在这一特征下，每个子样本的样本量不足，不满足非线性格兰杰因果关系检验的样本量。因此最终选择了两个突变点较少的市场作为新兴市场的代表。

　　由于中国 EPU 的第二个结构突变点对应的日期到 2018 年 10 月的样本量太少，无法进行非线性格兰杰因果检验，本书将这部分样本归入两个结构突变点之间的样本。具体结果可见表 8 - 13A 和表 8 - 13B。与发达市场不同的是，在危机后的子样本，EPU 是股市收益的格兰杰因，但不是股市波动的格兰杰因。而对危机前的样本，EPU 与股市收益或波动之间均不存在非线性格兰杰因果关系。

表 8 - 13A　　　　　子样本非线性格兰杰因果检验（中国收益层面）

子样本	$Lx = Ly$	Return!→EPU		EPU!→Return	
		TVAL	T_n	TVAL	T_n
1995 年 1 月～2008 年 1 月	1	- 0.0396	0.0821	0.2592	0.2305
	2	1.0311	1.0348	- 0.6513	- 1.1573
	3	- 0.1650	- 0.4427	- 1.0808	- 1.2058
	4	- 0.5272	- 0.6536	- 0.6579	- 0.7318
	5	- 0.7811	- 0.9824	- 0.6721	- 0.8542

续表

子样本	$Lx = Ly$	Return!→EPU		EPU!→Return	
		TVAL	T_n	TVAL	T_n
2008年2月~2018年10月	1	-1.2566	-0.8176	-0.1592	-0.0452
	2	-0.6933	-0.4777	0.2251	0.5879
	3	-0.7289	-0.8014	1.3207*	1.3280*
	4	-0.3119	-0.4599	1.6130*	1.3000*
	5	0.1100	-0.5985	0.0186	-0.2338

注：***、**、*分别表示在1%、5%和10%水平下显著。

表8-13B　　　　子样本非线性格兰杰因果检验（中国波动层面）

子样本	$Lx = Ly$	Volatility!→EPU		EPU!→Volatility	
		TVAL	T_n	TVAL	T_n
1995年1月~2008年1月	1	-0.1658	-0.3854	0.1691	-0.3952
	2	0.2515	-0.0232	0.7282	0.1231
	3	0.4797	0.7648	0.7199	0.3529
	4	-0.5480	-0.2578	0.6131	0.1267
	5	0.2018	-0.2340	0.5727	0.1733
2008年2月~2018年10月	1	-1.3293	-1.1469	-1.4964	-2.0569
	2	0.7718	0.6071	-1.5720	-1.5628
	3	0.4702	0.1659	-0.3065	-0.2175
	4	0.3378	0.5838	-0.5787	-0.4896
	5	-0.1385	-0.0210	-0.5947	-0.5729

注：***、**、*分别表示在1%、5%和10%水平下显著。

　　俄罗斯的股市收益与EPU的子样本非线性格兰杰因果关系检验结果如表8-14A所示。俄罗斯EPU的结构突变点为2011年7月，与金融危机爆发时间距离较久，原因可能在于俄罗斯经济政策受金融危机影响较小，经济政策不确定性出现结构突变的时间点略有滞后。即便如此，无论是结构突变点前的样本还是结构突变点后的样本，无论是收益层面还是波动层面，EPU与股市之间均不存在显著的格兰杰因果关系，如表8-14B所示。

表 8 – 14A　　　　子样本非线性格兰杰因果检验（俄罗斯收益层面）

子样本	$Lx = Ly$	Return！→EPU		EPU！→Return	
		TVAL	T_n	TVAL	T_n
1996 年 1 月 ~ 2011 年 7 月	1	− 1. 6886	− 2. 0071	0. 3831	− 0. 0788
	2	− 1. 3291	− 1. 6763	0. 3500	0. 2115
	3	− 0. 4443	− 0. 6181	0. 4449	0. 2798
	4	− 1. 0082	− 1. 0095	0. 3165	0. 3420
	5	− 0. 4925	− 0. 3311	0. 4461	0. 3936
2011 年 8 月 ~ 2018 年 10 月	1	0. 6812	0. 4732	0. 4795	− 0. 0798
	2	− 0. 0370	0. 0729	0. 1650	0. 4440
	3	− 0. 2769	− 0. 0210	− 0. 8658	− 0. 7473
	4	− 0. 3229	− 0. 3623	0. 8442	1. 0500
	5	− 1. 0588	− 0. 9092	1. 6549 **	1. 5491 *

注：***、**、* 分别表示在 1%、5% 和 10% 水平下显著。

表 8 – 14B　　　　子样本非线性格兰杰因果检验（俄罗斯波动层面）

子样本	$Lx = Ly$	Volatility！→EPU		EPU！→Volatility	
		TVAL	T_n	TVAL	T_n
1996 年 1 月 ~ 2011 年 7 月	1	− 0. 9942	− 0. 9344	0. 5979	0. 4488
	2	− 0. 4455	− 0. 1897	0. 5532	0. 5582
	3	− 0. 6325	− 0. 7705	0. 9357	0. 8682
	4	− 1. 3985	− 1. 1078	0. 7724	0. 9735
	5	− 1. 7093	− 1. 2435	− 0. 2545	− 0. 1401
2011 年 8 月 ~ 2018 年 10 月	1	− 0. 9655	− 0. 9130	− 0. 5411	− 1. 0741
	2	− 0. 5381	− 0. 7885	− 0. 9763	− 1. 3386
	3	− 0. 3795	0. 7161	0. 4171	0. 1213
	4	− 1. 1754	− 1. 0770	0. 2447	0. 3208
	5	− 1. 3406	− 0. 7937	− 0. 0978	0. 3106

注：***、**、* 分别表示在 1%、5% 和 10% 水平下显著。

　　虽然均为新兴市场，中国和俄罗斯的结果存在巨大差异。如此而言，可以推断发达市场与新兴市场之间的结果存在差异，而新兴市场间的结果也存在差异，而发达市场间的差异较小。基于上述结论本章也在结构性检验中发现了市场间的"结构性"差异。

8.6 本 章 小 结

本章从非线性关联的视角，探究了不确定性与股票市场的关系，具体而言即使用非线性格兰杰因果关系检验进行分析。为了给出两者非线性关联的进一步证据，本书还通过结构突变点检验找到结构突变点对应的日期，以突变点日期划分子样本并进行结构性的非线性格兰杰因果关系检验。本书选择 EPU 作为各市场的不确定性指标，使用月度收益和月底已实现波动率作为股市收益和股市波动的代理变量。

从不确定性与股市收益的非线性关系检验结果来看，对大多数国家而言，股票市场收益和 EPU 之间基本不存在非线性关系，间接说明两者关系仅局限于线性层面。仅美国、德国、英国、希腊和澳大利亚的不确定性与股市收益存在关联。其中美国存在双向因果关系，德国、英国和澳大利亚的股票市场收益为 EPU 的格兰杰因，间接说明了 EPU 的内生性。从不确定性与股市波动的非线性关系检验结果来看，股市波动对不确定性冲击更为敏感，而且从非线性格兰杰因果关系检验来看，不确定性更是一种对股市波动的外生影响因素。

从非线性关系的结构性检验发现，发达市场和新兴市场的不确定性与股市的非线性关系存在"结构性"差异，发达市场间的关系差异不大，而新兴市场的关系存在较大差异。具体体现在，对发达市场而言，以金融危机为分界点，危机前，不确定性与股市之间存在一定关联，危机后，非线性关联消失。这一结论对发达市场几乎具有一致性，一个原因在于金融危机引起投资者对不确定性的关注，不确定性信息被充分反映到股票市场中，其预测或定价效力减弱，这与麦克林和潘蒂夫（2016）提出的理论一致。而对新兴市场而言，由于各市场在经济结构、资源禀赋、决策思路等因素方面存在差异，不同市场（例如中国、俄罗斯、印度、巴西等）的不确定性和股市的非线性特征各异。

第9章

结论与展望

9.1　本书主要研究成果

1. 不确定性指标分类与经济学解释

在对已有的主要不确定性指标进行构建原理和构建数据的对比之后，本书认为，不确定性指标的分类应遵循如下原则：原始数据反映的真实行为原则，即原始数据刻画的是宏观经济运行、金融市场运行还是投资者或大众的观念和态度。遵循这一原则，本书将目前常用的不确定性指数区分为两类：广义经济不确定性和有限关注不确定性。前者反映的是宏观经济、经济政策和金融市场有关的不确定性程度，以宏观经济和金融市场数据为原始数据。后者反映的是投资者和大众对金融市场风险的判断和预期，是对人类行为最直接的刻画。

2. 不确定性对资产价格的影响机制扩展

限于作者的天赋和能力，构建和扩展经济学理论模型几乎不可实现，但作者在已有理论模型的基础上，尝试给出未来可以继续研究的方向，例如在帕斯托尔和维罗内西（2012）提出的理论模型基础上，本书认为可以继续扩展至两国模型，探究不确定性溢出对资产价格的影响。关于不确定性与资产价格波动的理论基础较为匮乏，本书从波动的反周期特征入手，给出了不确定性通过影响宏观经济和金融市场基本面进而影响资产市场波动的传导途径。

3. 构建基于有限关注理论的不确定性指标并实证研究

广义经济不确定性指标研究较为丰富，但有限关注不确定性指标相对较少。

本书从最直接的有限关注的度量指标入手，搜集与不确定性有关的关键词，构造一种新的有限关注不确定性指标。进而从样本内和样本外两个角度探究了这种不确定性指标对国际股票市场的预测能力。

4. 基于国际视角的不确定性对股票市场波动的溢出效应

本书在对相关理论进行分析之后，以美国不确定性的溢出为代表，提出了关于广义经济不确定性和有限关注不确定性的研究假说。假说一认为，美国广义经济不确定性对发达市场具有正向影响，对新兴市场国家具有负向影响。假说二认为，美国有限关注不确定性对主要代表性市场的影响不确定。本书将单因素混频GARCH模型扩展为两因素混频模型，实证探究了美国两类不确定性对主要代表性市场波动的影响。

5. 基于中国视角的不确定性对股票市场波动的溢出效应

在国际视角的不确定性溢出效应研究后，本书着重关注全球各国不确定性对中国股票市场波动的影响。为挖掘对中国股票市场影响最大的不确定性指标，本书将单因素混频GARCH模型扩展为多因素混频模型，并将自适应LASSO惩罚函数与模型的对数似然函数结合在一起，以实现混频GARCH模型中的变量选择作用。这既是对混频数据模型理论的扩展，也是关于股市市场波动影响因素的实证研究。

6. 不确定性与股票市场的非线性关联

从非线性角度探究各国不确定性和股市之间的关系，具体而言，即使用非线性格兰杰因果关系检验进行分析，亦是对其他研究内容的一个有益补充。考虑到不同经济状态下的不确定性与股市的关系存在差异，本书还通过结构突变点检验区分子样本，并进行子样本的非线性格兰杰因果关系检验，探究不同阶段的非线性关系是否存在差异。

9.2　本书主要实证结论

1. 新的有限关注不确定性对股票市场的预测作用具有"结构性"差异

有限关注不确定性对主要代表性市场的影响具有地区差异性，对欧美市场而言，市场收益是有限关注不确定性的格兰杰因，但有限关注不确定性不是市场收益的格兰杰因，而亚太市场具有相反的结论。这与市场成熟度、投资者专业程度、投资者行为有较大关系。有限关注不确定性对股市具有负向影响，即不确定性越高，股市收益越低，这与常用的不确定性的影响方向相同，间接表示本书构建的基于有限关注理论的指标确实具有不确定性的属性，同时与已有的有限关注度也存在差别，印证了本书构建的不确定性指标的合理性。有限关注不确定性对股市收益具有非对称影响效应，具体体现在，当股票市场下跌时，不确定性对股市收益的影响高于股票市场上涨时的影响。在样本外预测评估中，不同的不确定性的样本外预测效果不同，同时也存在"地区性"差异，CSPE 结果与样本外预测结果基本一致。

2. 美国广义经济不确定性对发达市场具有正向溢出，对新兴市场具有负向溢出效应

美国 EPU 溢出对发达市场具有正向影响，对新兴市场具有负向影响，美国 EPU 越高，发达市场波动越大，新兴市场波动越小。美国有限关注不确定性溢出对股票市场波动影响的估计结果比较有趣，本书也尝试从多个视角给出结果的解释，例如投资者行为的"结构性差异"，特别是对中国股票市场，不仅与投资者行为的"结构性差异"有关，还可能与语言行为等客观因素有关。而且对发达市场而言，危机后 NVIX 溢出对股票市场波动的影响规模更大且更显著。

3. 欧盟不确定性对中国股市波动的溢出效应更强，中国不确定性对主要市场为负向溢出

德国 EPU 和法国 EPU 是对中国股票市场影响最大的不确定性指标，北美地区特别是美国的不确定性对中国市场的影响反而被高估。中国自身的不确定性仍然是最强劲的影响因素。中国 EPU 对大多数市场均为负向影响。中国 EPU 的负向影响，表明中国经济政策不确定性越高，各国市场波动越小，这暗示了中国与其他国家间的竞争关系，这与中国崛起是密不可分的。从影响的显著性来看，中国 EPU 对法国、日本、俄罗斯和巴西的影响较为显著，间接体现了中国经济政策已经开始对发达市场产生了一定冲击。

4. 不确定性与股票市场的非线性关联较弱，在不同市场间存在差异

对大多数国家而言，股票市场收益和 EPU 之间基本不存在非线性关系，间

接说明两者关系仅局限于线性层面。从不确定性与股市波动的非线性关系检验结果来看，股市波动对不确定性冲击更为敏感，而且从非线性格兰杰因果关系检验来看，不确定性更是一种对股市波动的外生影响因素。非线性关系的结构性检验发现，发达市场和新兴市场的不确定性与股市的非线性关系存在"结构性"差异，发达市场间的关系差异不大，而新兴市场的关系存在较大差异。对发达市场而言，以金融危机为分界点，危机前，不确定性与股市之间存在非线性关联，危机后，非线性关联消失。而对新兴市场而言，由于各市场在经济结构、资源禀赋、决策思路等因素方面存在差异，不同市场的不确定性和股市的非线性特征各异。

9.3 本书主要政策建议

针对理论和实证分析，结合当前不确定性研究的不足之处，本书提出如下政策建议：

1. 确定最重要的不确定性来源

构建的有限关注不确定性对中国股票市场收益的预测作用一般，而且主要集中于政策不确定性和股市不确定性，而宏观不确定性的预测作用较差，这说明不确定性来源仍然受市场和政策冲击。宏观不确定性虽然重要，但从中短期来看，作用并不明显，宏观不确定性信息反馈较慢，而且并不会吸引较多的注意力。

市场波动往往与金融风险紧密联系在一起，通过变量选择发现欧盟地区对中国股市波动的溢出效果强于北美地区，美国的经济政策不确定性的作用被高估。有的时候，业界或者大众关注的信息，实际上并不是最重要的。如同套利一般，当出现错误定价和套利机会时，通过套利可以获取超额收益，但趋之若鹜的套利将会纠正错误定价，导致超额收益的消失。当所有人重点关注美国信息时，美国经济和金融信息被快速消化吸收，不会对中国市场产生不可预料的影响。

2. 构建真正的中国经济政策不确定性

经济政策不确定性的外生属性表明其可以仿照美国经济政策不确定性构建真正属于中国的经济政策不确定性，这一点尤为重要。贝克等（2016）在其网站公布的中国 EPU，数据来源并非中国大陆最主流的报纸数据，因此构建的经济政策不确定性与实际情况偏差很大，这必然也阻碍了相关学术研究的进展。

　　在构建中国经济政策不确定性时，应注意充分注意政治、经济、文化、社会的中国特色。切忌直接照搬美国经济政策不确定性的构建思路。中国的政治体制决定了经济政策整体连续性较高，而且相似的政策在不同时期的名称可能不同，因此搜寻到不同政策之间的相似性非常重要。只有认清中国的经济现实，搜寻到真正的经济政策"不确定性"才是构建指标的根本。

3. 简单的不确定性预测或预警体系可能更有效

　　不确定性与股票市场的线性关系足以解释不确定性对股票市场的影响，而非线性关系似乎并不是那么显著，间接说明非线性关系可能并不是那么重要。如此而言，简单的不确定性预测或预警体系可能更有效。正如"ARMA 模型是计量经济学模型的良心"一样，在进行时间序列预测时，ARMA 模型反而是预测精度最高的模型。那么在利用不确定性预测未来的收益和波动时，可以充分考虑线性模型。

4. 继续推进资本市场建设，提高规避风险的能力

　　不确定性溢出同样是一种外生风险，那么也应该充分规避。一种比较稳妥和长期的方式就是推进资本市场建设，提高资本市场的成熟度，从自身内部提高抵御风险的能力。另一种方式就是重点关注不确定性的来源，并加以监控以实现规避的目标。

9.4　本书主要研究展望

　　最后，本书提出几点未来可以继续探索的研究方向，也希望与学界同仁一起讨论，共同为中国金融学研究贡献微薄之力：

1. 理论模型的进一步研究

　　已有的理论研究主要集中于一国内的经济政策不确定性对个股的影响，实际仍然是广义经济不确定性对个股收益的影响。在理论研究层面，主要有以下研究：第一，结合信息传播和投资者学习机制，构建有限关注不确定性对股票收益影响的理论模型，阐述有限关注不确定性如何影响投资者进而影响股票收益；第二，从信息传播和投资者关注角度，分析不确定性溢出如何对股票收益和波动产生影响。

2. 构建多样化的中国不确定性指标

在 EPU 的网站上公布的中国 EPU 指标，是基于《南华早报》数据构建的，并非中国大陆的主流媒体报纸，不能代表中国真实的经济政策演变过程。此外，构建 EPU 指标，还应充分考虑到中国政治体制的现实特征，识别出真正与经济政策不确定性有关的成分。此外，还可以考虑基于大数据挖掘技术构造中国的 NVIX 指数。主要细节如下：

（1）组建专业的经济预测组织。该组织主要功能在于对未来经济增速进行预测，基于经济预测的不一致性可以构建专业的经济预期不确定性。组织成员可以是政府和中央银行官员、高校教授、金融企业首席经济学家和明星研究员，以及实体企业代表。

（2）建立官方新闻媒体数据库。基于中国主流媒体建立新闻媒体数据库，搜集主要关键词，构建中国经济政策不确定性指标，同时利用多种计量经济学模型分离出真正的经济不确定性成分。此外，国家主要领导人的会议讲话等内容也可以纳入数据库中。

上述内容构建指标的底层基础支持，之后才真正开始构建中国的不确定性指标。

（3）揭示中国股市波动的重要来源。本书提出的 GARCH – MIDAS – VS 模型可用于选择最重要的影响股票市场波动的因素。在此模型的基础上，可以延续股票市场波动研究，探寻对中国股票市场长期波动影响最为重要的因素。

3. 不确定性内生性证明

本书尝试探究不确定性是否内生，即不确定性不是完全外生存在的，或是由经济体系内生决定的。但是从本书第 7 章来看，不确定性（至少对 EPU 而言）在非线性层面是外生的。那么，不确定性内生性在市场间是否存在显著差异，这种差异怎么受市场特征影响，哪些市场中的 EPU 真正是外生存在的？不同市场的不确定性外生性是否存在差异？这一系列问题都是可以深入探讨的研究方向。路德维格松等（2018）在其工作论文中指出，基于胡拉多等（2015）的方法构造的金融不确定性，真正外生于经济周期。受路德维格松等（2018）启发，希望未来能够给出后续研究。

参 考 文 献

[1] 才国伟，吴华强，徐信忠. 政策不确定性对公司投融资行为的影响研究 [J]. 金融研究，2018 (3)：89 - 104.

[2] 陈德球，陈运森. 政策不确定性与上市公司盈余管理 [J]. 经济研究，2018 (6)：97 - 111.

[3] 陈德球，陈运森，董志勇. 政策不确定性、市场竞争与资本配置 [J]. 金融研究，2017 (11)：65 - 80.

[4] 陈浪南，屈文洲. 资本资产定价模型的实证研究 [J]. 经济研究，2000 (4)：26 - 34.

[5] 陈乐一，张喜艳. 经济不确定性与经济波动研究进展 [J]. 经济学动态，2018 (8)：134 - 146.

[6] 陈共荣，刘冉. 市盈率能否成为投资决策分析的有效指标——来自中国 A 股的经验数据 [J]. 会计研究，2011 (9)：9 - 16.

[7] 陈胜蓝，刘晓玲. 经济政策不确定性与公司商业信用供给 [J]. 金融研究，2018 (5)：172 - 190.

[8] 戴静，刘放，张豪，许传华. 周期交错、政策不确定性和企业 R&D 投资——基于官员任期和五年计划的证据 [J]. 管理评论，2019 (12)：100 - 114.

[9] 丁志国，苏治，杜晓宇. 经济周期与证券市场波动关联性——基于向量 SWARCH 模型的新证据 [J]. 数量经济技术经济研究，2007 (3)：61 - 68 + 80.

[10] 丁志国，苏治，赵晶. 资产系统性风险跨期时变的内生性：由理论证明到实证检验 [J]. 中国社会科学，2012 (4)：82 - 102 + 206 - 207.

[11] 范龙振，王海涛. 上海股票市场股票收益率因素研究 [J]. 管理科学学报，2001 (6)：60 - 67.

[12] 范龙振，余世典. 中国股票市场的三因子模型 [J]. 系统工程学报，2002 (17)：537 - 546.

[13] 方意. 主板与中小板、创业板市场之间的非线性研究："市场分割" 抑或 "危机传染"？[J]. 经济学（季刊），2015 (15)：373 - 402.

［14］官汝凯.政策不确定环境下的资本结构动态决策［J］.南开经济研究，2021（4）：97－119.

［15］顾夏铭，陈勇民，潘士远.经济政策不确定性与创新——基于我国上市公司的实证分析［J］.经济研究，2018（2）：109－123.

［16］韩学红，郑妍妍，伍超明.对我国股票收益率与通货膨胀率关系的解释：1992－2007［J］.金融研究，2008（4）：21－36.

［17］贺炎林.基于状态转移信息对FF三因子模型的改进［J］.中国管理科学，2008（1）：7－15.

［18］纪洋，王旭，谭语嫣，黄益平.经济政策不确定性、政府隐性担保与企业杠杆率分化［J］.经济学（季刊），2018（2）：449－470.

［19］贾春新，赵宇，孙萌，汪博.投资者有限关注与限售解禁［J］.金融研究，2010（11）：108－122.

［20］贾倩，孔祥，孙铮.政策不确定性与企业投资行为——基于省级地方官员变更的实证检验［J］.财经研究，2013（2）：81－91.

［21］蒋腾，张永冀，赵晓丽.经济政策不确定性与企业债务融资［J］.管理评论，2018（3）：29－39.

［22］靳云汇，刘霖.中国股票市场CAPM的实证检验［J］.金融研究，2001（7）：106－116.

［23］金雪军，钟意，王义中.政策不确定性的宏观经济后果［J］.经济理论与经济管理，2014（2）：17－26.

［24］李凤羽，杨墨竹.经济政策不确定性会抑制企业投资吗——基于中国经济政策不确定性指数的实证研究［J］.金融研究，2015（4）：115－129.

［25］林建浩，王美今.通货膨胀与股票收益的关系研究——基于具有财务杠杆与货币效用的资产定价模型［J］.金融研究，2011（9）：93－106.

［26］刘永涛.上海证券市场β系统相关特性的实证研究［J］.管理科学，2004（1）：29－35.

［27］刘金全，马亚男.股票收益率与通货膨胀率的相关性研究——基于对我国经济周期波动过程的考察［J］.吉林大学社会科学学报，2009（1）：120－125.

［28］刘昱熙，宋旺.股票汇报与公司规模、市净率、市盈率之间的关系——基于中国A股市场的实证论证［J］.财会通讯，2011（6）：83－84＋94.

［29］刘维奇，牛晋霞，张信东.股权分置改革与资本市场效率——基于三因子模型的实证检验［J］.会计研究，2010（3）：65－72＋97.

［30］吕长江，赵岩.中国证券市场中Beta系统的存在性及其相关特性研究

[J]. 南开管理评论, 2003 (1): 35-43.

[31] 鲁晓东, 刘京军. 不确定性与中国出口增长 [J]. 经济研究, 2017 (9): 39-54.

[32] 孟庆斌, 师倩. 宏观经济不确定性对企业研发的影响: 理论与经验研究 [J]. 世界经济, 2017 (9): 75-98.

[33] 彭叠峰, 饶育蕾, 雷湘媛. 有限关注、噪声交易与均衡资产价格 [J]. 管理科学学报, 2015 (9): 86-94.

[34] 彭俞超, 韩珣, 李建军. 经济政策不确定性与企业金融化 [J]. 中国工业经济, 2018 (1): 137-155.

[35] 饶育蕾, 王建新, 苏燕青. 上市公司盈余信息披露是否存在时机择时——基于投资者有限注意的实证分析 [J]. 管理评论, 2012 (12): 146-155.

[36] 阮涛, 林少宫. CAPM 模型对上海股票市场的检验 [J]. 数理统计与管理, 2000 (2): 12-17.

[37] 史小坤, 陈文. 货币政策能否促进银行对小微企业信贷投放——基于宏观经济不确定性视角的研究 [J]. 经济理论与经济管理, 2021 (7): 81-95.

[38] 苏卫东, 张世英. 上海股市 β 系统的稳定性检验 [J]. 预测, 2002 (2): 44-46+62.

[39] 苏治. 跨期条件下 β 系数时变性研究 [D]. 长春: 吉林大学, 2006.

[40] 苏治, 方彤, 尹力博. 中国虚拟经济与实体经济的关联性——基于规模和周期视角的实证研究 [J]. 中国社会科学, 2017 (8): 87-109+206.

[41] 苏治, 方彤, 马景义. 一类包含不同权重函数的混频 GARCH 族模型及其应用研究 [J]. 数量经济技术经济研究, 2018 (10): 126-143.

[42] 苏治, 丁志国, 方明. 跨期 β 系统时变结构研究 [J]. 数量经济技术经济研究, 2008 (5): 135-145.

[43] 谭小芬, 张文婧. 经济政策不确定性影响企业投资的渠道分析 [J]. 世界经济, 2017 (12): 3-26.

[44] 谭伟强. 我国股市盈余公告的 "周历效应" 与 "集中公告效应" 研究 [J]. 金融研究, 2008 (12): 152-167.

[45] 田利辉, 王冠英, 张伟. 三因子模型定价: 中国与美国有何不同? [J]. 国际金融研究, 2014 (7): 37-45.

[46] 田磊, 林建浩. 经济政策不确定性兼具产出效应和通胀效应吗? 来自中国的经验证据 [J]. 南开经济研究, 2016 (2): 3-24.

[47] 王宜峰, 王燕鸣, 张颜江. 条件 CAPM 与横截面定价检验: 基于中国

股市的经验分析 [J]. 管理工程学报，2012（4）：137 – 145.

[48] 吴世农，许年行. 资产的理性定价模型和非理性定价模型的比较研究 [J]. 经济研究，2004（6）：105 – 116.

[49] 王一鸣，赵留彦. 我国通货膨胀与股票收益相关性：从长、短期视角的解释 [J]. 经济学动态，2008（3）：66 – 70.

[50] 王义中，宋敏. 宏观经济不确定性、资金需求与公司投资 [J]. 经济研究，2014（2）：4 – 17.

[51] 汪亚楠，周梦天. 贸易政策不确定性、关税减免与出口产品分布 [J]. 数量经济技术经济研究，2017（12）：127 – 142.

[52] 伍燕然，韩立岩. 不完全理性、投资者情绪与封闭式基金之谜 [J]. 经济研究，2007（3）：117 – 129.

[53] 徐业坤，钱先航，李维安. 政治不确定性、政治关联与民营企业投资——来自市委书记更替的证据 [J]. 管理世界，2013（5）：116 – 130.

[54] 杨朝军，刑靖. 上海证券市场 CAPM 实证检验 [J]. 上海交通大学学报，1998（3）：59 – 64.

[55] 杨炘，陈展辉. 中国股市三因子资产定价模型实证研究 [J]. 数量经济技术经济研究，2003（12）：137 – 141.

[56] 俞庆进，张兵. 投资者有限关注与股票收益——以百度指数作为关注度的一项实证研究 [J]. 金融研究，2012（8）：152 – 165.

[57] 游家兴，吴静. 沉默的螺旋：媒体情绪与资产误定价 [J]. 经济研究，2012（7）：141 – 152.

[58] 张光利，许洋，韩雅倩，孙宁妍. 经济政策不确定性与企业融资约束 [J]. 投资研究，2018（6）：144 – 159.

[59] 张卫东，龚金国. B – CAPM 模型的 GMM 估计和检验 [J]. 中国管理科学，2014（3）：20 – 25.

[60] 张维，翟晓鹏，邹高峰，熊熊. 市场情绪、投资者关注与 IPO 破发 [J]. 管理评论，2015（6）：160 – 185.

[61] 张世英，柯珂. ARCH 模型体系 [J]. 系统工程学报，2002（3）：236 – 245.

[62] 赵留彦. 股票收益与通货膨胀：中国恶性通胀时期的实证研究 [J]. 经济学（季刊），2016（2）：479 – 498.

[63] 赵振全，张宇. 中国股票市场波动和宏观经济波动关系的实证分析 [J]. 数量经济技术经济研究，2003（6）：143 – 146.

［64］郑挺国，尚玉皇. 基于宏观基本面的股市波动度量与预测［J］. 世界经济，2014（12）：118 – 139.

［65］Abel，A. B. Optimal Investment under Uncertainty［J］. American Economic Review，1983，73（1）：228 – 233.

［66］Altug，S.，Demers，F. S.，Demers，M. The Investment Tax Credit and Irreversible Investment［J］. Journal of Macroeconomics，2009，31（4）：509 – 522.

［67］Antonakakis，N.，Chatziantoniou，I.，Filis，G. Dynamic Co – movements of Stock Market Returns，Implied Volatility and Policy Uncertainty［J］. Economics Letter，2013，120：87 – 92.

［68］Andreasson，P.，Bekiros，S.，Nguyen，D. K.，Uddin，G. S. Impact of Speculation and Economic Uncertainty on Commodity Markets［J］. International Review of Financial Analysis，2016，43：115 – 127.

［69］Ang，A.，Bekaert，G. Stock Return Predictability：Is It There？［J］. Review of Financial Studies，2007，20（3）：651 – 707.

［70］Antonakakis，N.，Chatziantoniou，I.，Filis，G. Dynamic Spillovers of Oil Price Shocks and Economic Policy Uncertainty［J］. Energy Economics，2014，44：433 – 447.

［71］Anderson，E. W.，Ghysels，E.，Juergens，J. L. The Impact of Risk and Uncertainty on Expected Returns［J］. Journal of Financial Economics，2009，94：233 – 263.

［72］Arisoy，Y. E.，Altay – Salih，A.，Akdeniz，L. Aggregate Volatility Expectations and Threshold CAPM［J］. The North American Journal of Economics and Finance，2015，34：231 – 253.

［73］Arrow，K. J. Optimal Capital Policy and Irreversible Investment，in Value，Capital，Growth，edited by J. N. Wolfe，1 – 20. Chicago：Aldine.

［74］Asgharian，H.，Hou，A. J.，Javed，F. The Importance of the Macroeconomic Variables in Forecasting Stock Return Variance：A GARCH – MIDAS Approach［J］. Journal of Forecasting，2013，32（7）：600 – 612.

［75］Asgharian，H.，Christiansen，C.，Hou，A. J. Effects of Macroeconomic Uncertainty on the Stock and Bond Markets［J］. Financial Research Letters，2015，13（7）：10 – 16.

［76］Auerbach，A. J.，Hines，J. R. Investment Tax Incentives and Frequent Tax Reforms［J］. American Economic Review，1988，78（2）：211 – 216.

［77］ Auerbach, A. J. Tax Reform and Adjustment Costs: The Impact on Investment and Market Value ［J］. International Economic Review, 1989, 30: 939 – 962.

［78］ Auerbach, A. J. , Hassett, K. Fiscal Policy and Uncertainty ［J］. International Finance, 2002, 5 (2): 229 – 249.

［79］ Avramov, D. Stock Return Predictability and Model Uncertainty ［J］. Journal of Financial Economics, 2002, 64 (3): 423 – 458.

［80］ Avramov, D. , Chordia, T. Predicting Stock Returns ［J］. Journal of Financial Economics, 2006, 82: 387 – 415.

［81］ Aydemir, A. B. Volatility Modelling in Finance, in Forecasting Volatility in the Financial Markets ［M］. John Knight and Stephen Satchell, eds. Butterworth Heinemann, ch. 1, pp. 1 – 46.

［82］ Bai, J. , Perron, P. Computation and Analysis of Multiple Structural Change Models ［J］. Journal of Applied Econometrics, 2003, 18 (1): 1 – 22.

［83］ Beckmann, J. , Czudaj, R. Exchange Rate Expectations and Economic Policy Uncertainty ［J］. European Journal of Political Economy, 2016.

［84］ Baker, M. , Wurgler, J. The Equity Share in New Issues and Aggregate Stock Returns ［J］. The Journal of Finance, 2000, 55 (5): 2219 – 2257.

［85］ Baker, S. R. , Bloom, N. , Davis, S. J. Measuring Economic Policy Uncertainty ［J］. The Quarterly Journal of Economics, 2016, 131 (4): 1593 – 1636.

［86］ Baker, M. , Wurgler, J. Investor Sentiment and the Cross – Section of Stock Returns ［J］. The Journal of Finance, 2006, 61 (4): 1645 – 1680.

［87］ Baker, M. , Wurgler, J. Investor Sentiment in the Stock Market ［J］. The Journal of Economic Perspective, 2007, 21 (2): 129 – 151.

［88］ Baillie, R. T. , Cho D. Assessing Euro Crisis from a Time Varying International CAPM Approach ［J］. Journal of Empirical Finance, 2016.

［89］ Bakas, D. , Triantafyllou, A. The Impact of Uncertainty Shocks on the Volatility of Commodity Prices ［J］. Journal of International Money and Finance, 2018, 87: 96 – 111.

［90］ Bali, T. G. , Brown, S. J. , Tang, Y. Macroeconomic Uncertainty and Expected Returns ［R］. SSRN Working Paper, 2014.

［91］ Bansal, R. , Kiku, D. , Shaliastovich, I. Volatility, the Macroeconomy, and Asset Prices ［J］. The Journal of Finance, 2014, 69 (6): 2471 – 2511.

[92] Barber, B. M. , Odean, T. All That Glitters: The Effect of Attention and News on the Buying Behavior of Individual and Institutional Investors [J]. Review of Financial Studies, 2008, 21: 785 – 818.

[93] Basu, S. Investment Performance of Common Stocks in Relation to Their Price – earnings Ratios: A Test of the Efficient Market Hypothesis [J]. The Journal of Finance, 1977, 28 (3): 663 – 682.

[94] Basu, S. The Relationship between Earnings' Yield, Market Value and Return for NYSE Common Stocks: Further Evidence [J]. Journal of Financial Economics, 1983, 12 (1): 129 – 156.

[95] Beltratti, A. , Morana, C. Breaks and Persistency: Macroeconomic Causes of Stock Market Volatility [J]. Journal of Econometrics, 2006, 131 (1): 151 – 177.

[96] Bernal, O. , Gnabo, J. Guilmin, G. Economic Policy Uncertainty and Risk Spillovers in the Eurozone [J]. Journal of International Money and Finance, 2016, 65: 24 – 45.

[97] Bernanke, B. S. Irreversibility, Uncertainty, Cyclical Investment [J]. Quarterly Journal of Economics, 1983, 98: 85 – 106.

[98] Bernanke, B. S. , Blinder, A. S. The Federal Funds Rate and Channels of Monetary Transmission [J]. American Economic Review, 1992, 82 (4): 901 – 921.

[99] Bernanke, B. S. , Kuttner, N. What Explains the Stock Market's Reaction to Federal Reserve Policy? [J]. The Journal of Finance, 2005, 60 (3): 1221 – 1257.

[100] Black, F. Studies of Stock Price Volatility Changes, in: Proceedings of the 1976 Meetings of the Business and Economics Statistics Section, American Statistical Association, 1976: 177 – 181.

[101] Black, F. , Scholes, M. The Pricing of Options and Corporate Liabilities [J]. The Journal of Political Economy, 1973: 637 – 654.

[102] Black, F. , Scholes, M. The Effects of Dividend Yield and Dividend Policy on Common Stock Prices and Returns [J]. Journal of Financial Economics, 1974, 1: 1 – 22.

[103] Bloom, N. The Impact of Uncertainty Shocks: Firm – level Estimation and a 9/11 Simulation [R]. NBER Working Paper, No. 13385, 2006.

[104] Bloom, N. The Impact of Uncertainty Shocks [J]. Econometrica, 2009, 77 (3): 623 – 685.

［105］ Blume, M. E. The Assessment of Portfolio Performance: An Application of Portfolio Theory ［D］. Ph. D. diss. , University of Chicago, 1968.

［106］ Blume, M. E. On the Assessment of Risk ［J］. The Journal of Finance, 1971, 26 (4): 275 – 88.

［107］ Bodie, Z. , Merton, R. C. Finance 1st ［M］. Prentice: Prentice – Hall, 2000: 331 – 335.

［108］ Bodie, Z. Common Stocks as a Hedge against Inflation ［J］. The Journal of Finance, 1976, 31 (2): 459 – 470.

［109］ Bodurtha, J. N. , Mark, J. N. C. Testing the CAPM with Time Varying Risks and Returns ［J］. The Journal of Finance, 1991, 46: 1485 – 1505.

［110］ Boffelli, S. , Skintzi, V. D. , Urga, G. High – and Low – Frequency Correlations in European Government Bond Spreads and Their Macroeconomic Drivers ［J］. Journal of Financial Econometrics, 2017, 15 (1): 62 – 105.

［111］ Bollerslev, T. Generalized Autoregressive Conditional Heteroskedasticity ［J］. Journal of Economics, 1986, 31 (3): 307 – 327.

［112］ Bollerslev, T. , Engle, R. F. , Wooldridge, J. M. A Capital Asset Pricing Model with Time – Varying Covariance ［J］. Journal of Political Economy, 1988, 96 (1): 116 – 131.

［113］ Bollerslev, T. , Tauchen, G. , Zhou, H. Expected Stock Returns and Variance Risk Premia ［J］. Review of Financial Studies, 2009, 22 (11): 4463 – 4492.

［114］ Born, B. , Pferfer, J. Risk Matters: The Real Effects of Volatility Shocks: Comment ［J］. American Economic Review, 2014, 104 (12): 4231 – 4239.

［115］ Boudoukh, J. , Michaely, R. , Richardson, M. On the Importance of Measuring Payout Yield: Implications for Empirical Asset Pricing ［J］. The Journal of Finance, 2007, 62 (2): 877 – 915.

［116］ Breeden, D. An Intertemporal Asset Pricing Model with Stochastic Consumption and Investment Opportunity ［J］. Journal of Financial Economics, 1979, 7: 265 – 296.

［117］ Breen, W. Low Price – earnings Ratios and Industry Relative ［J］. Financial Analysts Journal, 24 (4): 125 – 127.

［118］ Brogaard, J. , Detzel, A. The Asset Pricing Implications of Government Economic Policy Uncertainty ［J］. Management Science, 2015, 61 (1): 3 – 18.

[119] Brown, S. Estimating Volatility, in Financial Options: From Theory to Practice [M]. Stephen Figlewski, William L. Silber and Martin G. Subrahmanyam, eds. Chicago: Irwin.

[120] Cakici, N. , Chatterjee, S. , Topyan, K. Decomposition of Book – to – market and the Cross – section of Returns for Chinese Shares [J]. Pacific – Basin Finance Journal, 2015, 34: 102 – 120.

[121] Campbell, J. Y. , Shiller, R. J. Stock Prices, Earnings, Expected Dividends [J]. The Journal of Finance, 1988, 43 (3): 661 – 676.

[122] Campbell, J. Y. Stock Returns and the Term Structure [J]. Journal of Financial Economics, 1987, 18 (2): 373 – 399.

[123] Campbell, J. Y. , Hamao, Y. Predictability Stock Returns in the United States and Japan: A Study of Long – term Capital Market Integration [J]. The Journal of Finance, 1992, 47 (1): 43 – 69.

[124] Campbell, J. Y. Asset Pricing at the Millennium [J]. The Journal of Finance, 2000, 55 (4): 1515 – 1567.

[125] Campbell, J. Y. Thompson, S. B. Predicting Excess Stock Returns out of Sample: Can Anything Beat the Historical Average [J]. Review of Financial Studies, 2008, 21 (4): 1509 – 1531.

[126] Campbell, J. Y. , Giglio, S. , Polk, C. , Turley, R. An Intertemporal CAPM with Stochastic Volatility [R]. NBER Working Paper, No. 18411, 2012.

[127] Chamberlain, G. Asset Pricing in Multiperiod Securities Markets [J]. Econometrica, 1988, 56 (6): 1283 – 1300.

[128] Chan, K. C. , Karolyi, G. A. , Longstaff, F. A. An Empirical Comparison of Alternative Models of the Short – term Interest Rate [J]. The Journal of Finance, 1992, 47 (3): 1209 – 1227.

[129] Chemmanur, T. , Varian, H. Advertising, Attention and Stock Returns [R]. Boston College and Fordham University, Working Paper, 2009.

[130] Chen, N. , Roll, R. , Ross, S. Economic Forces and the Stock Market [J]. The Journal of Business, 1986, 59 (3): 383 – 403.

[131] Chen, S. Does Monetary Policy Have Asymmetric Effects on Stock Returns? [J]. Journal of Money, Credit and Banking, 2007, 39 (2 – 3): 667 – 688.

[132] Chen, S. The Predictability of Aggregate Japanese Stock Returns: Implications of Dividend Yield [J]. International Review of Economics and Finance, 2012,

22：284 – 304.

[133] Chen, X. , Ghysels, E. News—Good or Bad—and Its Impact on Volatility Predictions over Multiple Horizons [J]. Review of Financial Studies, 2011, 24 (1)：46 – 81.

[134] Choi, H. , Varian, H. Predicting the Present with Google Trends [R]. Google Inc, Working Paper, 2009.

[135] Christiansen, C. , Schmeling, M. , Schrimpf, A. A Comprehensive Look at Financial Volatility Prediction by Economic Variables [J]. Journal of Applied Econometrics, 2012, 27 (6)：956 – 977.

[136] Christie, A. The Stochastic Behavior of Common Stock Variance：Value, Leverage and Interest Rate Effects [J]. Journal of Financial Economics, 1982, 10：407 – 432.

[137] Clark, T. E. , McCracken, M. Tests of Equal Forecast Accuracy and Encompassing for Nested Models [J]. Journal of Econometrics, 2001, 105 (1)：85 – 110.

[138] Cochrane, J. H. Where is the Market Going? Uncertain Facts and Novel Theories [J]. Federal Reserve Bank of Chicago – Economic Perspectives, 1997, 21 (6)：3 – 37.

[139] Colacito, R. , Ghysels, E. , Meng, J. , Siwasarit, W. Skewness in Expected Macro Fundamentals and the Predictability of Equity Returns：Evidence and Theory [J]. Review of Financial Studies, doi：10. 1093/rfs/hhw009.

[140] Colombo, V. Economic Policy Uncertainty in the US：Does It Matter for the Euro Area [J]. Economics Letters, 2013, 121：39 – 42.

[141] Conrad, J. , Gultekin, M. , Kaul, G. Asymmetric Predictability of Conditional Variances [J]. Review of Financial Studies, 1991, 4：597 – 622.

[142] Conrad, C. , Loch, K. Anticipating Long – term Stock Market Volatility [J]. Journal of Applied Econometrics, 2015, 30：1090 – 1114.

[143] Conrad, C. , Loch, K. , Rittler, D. On the Macroeconomic Determinants of Long – term Volatility and Correlations in U. S. Stock and Crude Oil Markets [J]. Journal of Empirical Finance, 2014, 29：26 – 40.

[144] Corradi, V. , Distaso, W. , Mele, A. Macroeconomic Determinants of Stock Market Volatility and Volatility Premiums [J]. Journal of Monetary Economics, 2013, 60：203 – 220.

［145］ Croce, M. N. , Nguyen, T. T. , Schmid, L. The Market Price of Fiscal Uncertainty ［J］. Journal of Monetary Economics, 2012, 59 (5): 401 – 416.

［146］ Culter, D. M. , Poterba, J. M. , Summers, L. H. Speculative Dynamics ［J］. The Review of Economic Studies, 1991, 58 (3): 529 – 546.

［147］ Da, Z. , Engelberg, J. , Gao, P. In Search of Attention ［J］. The Journal of Finance, 2011, 66 (5): 1461 – 1499.

［148］ Da, Z. , Engelberg, J. , Gao, P. The Sum of All FEARS Investor Sentiment and Asset Pricing ［J］. Review of Financial Studies, 2015, 28: 1 – 32.

［149］ Dakhlaoui, I. , Aloui, C. The Interactive Relationship between the US Economic Policy Uncertainty and BRIC Stock Markets ［J］. International Economics, 2016, 146: 141 – 157.

［150］ Danielsson, J. Stochastic Volatility in Asset Prices: Estimation with Simulated Maximum Likelihood ［J］. Econometrics, 1994, 64: 375 – 400.

［151］ David, A. , Veronesi, P. Inflation and Earnings Uncertainty and Volatility Forecasts ［R］. Graduate School of Business, University of Chicago, 2004.

［152］ David, A. , Veronesi, P. What Ties Return Volatilities to Price Valuations and Fundamentals? ［J］. Journal of Political Economy, 2013, 121 (4): 682 – 746.

［153］ Davis, S. J. An Index of Global Economic Policy Uncertainty ［R］. University of Chicago Booth School of Business, Working Paper, 2016.

［154］ De Long, Bradford, J. , Shleifer, A. , Summers, L. H. , Waldmann, R. Noise Trader Risk in Financial Markets ［J］. Journal of Political Economy, 1990, 98: 703 – 738.

［155］ Dellavigna, S. , Pollet, J. M. Investor Inattention and Friday Earnings Announcements ［J］. The Journal of Finance, 2009, 64: 709 – 749.

［156］ Diebold, F. X. , Yilmaz, K. Better to Give than to Receive: Predictive Directional Measurement of Volatility Spillovers ［J］. International Journal of Forecasting, 2012, 28 (1): 57 – 66.

［157］ Diks, C. , Panchenko, V. A New Statistic and Practical Guidelines for Nonparametric Granger Causality Testing ［J］. Journal of Economic Dynamics & Control, 2006, 30: 1647 – 1669.

［158］ Ding, Z. , Granger, C. , Engle, R. F. A Long Memory Property of Stock Market Returns and a New Model ［J］. Journal of Empirical Finance, 1993, 1: 83 –

106.

[159] Ding, Z, Granger, C. Modeling Volatility Persistence of Speculative Returns: A New Approach [J]. Journal of Econometrics, 1996, 73 (1): 185 – 215.

[160] Donnelly, R. The Book – to – market Ratio, Optimism and Valuation [J]. Journal of Behavioral and Experimental Finance, 2014, 4: 14 – 24.

[161] Drechsler, I. Uncertainty, Time – Varying Fear, Asset Prices [J]. The Journal of Finance, 2013, 68 (5): 1843 – 1889.

[162] Duan, J. Augmented GARCH (p, q) Process and Its Diffusion Limit [J]. Journal of Econometrics, 1997, 79: 97 – 127.

[163] Duffie, D., Singleton, K. J. Simulated Moments Estimation of Marko Models of Asset Prices [J]. Econometrica, 1993, 61: 929 – 952.

[164] Durbin, J., Koopman, S. J. Time Series Analysis of Non – Gaussian Observations Based on State Space Models from both Classical and Bayesian Perspectives [J]. Journal of the Royal Statistical Society: Series B (Statistical Methodology), 2000, 62 (1): 3 – 56.

[165] Engle, R. F. Autoregressive Conditional Heteroscedasticity with Estimates of the Variance of United Kingdom Inflation [J]. Econometrica, 1982, 50 (4): 987 – 1007.

[166] Engle, R. F., Lilien, D. M., Robins, R. P. Estimating Time – varying Risk Premia in the Term Structure: The ARCH – M Model [J]. Econometrica, 1987, 55 (2): 391 – 407.

[167] Engle, R. F., Ng, V. K. Measuring and Testing the Impact of News on Volatility [J]. The Journal of Finance, 1993, 48 (5): 1749 – 1778.

[168] Engle, R. F. Statistical Models for Financial Volatility [J]. Financial Analysts Journal, 1993, 49 (1): 72 – 78.

[169] Engle, R. F., Lee, G. A Permanent and Transitory Component Model of Stock Return Volatility [M]. In Cointegration, Causality, Forecasting: A Festschrift in Honor of Clive W. J. Granger, New York: Oxford University Press, 1999: 475 – 497.

[170] Engle, R. F., Rangel, J. G. The Spline – GARCH Model for Low – frequency Volatility and Its Global Macroeconomic Causes [J]. Review of Financial Studies, 2008, 21 (21): 1187 – 1222.

[171] Engle, R. F., Ghysels, E., Sohn, B. Stock Market Volatility and Mac-

roeconomic Fundamentals [J]. Review of Economics & Statistics, 2013, 95 (3): 776 – 797.

[172] Erb, C. B. , Harvey, C. R. , Viskanta, T. E. Political Risk, Economic Risk, Financial Risk [J]. Financial Analysts Journal, 1996, 52 (6): 29 – 46.

[173] Fama, E. F. The Behavior of Stock Market Prices [J]. The Journal of Business, 1965, 38 (1): 34 – 105.

[174] Fama, E. F. Risk, Returns, Equilibrium [J]. Journal of Political Economy, 1971, 79 (1): 30 – 55.

[175] Fama, E. F. , Schwert, G. Asset Retruns, Inflation [J]. Journal of Financial Economics, 1977, 5 (2): 115 – 146.

[176] Fama, E. F. Stock Returns, Real Activity, Inflation, Money [J]. American Economics Review, 1981, 71 (4): 545 – 565.

[177] Fama, E. F. , French, K. R. Dividend Yields and Expected Stock Returns [J]. Journal of Financial Economics, 1988, 25 (1): 3 – 25.

[178] Fama, E. F. , French, K. R. Business Conditions and Expected Returns on Stock and Bonds [J]. Journal of Financial Economics, 1989, 58 (4): 1393 – 1413.

[179] Fama, E. F. Term – structure Forecasts of Interest Rates, Inflation, Real Returns [J]. Journal of Monetary Economics, 1990, 25 (1): 59 – 76.

[180] Fama, E. F. , French, K. R. The Cross – section of Expected Stock Returns [J]. The Journal of Finance, 1992, 47 (2): 427 – 465.

[181] Fama, E. F. , French, K. R. Common Risk Factors in the Returns on Stocks and Bonds [J]. Journal of Financial Economics, 1993, 33: 3 – 56.

[182] Fama, E. F. , French, K. R. The Capital Asset Pricing Model: Theory and Evidence [J]. The Journal of Economics Perspectives, 2004, 18 (3): 25 – 46.

[183] Fama, E. F. , French, K. R. The Value Premium and the CAPM [J]. The Journal of Finance, 2006, 61 (5): 2163 – 2185.

[184] Fama, E. F, French, K. R. Average Returns, B/M, Share Issues [J]. The Journal of Finance, 2008, 63 (6): 2971 – 2995.

[185] Fama, E. F. , French, K. R. A Five – factor Asset Pricing Model [J]. Journal of Financial Economics, 2015, 116 (1): 1 – 22.

[186] Fan, J. , Li, R. Variable Selection via Nonconcave Penalized Likelihood and its Oracle Properties [J]. Journal of the American Statistical Association, 2001,

96 (456): 1348 – 1360.

[187] Fan, Y. , Tang, C. Y. Tuning Parameter Selection in High Dimensional Penalized Likelihood [J]. Journal of the Royal Statistical Society, 2013, 75: 531 – 552.

[188] Fang, T. , Lee, T. H. , Su, Z. Predicting the Long – term Stock Market Volatility: A GARCH – MIDAS Model with Variable Selection [R]. University of California, Riverside, Working Paper, 2018.

[189] Fang, L. , Qian, Y. , Chen, Y. , Yu, H. How Does Stock Market Volatility React to NVIX? Evidence from Developed Countries [J]. Physica A: Statistical Mechanics and Its Applications, 2018, 505: 490 – 499.

[190] Feldstein, M. Inflation and the Stock Market [J]. American Economic Review, 1981, 71: 545 – 565.

[191] Fernández – Villaverde, J. , Guerron – Quintana, J. P. , Rubio – Ramirez, J. , Uribe, M. Risk Matters: The Real Effects of Volatility Shocks [J]. American Economic Review, 2011, 101 (6): 2530 – 2561.

[192] Fernández – Villaverde, J. , Guerron – Quintana, P. , Keuster, K. , Rubio – Ramirez, J. Fiscal Volatility Shocks and Economic Activity [J]. American Economic Review, 2015, 105 (11): 3352 – 3384.

[193] Fisher, I. The Theory of Interest [M]. New York: McMillan, 1930.

[194] Fisher, G. R. Some Factors Influencing Share Prices [J]. The Economic Journal, 1961, 71 (281): 121 – 141.

[195] Fisher, L. , Lorie, J. Some Studies of Variability of Returns on Investments in Common Stocks [J]. The Journal of Business, 1970, 43: 99 – 134.

[196] Fiske, S. T. , Taylor, S. E. Social Cognition [M]. Mcgraw – Hill Book Company, 1991.

[197] French, K. R. , Schwert, G. W. , Stambaugh, R. F. Expected Stock Returns and Volatility [J]. Journal of Financial Economics, 1987, 19 (1): 3 – 29.

[198] Fuller, R. J. , Huberts, L. C. , Levinson, M. J. Returns to E/P Strategies, Higgledy – Piggledy Growth, Analysts' Forecast Errors, Omitted Risk Factors [J]. Journal of Portfolio Management, 1993, 19 (2): 13 – 24.

[199] Gervais, S. , Kaniel, R. , Mingelgrin, D. H. The High – volume Return Premium [J]. The Journal of Finance, 2001, 56: 877 – 919.

[200] Ghysels, E. , Harvey, A. , Renault, E. Stochastic Volatility, in Handbook of Statistics: Statistical Methods in Finance, 2005, Vol. 14. Amsterdam: Elser-

vier Science, 119 – 191.

[201] Ghysels, E. , Santa – Clara, P. , Valkonov, R. There is a Risk – return Trade – off after all [J]. Journal of Financial Economics, 2005, 76 (3): 509 – 548.

[202] Gilchrist, S. , Sim, J. W. , Zakarajšek, E. Uncertainty, Financial Frictions, Investment Dynamics [R]. NBER Working Paper, No. 20038, 2014.

[203] Girardin, E. , Joyeux, R. Macro Fundamentals as a Source of Stock Market Volatility in China: A GARCH – MIDAS Approach [J]. Economic Modelling, 2013, 34: 59 – 68.

[204] Goyal, A. , Welch, I. Predicting the Equity Premium with Dividend Ratios [J]. Management Science, 2003, 49 (5): 639 – 654.

[205] Gordon, J. Dividends, Earnings, Stock Prices [J]. The Review of Economics and Statistics, 1959, 41 (2): 99 – 105.

[206] Graham, B. Dodd, D. L. Securities Analysis: Principles and Technique [M]. McGRAW – Hill Book Company, Inc, 1934.

[207] Guermat, C. Yes, the CAPM is Testable [J]. Journal of Banking & Finance, 2014, 46: 31 – 42.

[208] Gultekin, N. Stock Market Returns and Inflation: Evidence from Other Countries [J]. The Journal of Finance, 1983, 38 (1): 1 – 33.

[209] Guo, H. On the Out – sample Predictability of Stock Market Returns [J]. Journal of Business, 2006, 79 (2): 645 – 670.

[210] Hamao, Y. , Masulis, R. W. , Ng, V. R. Correlations in Price Changes and Volatility across International Stock Markets [J]. Review of Financial Studies, 1990, 3: 281 – 308.

[211] Hamilton, J. D. , Lin, G. Stock Market Volatility and the Business Cycle [J]. Journal of Applied Econometrics, 1996, 11 (5): 573 – 593.

[212] Handley, K. Exporting under Trade Policy Uncertainty: Theory and Evidence [J]. Journal of International Economics, 2014, 94: 50 – 66.

[213] Harvey, C. R. Time – varying Conditional Covariances in Test of Asset Pricing Models [J]. Journal of Financial Economics, 1989, 24 (2): 289 – 317.

[214] Harvey, C. R. The World Price of Covariance Risk [J]. The Journal of Finance, 1991, 46: 111 – 157.

[215] Harvey, A. C. Long Memory in Stochastic Volatility, in Forecasting Vola-

tility in the Financial Markets [J]. John Knight and Stephen Satchell, eds. Ch. 12, 1988: 307 - 320.

[216] Harvey, A. C. , Ruiz, E. , Shephard, N. Multivariate Stochastic Variance Models [J]. The Review of Economic Studies, 1994, 61 (2): 247 - 264.

[217] Hartman, R. The Effects of Price and Cost Uncertainty on Investment [J]. Journal of Economic Theory, 1972, 5 (2): 258 - 266.

[218] Hassett, K. A. , Metcalf, G. E. Investment with Uncertain Tax Policy: Does Random Tax Policy Discourage Investment? [J]. Economic Journal, 1999, 109 (457): 372 - 393.

[219] Hassett, K. A. , Sullivan, J. W. Policy Uncertainty and the Economy [R]. American Enterprise Institute, Working Paper, 2016.

[220] Hayashi, F. Tobin's Marginal q and Average q: A Neoclassical Interpretation [J]. Econometrica, 1982, 50 (1): 213 - 224.

[221] Henry, O. T. Regime Switching in the Relationship between Equity Returns and Short - term Interest Rates in the UK [J]. Journal of Banking & Finance, 2009, 33 (2): 405 - 414.

[222] Hiemstra, C. , Jones, J. D. Testing for Linear and Nonlinear Granger Causality in the Stock Price - Volume Relation [J]. The Journal of Finance, 1994, 49 (5): 1639 - 1664.

[223] Higgens, M. L. , Bera, A. K. A Class of Nonlinear ARCH Models [J]. International Economic Review, 1992, 33: 137 - 158.

[224] Hjalmarsson, E. Predicting Global Stock Returns [J]. Journal of Financial and Quantitative Analysis, 2010, 45: 49 - 80.

[225] Hodrick, R. J. Dividend Yields and Expected Stock Returns: Alternative Procedures for Inference and Measurement [J]. The Review of Financial Studies, 1992, 5 (3): 357 - 386.

[226] Hou, K. , Lin, P. Wei, X. A Tale of Two Anomalies: The Implications of Investor Attention for Price and Earnings Momentum [R]. Ohio State University and Princeton University, Working Paper, 2008.

[227] Hull, J. , White, A. The Pricing of Options on Assets with Stochastic Volatilities [J]. The Journal of Finance, 1987, 42 (2): 281 - 300.

[228] Hull, J. , White, A. An Analysis of the Bias in Option Pricing Caused by a Stochastic Volatility [J]. Advances in Futures and Options Research, 1988, 3:

27 – 61.

[229] Jaffe, J., Mandelker, G. The "Fisher Effect" for Risky Assets: An Empirical Investigation [J]. The Journal of Finance, 1977, 31 (2): 447 – 458.

[230] Jagannathan, R., Wang, Z. Empirical Evaluation of Asset Pricing Models: A Comparison of the SDF and Beta Models [J]. The Journal of Finance, 2002, 57: 2337 – 2367.

[231] Joëts, M., Mignon, V., Razafindrabe, T. Does the Volatility of Commodity Prices Reflect Macroeconomic Uncertainty? [J]. Energy Economics, 2017, 68: 313 – 326.

[232] Jurado, K., Ludvigson, S. C., Ng, S. Measuring Uncertainty [J]. American Economic Review, 2015, 105 (3): 1177 – 1216.

[233] Jensen, M. C., Scholes, M., Black, F. The Capital Asset Pricing Model: Some Empirical Test [M]. Studies in the Theory of Capital Markets, Praeger Publishers, 1972.

[234] Kahneman, D. Attention and Effort [M]. Prentice – Hall, 1973.

[235] Kaul, G. Stock Returns and Inflation: The Role of the Monetary Sector [J]. Journal of Financial Economics, 1987, 18 (2): 253 – 276.

[236] Keim, D. B., Stambaugh, R. F. Predicting Returns in the Stock and Bond Markets [J]. Journal of Financial Economics, 1986, 17: 357 – 390.

[237] Keynes, J. M. General Theory of Employment, Interest and Money [M]. Atlantic Publishers & Dist, 2007.

[238] Kacperczyk, M., Nieuwerburgh, S. V., Veldkamp, L. Rational Attention Allocation over the Business Cycle [R]. NBER Working Paper, No. 15450, 2009.

[239] Kido, Y. On the Link between the US Economic Policy Uncertainty and Exchange Rate [J]. Economics Letters, 2016, 144: 49 – 52.

[240] Kim, J. The Stock Return – Inflation Puzzle and the Asymmetric Causality in Stock Market Returns, Inflation and Real Activity [J]. Economics Letters, 2003, 80 (2): 155 – 160.

[241] Kim, J., Ryu, S., Seo, S. W. Investor Sentiment and Return Predictability of Disagreement [J]. Journal of Banking & Finance, 2014, 42: 166 – 178.

[242] King, B. F. Market and Industry Factors in Stock Price Behavior [J]. The Journal of Business, 1966, 39 (1): 139.

[243] Klößner, S., Sekkel, R. International Spillovers of Policy Uncertainty [J]. Economics Letters, 2014, 124: 508 – 512.

[244] Knight, F. H. Risk, Uncertainty and Profit [J]. New York: Hart, Schaffner and Marx, 1921.

[245] Kurov, A. Investor Sentiment and the Stock Market's Reaction to Monetary Policy [J]. Journal of Banking and Finance, 2010, 34 (1): 139 – 149.

[246] Lamont, O. Earnings and Expected Returns [J]. The Journal of Finance, 1998, 53 (5): 1563 – 1587.

[247] Lee, K., Choi, E., Kim, M. Twitter – based Chinese Economic Policy Uncertainty [J]. Finance Research Letters, 2023, 53: 103627.

[248] Lettau, M, Ludvigson, S. Consumption, Aggregate Wealth, Expected Stock Returns [J]. The Journal of Finance, 2001, 56 (3): 815 – 849.

[249] Lewellen, J. Momentum and Autocorrelation in Stock Returns [J]. Review of Financial Studies, 2002, 15 (2): 533 – 564.

[250] Li, J., Born, J. A. Presidential Election Uncertainty and Common Stock Returns in the United States [J]. Journal of Financial Research, 2006, 29: 609 – 622.

[251] Lintner, J. The Valuation of Risk Assets and the Selection of Risky Investment in Stock Portfolios and Capital Budgets [J]. Review of Economic & Statistics, 1965, 47 (1): 13 – 37.

[252] Lintner, J. Dividends, Earnings, Leverage, Stock Prices and the Supply of Capital to Corporations [J]. The Review of Economics and Statistics, 1962, 44 (3): 243 – 269.

[253] Lintner, J. Inflation and Security Returns [J]. The Journal of Finance, 1975, 30 (2): 259 – 280.

[254] Liu, Y, Wang, D. Symmetry Analysis of the Option Pricing Model with Dividend Yield from Financial Markets [J]. Applied Mathematics Letters, 2011, 24: 481 – 486.

[255] Liu, L., Zhang, T. Economic Policy Uncertainty and Stock Market Volatility [J]. Financial Research Letters, 2015, 15: 99 – 105.

[256] Liu, Z., Ye, Y., Ma, F., Liu, J. Can Economic Policy Uncertainty Help to Forecast the Volatility: A Multifractal Perspective? [J]. Physica A: Statistical Mechanics and Its Applications, 2017, 15: 181 – 188.

[257] Ludvigson, S. C. , Ma, S. , Ng, S. Uncertainty and Business Cycles: Exogenous Impulse or Endogenous Response? [R]. NYU Working Paper, 2018.

[258] Luo, Y. , Young, E. R. Asset Pricing under Information – Processing Constraints [J]. Economics Letters, 2010, 107 (1): 26 –29.

[259] Mandelbrot, B. B. The Variation of Certain Speculative Prices [J]. The Journal of Business, 1963, 36 (4): 394 –419.

[260] Mandelker, G. , Tandon, K. Common Stock Returns, Real Activity, Money and Inflation: Some International Evidence [J]. Journal of International Money and Finance, 1985, 4 (2): 267 –286.

[261] Manela, A. , Moreira, A. New Implied Volatility and Disaster Concerns [J]. Journal of Financial Economics, 2017, 123 (1): 137 –162.

[262] Masulis, R. W. , Ng, V. K. Stock Return Dynamics over Intra – day Trading and Nontrading Periods in the London Stock Market [R]. University of Michigan, Working Paper, 1992.

[263] Markowitz, H. Portfolio Selection [J]. The Journal of Finance, 1952, 7 (1): 77 –91.

[264] McCracken, M. Asymptotics for out of Sample Test of Granger Causality [J]. Journal of Econometrics, 2007, 140 (2): 719 –752.

[265] Mclean, R. D. , Pontiff, J. Does Academic Research Destroy Stock Market Return Predictability? [R]. Journal of Finance, 2016, 71: 5 –32.

[266] McMillan, D. G. Revisiting Dividend Yield Dynamics and Returns Predictability: Evidence from a Time – varying ESTR Model [J]. The Quarterly Review of Economics and Finance, 2009, 49: 870 –883.

[267] Merton, R. An Intertemporal Capital Asset Pricing Model [J]. Econometrica, 1973, 41: 867 –887.

[268] Merton, R. On Estimating the Expected Return on the Market: An Exploratory Investigation [J]. Journal of Financial Economics, 1980, 8: 323 –361.

[269] Molodovsky, N. A. A Theory of Price – earnings Ratios [J]. Financial Analysts Journal, 1953, 9 (5): 65 –80.

[270] Modigliani, F. , Cohn, R. Inflation, Rational Valuation and the Market [J]. Financial Analysts Journal, 1979, 35 (2): 24 –44.

[271] Morelli, D. The Relationship between Conditional Stock Market Volatility and Conditional Macroeconomic Volatility Empirical Evidence based on UK Data [J].

International Review of Financial Analysis, 2002, 11: 101 – 11.

[272] Mumtaz, H. Does Uncertainty Affect Real Activity? Evidence from State – level Data [J]. Economics Letters, 2018, 167: 127 – 130.

[273] Mumtaz, H. , Theodoridis, K. Common and Country Specific Economic Uncertainty [J]. Journal of International Economics, 2017, 105: 205 – 216.

[274] Nelson, D. B. ARCH Models as Diffusion Approximations [J]. Journal of Econometrics, 1990, 45: 7 – 38.

[275] Ng, V. , Masulis, R. W. Overnight and Daytime Stock Return Dynamics on the London Stock Exchange [J]. Journal of Business and Economic Statistics, 1995, 13 (4): 365 – 378.

[276] Nishii, R. Asymptotic Properties of Criteria for Selection of Variables in Multiple Regression [J]. Annals of Statistics, 1984, 12: 758 – 765.

[277] Officer, R. R. The Variability of the Market Factor of the New York Stock Exchange [J]. The Journal of Business, 1973, 46 (3): 434 – 453.

[278] Orlik, A. , Veldkamp, L. Understanding Uncertainty Shocks and the Role of Black Swans [R]. NBER Working Paper, No. 20445, 2014.

[279] Ozturk, E. O. , Sheng, X. S. Measuring Global and Country – specific Uncertainty [J]. Journal of International Money and Finance, 2018, 88: 276 – 295.

[280] Paye, B. S. 'Déjà Vol': Predictive Regressions for Aggregate Stock Market Volatility Using Macroeconomic Variables [J]. Journal of Financial Economics, 2012, 106: 527 – 546.

[281] Pierdzioch, C. , Dopke, J. , Hartmann, D. Forecasting Stock Market Volatility with Macroeconomic Variables in Real Time [J]. Journal of Economics and Business, 2008, 60: 256 – 276.

[282] Pindyck, R. S. Risk, Inflation, the Stock Market [J]. American Economic Review, 1984, 74: 335 – 351.

[283] Polimenis, V. , Neokosmidis, I. M. The Modified Dividend – price Ratio [J]. International Review of Financial Analysis, 2016, 45: 31 – 38.

[284] Pástor, L. , Veronesi, P. Uncertainty about Government Policy and Stock Prices [J]. The Journal of Finance, 2012, 67 (4): 1219 – 1264.

[285] Pástor, L. , Veronesi, P. Political Uncertainty and Risk Premia [J]. Journal of Financial Economics, 2013, 110: 520 – 545.

[286] Pantzalis, C. , Stangeland, D. A. , Turtle, H. J. Political Elections and

the Resolution of Uncertainty: The International Evidence [J]. Journal of Banking and Finance, 2000, 24: 1575 – 1604.

[287] Pawlina, G., Kort, P. M. Investment under Uncertainty and Policy Change [J]. Journal of Economic Dynamics and Control, 2005, 29 (7): 1193 – 1209.

[288] Peng, L. Learning with Information Capacity Constraints [J]. Journal of Financial and Quantitative Analysis, 2005, 40 (2): 307 – 329.

[289] Peng, L., Xiong, W. Investor Attention, Overconfidence and Category Learning [J]. Journal of Financial Economics, 2006, 80 (3): 563 – 602.

[290] Pindyck, R. S. Irreversible Investment, Capacity Choice, the Value of the Firm [J]. American Economic Review, 1988, 78 (5): 969 – 985.

[291] Pitt, M. J., Shephard, N. Likelihood Analysis of Non – Gaussian Measurement Time Series [J]. Biometrika, 1997, 84: 653 – 667.

[292] Poon, S., Granger, C. W. Forecasting Volatility in Financial Markets: A Review [J]. Journal of Economic Literature, 2003, 41 (2): 478 – 539.

[293] Polk, C., Thompson, S., Vuolteenaho, T. Cross – sectional Forecasts of the Equity Premium [J]. Journal of Financial Economics, 81 (1): 101 – 141.

[294] Rapach, D. E., Strauss, J. K., Zhou, G. International Stock Return Predictability: What is the Role of the United States? [J]. The Journal of Finance, 68 (4): 1633 – 1662.

[295] Rigobon, R., Sack, B. Measuring the Reaction of Monetary Policy to the Stock Market [J]. Quarterly Journal of Economics, 2003, 118 (2): 639 – 669.

[296] Roll, R. Efficient Markets, Martingales, the Market for U. S. Government Treasury Bills [D]. Ph. D. diss., University of Chicago, 1968.

[297] Roll, R. A Critique of the Asset Pricing Theory's test, Part I: on the Past and Potential Testability of the Theory [J]. Journal of Financial Economics, 1977, 4 (2): 129 – 176.

[298] Ross, S. Information and Volatility: the Non – arbitrage Martingale Approach to Timing and Resolution Irrelevancy [J]. The Journal of Finance, 1989, 44: 1 – 17.

[299] Rossi, B., Sekhposyan, T. Macroeconomic Uncertainty Indices Based on Nowcast and Forecast Error Distributions [J]. American Economic Review, 2015, 105 (5): 650 – 655.

[300] Rosenberg, B., Reid, K., Lanstein, R. Persuasive Evidence of Market Inefficient [J]. The Journal of Portfolio Management, 1985, 11 (3): 9 – 16.

[301] Saltzman, B., Yung, J. A Machine Learning Approach to Identifying Different Types of Uncertainty [J]. Economics Letters, 2018, 171: 58 – 62.

[302] Schwert, G. W. Why Does Stock Market Volatility Change Over Time? [J]. The Journal of Finance, 1990, 44 (5): 1115 – 1153.

[303] Schwert, G. W. Business Cycles, Financial Crisis, Stock Volatility [J]. Carnegie – Rochester Conference Series on Public Policy. 1989, 31: 83 – 125.

[304] Segal, G., Shaliastovich, I., Yaron, A. Good and Bad Uncertainty: Macroeconomic and Financial Market Implications [J]. Journal of Financial Economics, 2015, 117: 369 – 397.

[305] Shabir, M., Jiang, P., Shahab, Y., Wang, P. Geopolitical, Economic Uncertainty and Bank Risk: Do CEO Power and Board Strength Matter? [J]. International Review of Financial Analysis, 2023, 87: 102603.

[306] Sharpe, W. F. Capital Asset Prices: A Theory of Market Equilibrium under Condition of Risk [J]. The Journal of Finance, 1964, 19 (3): 425 – 442.

[307] Shiller, R. J. Do Stock Prices Move too Much to be Justified by Subsequent Changes in Dividends [J]. American Economic Review, 1981, 75: 421 – 436.

[308] Sialm, G. Stochastic Taxation and Asset Pricing in Dynamic General Equilibrium [J]. Journal of Economic Dynamics and Control, 2006, 30 (3): 511 – 540.

[309] Simon, H. A. A Behavioral Model of Rational Choice [J]. The Quarterly Journal of Economics, 1955, 69 (1): 99 – 118.

[310] Solnik, B. The Relation between Stock Prices and Inflationary Expectations: The International Evidence [J]. The Journal of Finance, 1983, 38 (1): 35 – 48.

[311] Stambaugh, R. F. Predictive Regressions [J]. Journal of Financial Economics, 1999, 54 (3): 374 – 421.

[312] Stattman, D. Book Values and Expected Stock Returns [J]. Practical Financial Modelling, 1980: 259 – 261.

[313] Su, Z., Fang, T., Yin, L. The Role of News – based Implied Volatility among US Financial Markets [J]. Economics Letters, 2017, 157: 24 – 27.

[314] Su, Z., Fang, T., Yin, L. Does NVIX Matter for Market Volatility? Evidence from Asia – Pacific Markets [J]. Physica A: Statistical Mechanics and

Its Applications, 2018, 492: 506 – 516.

[315] Su, Z., Fang, T., Yin, L. Understanding Stock Market Volatility: What is the Role of US Uncertainty? [J]. North American Journal of Economics and Finance, 2019, 48: 582 – 590.

[316] Su, Z., Lu, M., Yin, L. Oil Prices and News – based Uncertainty: Novel Evidence [J]. Energy Economics, 2018, 72: 331 – 340.

[317] Tantaopas, P., Padungsaksawasdi, C., Treepongkaruna, S. Attention Effect via Internet Search Intensity in Asia – Pacific Stock Markets [J]. Pacific – Basin Finance Journal, 2016, 38: 107 – 124.

[318] Tee, C., Wong, W., Hooy, C. Economic Policy Uncertianty and Carbon Footprint: International Evidence [J]. Journal of Multinational Financial Management, 2023, 67: 100785.

[319] Thorbecke, W. On Stock Market Returns and Monetary Policy [J]. The Journal of Finance, 1997, 52 (2): 635 – 654.

[320] Tibshirani, R. Regression Shrinkage and Selection via the Lasso [J]. Journal of the Royal Statistical Society Series B, 1996, 58 (1): 267 – 288.

[321] Tobin, J. Liquidity Preference as a Behavior toward Risk [J]. The Review of Economic Studies, 1958, 25 (2): 65 – 86.

[322] Tobin, J. A General Equilibrium Approach to Monetary Theory [J]. Journal of Money, Credit and Banking, 1969, 1 (1): 15 – 29.

[323] Torous, W., Valkanov, R., Yan, S. On Predicting Stock Returns with Nearly Integrated Explanatory Variables [J]. The Journal of Business, 2004, 77 (4): 937 – 966.

[324] Treynor, J. L. How to Rate Management to Investment Funds [J]. Harvard Business Review, 1965, 43: 63 – 75.

[325] Ulrich, M. How Does the Bond Market Perceive Government Interventions? [R]. Columbia Business School Research Paper, No. 12/42, 2013.

[326] Vozlyublennaia, N. Investor Attention, Index Performance, Return Predictability [J]. Journal of Banking & Finance, 2014, 41: 17 – 35.

[327] Wang, H., Li, R., Tsai, C. Tuning Parameter Selectors for the Smoothly Clipped Absolute Deviation Method [J]. Biometrika, 2007, 94 (3): 553 – 568.

[328] Wang, Y., Keswani, A., Taylor, S. T. The Relationships between Sentiment, Returns and Volatility [J]. International Journal of Volatility, 2006, 1: 109 –

123.

[329] Wei, Y. , Liu, J. , Lai, X. , Hu, Y. Which Determinant is the most Informative in Forecasting Crude Oil Market Volatility: Fundamental, Speculation, or Uncertainty? [J]. Energy Economics, 2017, 68: 141 – 150.

[330] Wisniewski, T. P. , Lambe, B. J. Does Economic Policy Uncertainty Drive CDS Spreads [J]. International Review of Financial Analysis, 2015, 42: 447 – 458.

[331] Wu, J. , Dhaene, G. Sparse Multivariate GARCH [R]. University of Leuven, Working Paper, 2016.

[332] Yin, L. , Han, L. Spillover of Macroeconomic Uncertainty among Major Economies [J]. Applied Economic Letters, 2014, 21: 938 – 944.

[333] Yu, M. , Song, J. Volatility Forecasting: Global Economic Policy Uncertainty and Regime Switching [J]. Physica A: Statistical Mechanics and Its Application, 2018, 511: 316 – 323.

[334] Yu, J. , Yuan, Y. Investor Sentiment and the Mean – variance Relation [J]. Journal of Financial Economics, 2011, 100: 367 – 381.

[335] Yuan, Y. Attention and Trading [R]. University of Iowa, Working Paper, 2008.

[336] Zhang, L. , Bai, J. , Zhang, Y. , Cui, C. Global Economic Uncertainty and the Chinese Stock Market: Assessing the Impacts of Global Indicators [J]. Research in International Business and Finance, 2023, 65: 101949.

[337] Zokoian, J. M. Threshold Heteroskedastic Models [J]. Journal of Economic Dynamics and Control, 1994, 18 (5): 931 – 955.

[338] Zou, H. , Hastie, T. Regularization and Variable Selection via the Elastic Net [J]. Journal of the Royal Statistical Society Series B, 2005, 67: 301 – 320.

[339] Zou, H. The Adaptive Lasso and Its Oracle Properties [J]. Journal of the American Statistical Association, 2006, 101 (476): 1418 – 1429.